Rebecca Katz mit Mat Edelson

Das Kochbuch gegen Krebs

Rebecca Katz
mit Mat Edelson

Das Kochbuch gegen Krebs

Die besten Rezepte, um Tumore zu bekämpfen und die Heilung zu unterstützen

riva

Bibliografische Information der Deutschen Nationalbibliothek
Die Deutsche Nationalbibliothek verzeichnet diese Publikation in der Deutschen Nationalbibliografie. Detaillierte bibliografische Daten sind im Internet über https://dnb.de abrufbar.

Für Fragen und Anregungen
info@m-vg.de

Wichtige Hinweise

Sämtliche Inhalte dieses Buchs wurden – auf Basis von Quellen, die die Autoren und der Verlag für vertrauenswürdig erachten – nach bestem Wissen und Gewissen recherchiert und sorgfältig geprüft. Trotzdem stellt dieses Buch keinen Ersatz für eine individuelle Ernährungsberatung und medizinische Beratung dar. Wenn Sie medizinischen Rat einholen wollen, konsultieren Sie bitte einen qualifizierten Arzt. Der Verlag und die Autoren haften für keine nachteiligen Auswirkungen, die in einem direkten oder indirekten Zusammenhang mit den Informationen stehen, die in diesem Buch enthalten sind.

Ausschließlich zum Zweck der besseren Lesbarkeit wurde auf eine genderspezifische Schreibweise sowie eine Mehrfachbezeichnung verzichtet. Alle personenbezogenen Bezeichnungen sind somit geschlechtsneutral zu verstehen.

3. Auflage 2025

Türkenstraße 89
80799 München
Tel.: 089 651285-0

Die amerikanische Originalausgabe erschien 2009 und 2017 bei Ten Speed Press unter dem Titel *The Cancer Fighting Kitchen. Nourishing, Big-Flavor Recipes for Cancer Treatment and Recovery.*

Umschlaggestaltung: Laura Osswald, in Anlehnung an die Originalausgabe
Umschlagabbildungen und Abbildungen im Innenteil: © Leo Gong
Art Director: Kara Plitaikis
Layout: Chloe Rawlins
Food Styling: Jen Strauss, Jeffrey Larsen
Übersetzung: Lisa Heilig, Köln
Satz und Redaktion: Gabi Gutmair für bookwise medienproduktion GmbH, München
Druck: Balto Print UAB, Litauen
Printed in the EU

Wir produzieren nachhaltig
www.m-vg.de

ISBN Print 978-3-7423-0021-8
ISBN E-Book (EPUB, Mobi) 978-3-95971-385-6

Weitere Informationen zum Verlag finden Sie unter
www.rivaverlag.de
Beachten Sie auch unsere weiteren Verlage unter www.m-vg.de

Inhalt

KAPITEL 3

Vitales Gemüse 85

KAPITEL 4

Proteinreiche Mahlzeiten 111

KAPITEL 5

Für zwischendurch und unterwegs 135

KAPITEL 6

Stärkende Getränke 165

KAPITEL 7

Einfach lecker! 183

KAPITEL 8

Süßes Vergnügen 203

Vorwort

Wenn ich mich zum ersten Mal mit einem Patienten zusammensetze, um zu besprechen, wie sich komplementäre Ansätze in die Krebstherapie einbauen lassen, vergleiche ich Krebs immer mit Unkraut im Garten. Die konventionelle Onkologie ist darauf konzentriert, das Unkraut mit konventionellen Methoden (wie Operation, Chemotherapie oder Bestrahlung) zu bekämpfen, während meine Aufgabe als integrativer Onkologe darin besteht, den Boden des Gartens so zu pflegen, dass das Unkraut nicht mehr wächst bzw. sich nicht vermehrt. Der erste Schritt auf diesem Weg ist, mit den Patienten darüber zu reden, wie sie ihren Gartenboden düngen, sprich: wie es mit ihrer Ernährung aussieht. Das führt in der Regel zu einem langen Gespräch über organische, im Wesentlichen vegetarische Vollwertkost mit Nahrungsmitteln, die reich an Antioxidantien sind und entzündungshemmend wirken. Ich halte sie für den optimalen Antikrebsdünger. Damit sie sich leichter in die Thematik einfinden können, empfehle ich meinen Patienten eine Reihe von Büchern, darunter auch ein paar Kochbücher. Das erste, das ich ihnen zeige, bezeichne ich als die »Bibel der Antikrebsküche«: *Das Kochbuch gegen Krebs*, eine wunderbare Einführung in eine gesunde, vollwertige Ernährung mit unglaublich leckeren Gerichten für die ganze Familie.

Onkologen werden häufig gefragt, ob die Ernährung nach einer Krebsdiagnose wirklich Einfluss auf den Verlauf der Krankheit hat. Viele meiner Kollegen verneinen das und raten ihren Patienten dazu, das zu essen, was sie möchten. Die Onkologie ist ein medizinischer Bereich, der stark auf Fakten und Ergebnissen beruht. Wir wollen eindeutige Daten und Werte, um belegen zu können, dass unsere Maßnahmen sicher und wirkungsvoll sind. Groß angelegte Versuchsreihen zu initiieren, die beweisen sollen, dass Ernährung durchaus Einfluss auf den Verlauf einer Krebserkrankung hat, ist ein schwieriges Unterfangen, weshalb die Zahl solcher ernährungsphysiologischen Studien begrenzt ist. Es ist viel einfacher, die Wirkung eines Medikaments im Vergleich zum Vorgänger oder zu einem Placebo zu untersuchen. Doch mittlerweile häufen sich die Belege dafür, dass die Ernährung sehr wohl eine Bedeutung für den Krankheitsverlauf hat. Sie beruhen auf Informationen, die im Rahmen von Versuchsreihen zu konventionellen Krebstherapien und durch die große »American Cancer Society Cancer Prevention Study II Nutrition Cohort« (mit etwa 185 000 Personen) gesammelt werden konnten. Danach überrascht es kaum, dass Teilnehmer mit einer durchschnittlichen amerikanischen Ernährung (die viele gesättigte Fette und einfache Kohlenhydrate enthält) dabei wesentlich schlechter abschnitten als die Teilnehmer, die sich hauptsächlich vegetarisch ernährten (und wenn sie tierische Produkte aßen, dann waren es zum großen Teil Fisch und Geflügel).

Die Bedeutung der Ernährung ist kaum noch von der Hand zu weisen. Der Report »The State of US Health, 1990–2010«, der im *Journal of the American Medical Association* veröffentlicht wurde, stuft Fehlernährung als wichtigsten Risikofaktor für Erkrankungen und Sterblichkeit in den USA ein – noch vor Tabakkonsum. Die 14 Teilaspekte dieses ernährungsbedingten Risikos sind: Obst und Gemüse, Vollwertgetreide, Nüsse und Saaten, Milchprodukte, Ballaststoffe, Kalzium, Omega-3-Fettsäuren aus Fettfisch und mehrfach ungesättigte Fettsäuren werden zu wenig gegessen, gleichzeitig ist der Konsum von rotem Fleisch und Fleischprodukten, zuckerhaltigen Getränken, Transfettsäuren und Natrium zu hoch.

Was ich an den Gerichten in diesem tollen Buch so schätze, ist, dass sie viele gesundheitsfördernde Nährstoffe enthalten und dabei auch noch wirklich vorzüglich schmecken. Rebecca hat die Rezepte so entwickelt, dass sie aromenreich, schmackhaft sowie unkompliziert zuzubereiten sind und gleichzeitig Tumorzellen bekämpfen bzw. vorbeugen können. Ich weiß, wovon ich rede, denn in den letzten zehn Jahren hatte ich reichlich Gelegenheit, in den Genuss von Rebeccas Kochkünsten zu kommen. Wir haben zusammen diverse Vorträge vor Ärzten, Fachleuten aus dem Gesundheitsbereich und Patienten veranstaltet, bei denen Rebecca Gerichte zubereitete und ich den medizinischen Wert der Zutaten erläuterte. Nach den Veranstaltungen wurden die Gerichte dann gemeinsam gegessen. Ich war auch bei Kochabenden bei ihr zu Hause, wo alle mit noch ausführlicheren Zubereitungstipps versorgt wurden. Dieses Buch ist wie eine Einladung in Rebeccas Küche – mit Rezepten, mit denen Sie die positive Wirkung von gesundem Essen am eigenen Leib entdecken und wertschätzen lernen. Viele Patienten sehe ich drei Monate nach der ersten Konsultation wieder, wenn sie ihre Ernährung – oft mit der Unterstützung von Rebecca – erfolgreich umgestellt haben. Sie berichten, dass sie sich wohler fühlen, mehr Energie haben und dass nicht selten auch ihre Ehepartner von der Ernährungsumstellung profitieren, weil sie Medikamente zur Cholesterin- oder Blutdruckregulierung reduzieren können oder gar nicht mehr einnehmen müssen (Studien zeigen immer deutlicher, dass die Gerichte auf den folgenden Seiten nicht nur ideal bei der Krebstherapie sind, sondern auch helfen, die Entstehung und/oder das Voranschreiten vieler chronischer Beschwerden zu lindern).

Genießen Sie also Rebeccas wunderbare Einführung in die Welt der gesunden Ernährung. Guten Appetit!

DONALD I. ABRAMS, MD, Leiter Hämatologie-Onkologie des San Francisco General Hospital; Professor für Medizin an der University of California, San Francisco (UCSF); Integrative Onkologie, UCSF Osher Center for Integrative Medicine; Herausgeber *Integrative Oncology* (2014, Oxford University Press, 2. Auflage)

Einleitung

Seit 15 Jahren kommt es mir so vor, als ob ich – wie einer dieser wilden hawaiianischen Surfer-Jungs – auf einer Welle reiten würde, die, statt zu brechen, immer mehr an Kraft gewinnt. Diese Welle ist die Nahrung-als-Medizin-Bewegung. Dahinter steckt die Idee, dass man durch Ernährung Krankheiten vorbeugen kann, sogar Krebs. Als ich meine beiden ersten Bücher – *One Bite at a Time* und die amerikanische Ausgabe von *Das Kochbuch gegen Krebs* – geschrieben habe, waren die Ziele noch bescheiden. Was wir zu dieser Zeit (in den Jahren 2003 bis 2008) wussten, war, dass 80 Prozent der Krebspatienten fehlernährt waren. Den meisten der Leute, die zu einem der Bücher griffen, egal, ob sie beruflich mit Krebs zu tun hatten oder selbst davon betroffen waren, brannten vor allem zwei Fragen zur Ernährung auf der Seele: *Macht Essen während einer Krebstherapie überhaupt Spaß? Werde ich überhaupt etwas essen können?*

Das waren – und sind immer noch – zwei wichtige Aspekte meiner Arbeit. In diesem Buch geht es vor allem darum, den Appetit während einer Therapie zu steigern. Der Schlüssel dazu ist das, was ich als den »Lecker-Faktor« bezeichne: das Konzept, dass hohe Nährstoffdichte und wunderbarer Geschmack auf dem Teller perfekt harmonieren können. Wie einer meiner Kollegen vor Jahren feststellte: »Wenn Essen nicht gut schmeckt, wird es nicht gegessen, egal, wie gesund es ist.« Im Wesentlichen bin ich eine kulinarische Übersetzerin, die mit Onkologen, Ernährungswissenschaftlern und Pflegeprofis zusammenarbeitet, damit Patienten auch während einer Krebstherapie gut essen. Ich setze ihre Ernährungsempfehlungen in leckere, nahrhafte Gerichte um. Die positive Resonanz, die ich von vielen, vielen Patienten erhalte, ist ermutigend. Menschen, die gar nicht mehr essen wollten, konnten wieder an den Tisch gebracht und mit wertvollen Nährstoffen versorgt werden, und zwar mithilfe dieser drei einfachen Prinzipien:

1. Das Essen muss alle Sinne ansprechen.
2. Das Angebot muss abwechslungsreich sein, um auf das häufig wechselnde Geschmacksempfinden und den schwankenden Appetit reagieren zu können (kleine Gerichte mit hoher Nährstoffdichte, die man gut aufbewahren und aufwärmen kann).
3. Die Gerichte sollen einfach sein – vom Einkauf der Zutaten bis hin zur Vor- und Zubereitung.

Nun, da die Ernährung-als-Medizin-Reise schon fast eine Generation andauert, hat sich herausgestellt, dass hinter dem »Lecker-Faktor« mehr steckt als genießbares Essen. Ich habe beobachtet, wie ernährungswissenschaftliche Erkenntnisse und deren Einfluss auf den Erhalt und die Wiedererlangung der Gesundheit Einzug in wichtige Fachzeitschriften und -journale hielten, wie dem *Journal of the American Medical Association* und dem *New England Journal of Medicine.* Ich habe diese Wissensexplosion in drei neueren Kochbüchern zusammengefasst: *The Logevity Kitchen, The Healthy Mind Cookbook* und *Clean Eating Suppen,* das auch auf Deutsch erschienen ist. Bei der Arbeit an diesen Büchern habe ich auch gelernt, wie wichtig Kräuter und Gewürze für die Gesundheit sind. Viele Menschen sind erst durch eine Erkrankung motiviert, sich gesund zu ernähren. Ich versuche, Kapital aus dieser Motivation zu schlagen, um Patienten bei der Einsicht zu helfen, dass genau jene Nahrungsmittel, die den Körper dabei unterstützen können, ihn vom Unkraut Krebs zu befreien, eine langfristige Wirkung haben, um eine erneute Erkrankung abzuwenden.

Um mich besser mit der schnell wachsenden Zahl von Ärzten und Wissenschaftlern, die die Wirkung von Nahrung auf den Krebs erforschten, auseinandersetzen zu können, machte ich, die Köchin, noch einen Master in Ernährungslehre. Diesen Input nutzte ich, um leckere krebsbekämpfende Gerichte zu entwickeln. Die Verflechtung von neuesten wissenschaftlichen Erkenntnissen und Kochkunst halten Sie nun in den Händen und ich bin stolz darauf, dass viele Ärzte ihre Patienten auf dieses Buch aufmerksam machen.

Aber es steckt noch mehr dahinter. Eine Krebsdiagnose ist furchtbar. Ich habe es selbst bei meinem Vater erlebt, der an Kehlkopfkrebs erkrankt war, und auch mein Co-Autor Mat musste seine ganz eigenen Erfahrungen machen: Seine Mutter litt an Darmkrebs, seine Lebensgefährtin Deb an Eierstockkrebs. Mit Krebs umzugehen ist eine große psychische Herausforderung. Wenn man durch solch eine Diagnose aus der Bahn geworfen wird, bedeutet Kochen und Essen mehr, als nur satt zu werden. Zu wissen, dass man durch Ernährung kurz- und langfristige Folgen beeinflussen und die Nebenwirkungen einer Krebstherapie lindern kann, leistet einen unglaublichen psychologischen Schub für viele Patienten und Betreuungskräfte. Was auf den Teller kommt, hat *wirklich* großen Einfluss – auf Körper und Seele.

Viele gängige Nahrungsmittel – von Brokkoli bis zu Tomaten – enthalten diverse antikarzinogene sekundäre Pflanzenstoffe und Nährstoffe. Zum Teil sind sie in der Lage, die Versorgung der Tumorzellen zu beeinflussen. Dazu gehört die Regulierung des Blutzuckerspiegels und der Insulinproduktion sowie die Reduzierung von systemischen Entzündungen. Bekannte Kräuter und Gewürze wie Ingwer, Zimt und Kurkuma schmecken nicht nur, sondern sind echte Antikrebs-Kraftwerke. Mehr darüber erfahren Sie in der kulinarischen Apotheke ab Seite 40. Hier sind die positiven Eigenschaften all der Zutaten beschrieben, die in den Rezepten verwendet werden.

Ich bin fest davon überzeugt, dass man sich auch unter widrigsten Umständen gesund ernähren kann. Dieses Buch soll Sie in jedem Stadium Ihrer Krankheit begleiten.

Ob Ihr Appetit gut ist oder zu wünschen übrig lässt: Alle Rezepte enthalten ein Maximum an Nährstoffen und Geschmack. Das *Kochbuch gegen Krebs* folgt dem Prinzip der Vollwertkost. Die Zutaten sind naturbelassen, kommen erntefrisch auf den Tisch, damit möglichst alle Nährstoffe erhalten bleiben, und sind keine industriell verarbeiteten Produkte wie Weißmehl und Industriezucker, die ernährungsphysiologisch unvorteilhaft sind und nur leere Kalorien darstellen.

Neben einem möglichst hohen Nährstoffgehalt verfolgt dieser Vollwertansatz ein weiteres Ziel. Oft werde ich gefragt: »Wenn die Wissenschaft spezielle Lebensmittel mit krebsbekämpfenden Wirkstoffen kennt, warum isst man dann nicht nur die?« Leider funktioniert es so (noch) nicht. Eine ausgewogene, abwechslungsreiche Kost ist Ihre Rundumversicherung, da jeder Mensch Nährstoffe anders absorbiert (das hat das neue Forschungsgebiet der Nutrigenomik aufgedeckt). Da wir aber noch nicht wissen, welche Nahrungsmittel bei jedem Einzelnen am besten wirken, ist eine abwechslungsreiche Kost die Garantie dafür, alle notwendigen Nährstoffe zu erhalten.

Jetzt habe ich Ihnen eine ganze Menge aufgetischt und ich weiß, dass die Essenszubereitung für einen Krebspatienten (ob Sie selbst oder jemand anderes) nicht immer einfach ist. Ich versuche trotzdem, das schwierige Thema mit Freude und Spaß anzugehen. Und ich bin mir sicher, dass Ihre Motivation schnell steigt, wenn Sie die Ergebnisse auf dem Teller sehen und die wohltuende Wirkung auf den Körper erleben.

Wie dieses Buch zu gebrauchen ist

Vor allem sollen Sie Spaß an diesem Buch haben und sich zu jeder Nahrungsaufnahme beglückwünschen, ob die Portion nun groß oder klein ist. Wahrscheinlich wird es Tage geben, an denen selbst ein paar Schlucke Brühe eine Leistung sind. Aber auch darüber sollten Sie sich freuen. Schimpfen Sie nicht mit sich selbst, wenn Sie Mahlzeiten auslassen. Wenn Sie sich aufs Positive konzentrieren, bleibt Ihr gesundes Verhältnis zum Essen auch während einer Therapie erhalten bzw. baut sich von selbst wieder auf.

Stellen Sie sich dieses Buch als Werkzeugkiste voller toller Ideen vor, die Sie mit einem Minimum an Küchenaufwand zum Essen motiviert. Die Werkzeuge eröffnen Ihnen Wege, mit Problemen umzugehen, die häufig während eines Therapiezyklus oder in der Regenerationsphase auftreten können.

Kapitel 1: Die Toolbox gegen Krebs gibt eine Übersicht über fantastische Lebensmittel, tolle Rezepte, clevere Mahlzeitenplanung und Küchentechniken. Die Gerichte bzw. die darin enthaltenen Vitalstoffe können Nebenwirkungen lindern, den Appetit anregen, die Abwehrkräfte steigern und den Geschmackssinn aufgrund gestörter Geschmacksrezeptoren, eine häufige Folge von Krebstherapien, korrigieren (beachten Sie dazu besonders das von mir als »FASS« bezeichnete Werkzeug auf Seite 30; es umfasst vier gängige Zutaten aus dem Vorratsschrank, mit denen sich Gerichte geschmacklich korrigieren bzw. intensivieren lassen).

In der Toolbox finden Sie außerdem Vorschläge dazu, was Sie vor, während und nach einer Chemotherapie essen können, ebenso wie Methoden, wie Sie auch an Tagen, an denen Sie überhaupt keinen Appetit haben, zu einem Maximum an Nährstoffen kommen. Daneben gibt es einen einfachen Fragebogen, mit dem sich kulinarische Vorlieben herausfinden lassen. Krebstherapien können das Geschmacksempfinden von Menschen gehörig durcheinanderbringen, sodass man selbst auf die absolute Lieblingsspeise keine Lust mehr hat. In diesem Fall ist es sehr hilfreich, mehr über die grundsätzlichen Präferenzen eines Menschen zu wissen. Dazu gehört auch, was ich »internationale Geschmacksmuster« nenne. Dabei handelt es sich um diverse Kräuter, Gewürze und Aromen, die die verschiedenen Küchen der Welt charakterisieren (es ist erstaunlich, wie einfach man einem Gericht einen indischen Touch geben kann, einfach nur, indem man ein paar Gewürze und/oder Kräuter austauscht). Ein weiterer wichtiger Teil in diesem Kapitel ist die kulinarische Apotheke, die weiter vorne schon erwähnt wurde. Sie ist eine Einführung in die medizinischen Eigenschaften der in den Rezepten verwendeten Zutaten und beschreibt kurz deren erstaunliche antikarzinogene Wirkung und andere positive Effekte auf den menschlichen Organismus. Für viele ist die kulinarische Apotheke recht aufschlussreich und motivierend; es ist doch toll, wenn man entdeckt, dass das Lieblingsgemüse nicht nur schmeckt, sondern auch aktive Wirkstoffe gegen den Krebs enthält.

Kapitel 1 schließt dort ab, wo viele Leser gern anfangen: bei der Beschreibung von Strategien, wie Familie und Freunde helfen können. Die Idee dahinter ist, dass Einkaufen, Kochen und Aufräumen für die Betreuungspersonen keinen zusätzlichen Stress bedeuten sollten. Ich zeige Ihnen, wie Sie Freunde, Familie, Nachbarn und andere Personen in einem kulinarischen Unterstützerteam bei Einkauf und Küchenarbeit zusammenbringen können und wie die Aufgaben klar definiert werden, damit die Leute sich und dem Patienten nicht auf die Füße treten. Die Vorschläge lassen zu, dass alle einen geeigneten Beitrag im Rahmen ihrer Möglichkeiten leisten können. Sie zeigen, wie im Alltag sichergestellt werden kann, dass eine große Auswahl an gesunden, leckeren Mahlzeiten und Snacks zur Verfügung steht, wann immer der Hunger zuschlägt, ob bei der Arbeit, in der Klinik oder beim Arzt. Regelmäßig kleine Portionen zu essen ist oft der beste Weg, den Körper während einer Krebstherapie mit Energie und Nährstoffen zu versorgen. Deshalb sind bei den Rezepten auch detaillierte Angaben zu verschiedenen Zubereitungstechniken sowie Aufbewahrungs- und Aufwärmtipps aufgeführt. Vor- und Zubereitungsaufwand lassen sich erheblich verringern, wenn man größere Mengen kocht und sie dann portionsweise im Kühlschrank oder Gefrierfach aufbewahrt.

In den Kapiteln 2 bis 8 finden Sie Rezepte inklusive Varianten, die den wesentlichen Teil des Buches ausmachen. Alle Gerichte sind geprüft und getestet, und zwar von einer ganzen Reihe von Testessern, die erst zufrieden waren, wenn sie vor Entzücken die Augen verdrehten. Sie haben Geld für dieses Kochbuch ausgegeben und dürfen deshalb auch erwarten, dass jedes Rezept seinen Zweck erfüllt – sowohl in Sachen Geschmack als auch beim Nährstoffgehalt. Mein Team und ich haben unser Bestes gegeben, um Ihre Erwartungen erfüllen bzw. hoffentlich übertreffen zu können.

Auch die gängigen Nahrungsmittelunverträglichkeiten wurden berücksichtigt. Wer Milchprodukte vermeiden will, kann Kuh- durch Soja- oder Reismilch ersetzen. Achten Sie nur darauf, dass Sie ein ungesüßtes Produkt verwenden. Menschen mit Glutenunverträglichkeit finden Alternativen zu Weizenprodukten.

Grundsätzlich empfehle ich meinen Patienten, wann immer möglich, zu Bioprodukten zu greifen. Das gilt insbesondere für diejenigen, die Fleisch und Milchprodukte essen. Ich weiß, dass Bioprodukte etwas teurer sein können, aber bedenken Sie, dass durch die Therapie schon genug Toxine in Ihren Körper gelangen. Da müssen es nicht noch mehr sein in Form von Pestiziden, Hormonen, Antibiotika und anderen Schadstoffen aus der Nahrung. Zudem enthalten Bioprodukte oft mehr Nährstoffe und sekundäre Pflanzenstoffe als konventionell produzierte Ware. Und geschmacklich ist erntefrisches Obst und Gemüse aus der Region, ein Hähnchen aus artgerechter ökologischer Haltung oder ein Wildwasserfisch kaum zu toppen und das Beste, was auf Ihrem Teller landen kann. Wenn ich als kleine Koch-Elfe in Ihrem Ohr sprechen darf: Warum sollten Sie sich mit weniger zufriedengeben?

Noch eine weitere wichtige Anmerkung zu den Rezepten: Der ein oder andere mag vor einem Rezept mit mehr als drei Zutaten zurückschrecken. Wenn Sie sich meine Rezepte aber einmal genauer ansehen, werden Sie feststellen, dass es oft gängige Kräuter und Gewürze sind, die die Liste länger machen. Sie sind meine heimlichen Helden der Antikrebsküche. In manchen Rezepten in diesem Buch finden Sie auch Varianten für ein Kraut oder Gewürz, sodass Sie es nicht extra besorgen müssen. Das sollte Sie motivieren, die vielen tollen Rezepte auszuprobieren. Wenn Sie nur eingeschränkt mobil sind und der nächste gut sortierte Supermarkt oder Markt zu weit weg ist, können Sie sich die Zutaten auch nach Hause liefern lassen. Viele Supermärkte bieten einen solchen Bringdienst an. Alternativ können Sie die Zutaten auch im Internet bestellen.

KAPITEL 1

Werkzeuge gegen Krebs

Sie müssen dieses Kapitel nicht auswendig lernen. Vielmehr sollte man alle vorgestellten Werkzeuge ganz nach Belieben einsetzen – immer in dem Wissen, dass am Ende ein leckeres Gericht, eine Mahlzeit, ein Snack, ein erfrischendes oder wärmendes Getränk herauskommt, die Ihnen oder einer lieben Person helfen werden, sich wohler zu fühlen.

Die einzelnen Werkzeuge haben sich in meiner Arbeit mit Tausenden von Patienten und deren Familien bewährt. Diese berichten mir häufig, dass sie bei gutem, gesundem Essen für einen Moment vergessen können, womit sie sich den Rest des Tages beschäftigen (müssen). Im Laufe der Jahre hatte ich außerdem das Glück, Hunderten von Ärzten, Pflegekräften, Ernährungsberatern, Diätassistentinnen und Wissenschaftlern zu begegnen, von denen mir viele eigene Ernährungstipps verraten und wissenschaftliche Zusammenhänge erklärt haben.

Die Werkzeuge sind sehr effektiv und nutzen das Potenzial des Lecker-Faktors sowie der einzelnen Nahrungsmittel. Sie helfen dabei, die Begleiterscheinungen einer Krebstherapie besser durchzustehen:

- Linderung der allgemeinen Nebenwirkungen wie Übelkeit, Müdigkeit und Muskelschwäche
- Verbesserung des Appetits, wodurch das Immunsystem und der Organismus gestärkt werden, damit die Krebstherapie möglichst gut anschlägt
- Reduzierung der Folgen eines gestörten Geschmacksempfindens durch einfache Zutaten zur Erhöhung der Aromen eines Gerichts
- Anwendung von Strategien, durch die Patienten jederzeit schmackhafte, nährstoffreiche Gerichte essen können, unabhängig davon, wie schnell oder häufig ihre Vorlieben und ihr Appetit sich ändern
- Zufuhr von antikarzinogenen Vitalstoffen und Aromenvielfalt durch den Einsatz von Kräutern und Gewürzen

Nebenwirkungen

Ach, gäbe es da nur nicht die Dinge, die wir wohl oder übel in Kauf nehmen müssen, um gesund zu bleiben oder zu werden. Die meisten Patienten haben im Zuge von Chemotherapie, Bestrahlung, Operation oder Immuntherapie mit Nebenwirkungen zu kämpfen. Die gute Nachricht ist, dass diese mit entsprechender Medikation und gesunder Ernährung in Schach gehalten werden können. Aber Sie müssen Ihrem Arzt und/oder dem Pflegepersonal auch sagen, dass Sie sich nicht gut fühlen. Das ist nicht immer einfach. Man will ja ein guter, tapferer Patient sein. Zudem sind manche Ärzte so fokussiert auf die Behandlung, dass sie keine Zeit für ein Gespräch über Nebenwirkungen finden, das überlastete Pflegepersonal will man gar nicht erst fragen.

Nebenwirkungen zu verschweigen kann aber schwerwiegende Folgen haben. Krebstherapien können sich negativ auf Immunsystem, Blutzuckerregulierung, Verdauung und eine ganze Reihe anderer Stoffwechselprozesse auswirken. Gesundes Essen kann diese Beschwerden lindern. Wenn man aber aufgrund der Nebenwirkungen die Freude am Essen verliert, können die daraus erwachsenden Folgen den Therapieverlauf gefährden. Stellen Sie sich es so vor: Das Ziel einer Krebstherapie ist es, die Tumorzellen mit der höchstmöglichen therapeutischen Dosis zu zerstören und dabei den Organismus zu schonen. Jede Nebenwirkung, die nicht mitgeteilt wird, kann dafür sorgen, dass der Körper nicht zu 100 Prozent bereit für den nächsten Therapiezyklus ist. Das kann dazu führen, dass der Arzt die Dosis bei der nächsten Chemo verringern oder einen Zyklus ganz verschieben muss, um Ihrem Körper mehr Zeit zur Regeneration zu geben.

Es gibt Dutzende Nahrungsmittel mit heilender Wirkung, die in den Rezepten in diesem Buch verwendet werden – Nahrungsmittel, die Ihnen helfen, mit Müdigkeit, Übelkeit, Anämie, Verstopfung, Dehydration, Durchfall, Mundgeschwüren, Schluckbeschwerden, Gewichtsverlust, einem geschwächten Immunsystem oder einer geringen Zahl an weißen Blutkörperchen zurechtzukommen. Manche wirken auch entzündungshemmend und fördern die Blutzuckerregulierung – systemische Funktionen, die im Gleichgewicht sein müssen, um im Kampf gegen den Krebs zu bestehen. Erwähnenswert ist auch, dass viele, wenn nicht sogar alle Rezepte in diesem Buch Zutaten enthalten, die es mit mutmaßlichen Krebsverursachern, wie oxidativem Stress, aufnehmen.

Eine Liste dieser Zutaten und ihrer Eigenschaften finden Sie in der kulinarischen Apotheke ab Seite 40. Doch werfen Sie erst einmal einen Blick auf die Tabelle mit den Nebenwirkungen und den dazu empfohlenen Rezepten. Sie müssen nur kurz blättern und schon sind Sie auf der richtigen Seite: Ihnen ist unwohl? Dann ist grüner Tee mit Ingwer und Minze (siehe Seite 170) zu empfehlen und im Nu fühlen Sie sich besser.

Da es sinnvoller ist, Nährstoffe aus unterschiedlichen Lebensmitteln gleichzeitig zu sich zu nehmen, verweise ich eher auf Rezepte denn auf einzelne Nahrungsmittel. Der Grund dafür liegt in unserer individuellen DNS, die festlegt, welche Enzyme wir produzieren, um Nahrung zu zerlegen und zu absorbieren. Anders formuliert: Zwei

Menschen, die Trauben von derselben Rebe essen, können die darin enthaltenen Nährstoffe ganz unterschiedlich aufnehmen. Die Wissenschaft hat bis jetzt noch keine Möglichkeit, unseren individuellen »Verdauungscode« zu knacken. Doch durch das neue Forschungsgebiet der Nutrigenomik werden wir irgendwann wissen, welche Enzyme von jedem einzelnen Individuum produziert und welche Nahrungsmittel von ihm am besten resorbiert werden. Bis dahin raten Fachleute, sich während einer Krebstherapie möglichst vielfältig zu ernähren – genau das, was eine Köchin hören will.

Rezepte bei bestimmten Nebenwirkungen

ANÄMIE

Nährende Brühen und Suppen	Knochenbrühe vom Weiderind (Seite 63), Minestrone (Seite 69), Samtige Rote-Linsen-Suppe (Seite 82)
Vitales Gemüse	Grünkohl mit Süßkartoffeln und Pekannüssen (Seite 96), Palmkohl mit Karotten (Seite 98)
Für zwischendurch und unterwegs	Mediterraner Linsensalat (Seite 156)

BLUTZUCKERREGULIERUNG

Nährende Brühen und Suppen	Weiße-Bohnen-Suppe italienische Art (Seite 64), Minestrone (Seite 69), Peppige Schwarze-Bohnen-Suppe (Seite 75)
Vitales Gemüse	Grüne Bohnen mit Paranüssen und Basilikum (Seite 89), Rucola mit Edamame, Radieschen und Avocado (Seite 101)
Eiweißreiche Mahlzeiten	Alle Rezepte aus Kapitel 4
Für zwischendurch und unterwegs	Edamame-Avocado-Dip mit Wasabi (Seite 143), Bohnendip mit Oliven (Seite 143), Dip aus Bohnen und getrockneten Tomaten (Seite 144), Hummus aus schwarzen Bohnen (Seite 144), Hummus mit Curry (Seite 145), Würzige geröstete Mandeln (Seite 150), Mediterraner Linsensalat (Seite 156)

DEHYDRATION

Nährende Brühen und Suppen	Alle Rezepte aus Kapitel 2
Stärkende Getränke	Alle Rezepte aus Kapitel 6

Rezepte bei bestimmten Nebenwirkungen, *Fortsetzung*

DURCHFALL

Für zwischendurch und unterwegs	Weltbester Haferbrei (Seite 140), Cremige Polenta (Seite 146), Einfacher toskanischer Farro (Seite 159)
Stärkende Getränke	Annemaries beruhigendes Kudzu-Elixier (Seite 168)
Süßes Vergnügen	Schokoladen-Tapioka-Pudding (Seite 208), Kokosmilchreis (Seite 213)

ENTZÜNDUNGSHEMMEND

Vitales Gemüse	Pak Choi mit Süßkartoffeln und Ingwer (Seite 88), Grünes Gemüse mit Orange (Seite 90), Brokkoli mit Knoblauch und Ingwer (Seite 99), Rührgebratener Pak Choi mit Shiitakepilzen (Seite 105), Karotten-Bete-Salat (Seite 107)
Eiweißreiche Mahlzeiten	Lachssalat mit Zitrone und Senf (Seite 127), Pochierter Lachs mit Pesto (Seite 128), Schwarzer Zackenbarsch mit Zitrone und Ingwer (Seite 131)
Stärkende Getränke	Commonweals Wundertee (Seite 169), Limonade aus Grüntee und Ingwer (Seite 170), Beerensmoothie (Seite 180)

GEWICHTSVERLUST

Nährende Brühen und Suppen	Weiße-Bohnen-Suppe italienische Art (Seite 64), Griechische Hühnersuppe mit Zitrone (Seite 65), Gemüsesuppe mit Ingwer-Fleischbällchen (Seite 67), Mamas Gerstensuppe mit Pilzen (Seite 68), Minestrone (Seite 69), Thai-Hühnersuppe (Seite 70), Blumenkohl-Curry-Suppe (Seite 76), Samtige Rote-Linsen-Suppe (Seite 82)
Vitales Gemüse	Greggs Lieblingskürbis mit Quinoa-Cranberry-Mangold-Füllung (Seite 93), Ofengebackene Süßkartoffeln (Seite 102), Ofengemüse mit Rosmarin und Thymian (Seite 104)
Eiweißreiche Mahlzeiten	Einfache Eier im Förmchen (Seite 112), Nanas Eiersalat (Seite 114), Pochierte Eier mit Basilikum-Zitronen-Sauce (Seite 115), Hähnchensalat mit Curry (Seite 116), Rührgebratenes Hähnchen mit Brokkoli und Cashews (Seite 118), Herrliches Hähnchen mit Reis (Seite 119), Brathähnchen mit Orange und Ingwer (Seite 121), Lieblingshähnchen meiner Familie (Seite 122), Orientalische Kichererbsenbratlinge (Seite 124)
Für zwischendurch und unterwegs	Alle Rezepte aus Kapitel 5
Stärkende Getränke	Pfirsich-Ingwer-Smoothie (Seite 178), Beerensmoothie (Seite 180), Schoko-Bananen-Smoothie (Seite 181)
Süßes Vergnügen	Mandelmuffins (Seite 205), Schokoladen-Tapioka-Pudding (Seite 208), Kürbisflan (Seite 209), Kardamom-Kokos-Makronen (Seite 210), Fruchtkugeln mit Schokolade (Seite 214), Ingwerplätzchen mit Pekannüssen (Seite 221)

MANGEL AN WEISSEN BLUTKÖRPERCHEN (LEUKOPIE)

Nährende Brühen und Suppen	Magische Gemüsebrühe (Seite 61), Magische Hühnerbrühe (Seite 62), Knochenbrühe vom Weiderind (Seite 63), Gemüsesuppe mit Ingwer-Fleischbällchen (Seite 67)
Vitales Gemüse	Brokkoli mit Basilikum (Seite 87), Grünkohl mit Süßkartoffeln und Pekannüssen (Seite 96), Rührgebratener Pak Choi mit Shiitakepilzen (Seite 105)
Eiweißreiche Mahlzeiten	Rührgebratenes Hähnchen mit Brokkoli und Cashews (Seite 118), Lieblingshähnchen meiner Familie (Seite 122)

MÜDIGKEIT

Nährende Brühen und Suppen	Magische Gemüsebrühe (Seite 61), Magische Hühnerbrühe (Seite 62), Knochenbrühe vom Weiderind (Seite 63), Weiße-Bohnen-Suppe italienische Art (Seite 64), Griechische Hühnersuppe mit Zitrone (Seite 65), Gemüsesuppe mit Ingwer-Fleischbällchen (Seite 67), Mamas Gerstensuppe mit Pilzen (Seite 68), Thai-Hühnersuppe (Seite 70), Samtige Rote-Linsen-Suppe (Seite 82)
Vitales Gemüse	Greggs Lieblingskürbis mit Quinoa-Cranberry-Mangold-Füllung (Seite 93)
Eiweißreiche Mahlzeiten	Alle Rezepte aus Kapitel 4
Für zwischendurch und unterwegs	Frucht-Nuss-Riegel (Seite 137), Edamame-Avocado-Dip mit Wasabi (Seite 143), Bohnendip mit Oliven (Seite 143), Dip aus Bohnen und getrockneten Tomaten (Seite 144), Hummus aus schwarzen Bohnen (Seite 144), Hummus mit Curry (Seite 145), Quinoa mit Orangen und Pistazien (Seite 153), Reispapierrollen Moo-Shu (Seite 160), Tortilla-Rädchen mit Gemüse und Hummus (Seite 163)
Stärkende Getränke	Commonweals Wundertee (Seite 169), Grüner Tee mit Ingwer und Minze (Seite 170), Limonade aus Grüntee und Ingwer (Seite 170), Zimt-Ingwer-Tee (Seite 171), Pfirsich-Ingwer-Smoothie (Seite 178), Beerensmoothie (Seite 180), Schoko-Bananen-Smoothie (Seite 181)

SCHLUCKBESCHWERDEN UND MUNDGESCHWÜRE

Allgemeine Empfehlungen	Pikante Zutaten und Ingwer bei allen Rezepten weglassen
Nährende Brühen und Suppen	Magische Gemüsebrühe (Seite 61), Magische Hühnerbrühe (Seite 62), Knochenbrühe vom Weiderind (Seite 63), Bellas Karotten-Fenchel-Suppe (Seite 73), Kühlende Gurken-Avocado-Suppe (Seite 74), Peppige Schwarze-Bohnen-Suppe (Seite 75), Wärmende Süßkartoffelsuppe (Seite 78), Sommerliche Zucchinisuppe (Seite 79), Cremige Brokkoli-Kartoffel-Suppe (Seite 83)

Rezepte bei bestimmten Nebenwirkungen, *Fortsetzung*

Für zwischendurch und unterwegs	Weltbester Haferbrei (Seite 140)
Stärkende Getränke	Annemaries beruhigendes Kudzu-Elixier (Seite 168), Commonweals Wundertee (Seite 169), Grüner Tee mit Ingwer und Minze (Seite 170), Limonade aus Grüntee und Ingwer (Seite 170), Zimt-Ingwer-Tee (Seite 171), Erfrischende Wassermelonen-Granita (Seite 173), Melonen-Granita mit Minze (Seite 174), Pfirsich-Ingwer-Smoothie (Seite 178), Beerensmoothie (Seite 180), Schoko-Bananen-Smoothie (Seite 181)

ÜBELKEIT UND ERBRECHEN

Nährende Brühen und Suppen	Magische Gemüsebrühe (Seite 61), Magische Hühnerbrühe (Seite 62), Knochenbrühe vom Weiderind (Seite 63)
Stärkende Getränke	Grüner Tee mit Ingwer und Minze (Seite 170), Zimt-Ingwer-Tee (Seite 171), Spritziger Ingwertee (Seite 171), Ginger-Ale mit gefrorenen Trauben (Seite 177)

VERSTOPFUNG

Allgemeine Empfehlungen	Über den Tag verteilt warme Getränke trinken und Obst essen.
Nährende Brühen und Suppen	Magische Gemüsebrühe (Seite 61), Magische Hühnerbrühe (Seite 62), Knochenbrühe vom Weiderind (Seite 63), Weiße-Bohnen-Suppe italienische Art (Seite 64), Samtige Rote-Linsen-Suppe (Seite 82)
Vitales Gemüse	Brokkoli mit Basilikum (Seite 87), Pak Choi mit Süßkartoffeln und Ingwer (Seite 88), Grünes Gemüse mit Orange (Seite 90), Grünkohl mit Süßkartoffeln und Pekannüssen (Seite 96), Palmkohl mit Karotten (Seite 98), Rührgebratener Pak Choi mit Shiitakepilzen (Seite 105), Karotten-Bete-Salat (Seite 107)
Für zwischendurch und unterwegs	Frucht-Nuss-Riegel (Seite 137), Mediterraner Linsensalat (Seite 156)
Stärkende Getränke	Commonweals Wundertee (Seite 169), Grüner Tee mit Ingwer und Minze (Seite 170), Zimt-Ingwer-Tee (Seite 171)
Einfach lecker!	Kompott aus Trockenfrüchten (Seite 195), Frisches Fruchtkompott (Seite 196)
Süßes Vergnügen	Backäpfel mit Datteln und Pekannüssen (Seite 207), Pochierte Birnen in Safransirup (Seite 217)

Speiseplanung

Während einer Krebstherapie empfiehlt es sich, die Mahlzeiten zu planen, damit die Therapie möglichst gut anschlägt und gleichzeitig nur geringe Nebenwirkungen auftreten. Dazu gehört auch ein Gespräch mit dem behandelnden Arzt oder einem Ernährungsspezialisten darüber, *was* Sie essen sollten und was nicht und – genauso wichtig – *wann* Sie etwas zu sich nehmen sollten.

Nichtsdestoweniger möchte ich Ihnen an dieser Stelle ein paar Empfehlungen auf wissenschaftlicher Basis sowie aufgrund meiner persönlichen Erfahrung geben.

Eine Operation hat häufig eine Dehydrierung des Körpers zur Folge: durch den Stress und weil man vor der Anästhesie (bis zu 8 oder 12 Stunden) nichts mehr essen und trinken darf. Ich rate Ihnen deshalb, bereits zwei Wochen vor einer Operation damit zu beginnen, den Körper mit ausreichend Flüssigkeit zu versorgen, insbesondere mit eiweißreichen Brühen und Smoothies. Eiweiß unterstützt die Wundheilung, während die zusätzliche Flüssigkeit den Körper hydriert hält. Die Forschung zeigt, dass der Körper nach einem medizinischen Eingriff schneller wieder auf die Beine kommt, wenn er gut darauf vorbereitet ist. Ebenso kann eine ausreichende Versorgung mit Flüssigkeit Übelkeit im Zusammenhang mit Chemo- und Immuntherapien lindern. An Therapietagen können gastrointestinale Beschwerden reduziert werden, wenn frittiertes und fettreiches Essen vermieden wird. Ihr Magen wird es Ihnen danken.

Bestrahlungen machen häufig müde. Essen Sie deshalb energiereiche Speisen, wie sie in der Tabelle zu den Nebenwirkungen aufgeführt wurden (sie versorgen Ihren Körper über längere Zeit mit Energie, ohne mit Zucker vollgestopft zu sein).

Auf den folgenden Seiten finden Sie ein paar Vorschläge, was und wann Sie essen könnten, um Ihnen die Therapie so leicht wie möglich zu machen. Dabei konzentriere ich mich auf Chemo- oder Immuntherapiepatienten, da diese häufig unter ähnlichen Problemen leiden. Für Patienten, die bestrahlt werden und insbesondere mit Kopf- und Halsbeschwerden zu tun haben, können die Vorschläge ebenfalls hilfreich sein. Ihnen empfehle ich außerdem, einen Blick auf die Rezepte unter dem Stichwort »Schluckbeschwerden und Mundgeschwüre« zu werfen.

Zwei Tage vor einer Chemo- oder Immuntherapie

In den Tagen vor einer Chemo- oder Immunbehandlung sollten Sie gut und gesund essen, um ein paar Reserven anzulegen. Der Körper braucht sie, um stark zu bleiben sowie bestmöglich von der Therapie zu profitieren – und sie helfen hoffentlich dabei, die Nebenwirkungen in Grenzen zu halten. Achten Sie auf folgende drei Punkte:

1. Vermeiden Sie Ihre Lieblingsspeisen, damit Sie keine Aversion dagegen entwickeln, falls Ihnen bei der Chemotherapie schlecht wird. (Aus diesem Grund die Lieblingsspeisen auch drei Tage nach der Chemo vermeiden.)

2. Chemo- und Immuntherapien können Entzündungen auslösen. Fettreiche, frittierte Nahrungsmittel enthalten selbst Substanzen, die entzündliche Prozesse fördern. Deshalb sollten sie in den Tagen vor einer Behandlung vermieden werden.
3. Essen Sie leichte Kost. Forschungsergebnisse – überwiegend aus Tierversuchen – legen nahe, dass eine Reduzierung der Kalorienzufuhr vor einem Therapiezyklus hilfreich sein kann.

Während der Behandlung und die Woche danach

Während des Therapiezyklus sollten Sie versuchen, etwa jede Stunde einen kleinen Happen zu sich zu nehmen, auch wenn Sie nicht wirklich hungrig sind. Kleine Mahlzeiten über den Tag verteilt tragen zur Stärkung bei. Setzen Sie bei Bedarf den Timer Ihres Handys, damit Sie nicht vergessen, etwas Nährstoffreiches zu essen. Es ist wahrscheinlicher, dass Ihnen übel wird, wenn der Magen leer ist, als wenn Sie sich mit ausreichend Nahrung versorgen.

Keine Sorge, wenn Sie nicht wissen, was genau Sie während einer Chemo- oder Immuntherapie essen sollen. Im Folgenden finden Sie Empfehlungen für kaum vorhandenen, für normalen wie auch für starken Appetit. Wenn Ihr Hunger gegen null tendiert, können die wohltuenden, leckeren Rezepte in diesem Buch dazu beitragen, dass Sie wieder einen normalen und schließlich gesunden Appetit entwickeln. Ich habe es zu meiner großen Freude immer wieder in der Praxis erlebt.

Noch etwas sei gesagt: Manche Patienten brauchen nach einer Therapie eine Woche oder länger, um wieder ein Hungergefühl zu entwickeln, während es bei anderen nur wenige Tage dauert. Jeder tickt eben anders! Hören Sie auf Ihren Körper; er wird Ihnen sagen, wann er wieder und worauf er Lust hat.

KAUM VORHANDENER APPETIT

Egal, wie schlecht Sie sich fühlen, Sie brauchen Nahrung! Zumindest die in der Tabelle aufgeführten Einheiten sollten Sie während und in der Woche nach einem Therapiezyklus täglich zu sich nehmen. Vielleicht hilft es Ihnen, am Behandlungstag wenigstens eine dieser Flüssigkeiten in einer Thermosflasche mitzunehmen.

4 Tassen (à 250 ml) Magische Gemüsebrühe (Seite 61) oder Magische Hühnerbrühe (Seite 62) oder Knochenbrühe vom Weiderind (Seite 63)
2 Portionen Smoothies mit Eiweißpulver
2 Tassen Commonweals Wundertee (Seite 169)
2 Tassen grüner Tee oder alle Zubereitungen mit grünem Tee in diesem Buch

NORMALER APPETIT

Hier ist eine Liste von Rezepten, die sich gut für die Woche nach einem Therapiezyklus eignen. Alle sind leicht verdaulich, sättigend und stecken voller Vitamine und Mineralien, die Ihr Körper für den Heilungsprozess braucht. Das ist die perfekte Referenzliste für Familie und Freunde, wenn sie in dieser Zeit für Sie kochen.

Nährende Brühen und Suppen	Magische Gemüsebrühe (Seite 61), Magische Hühnerbrühe (Seite 62), Knochenbrühe vom Weiderind (Seite 63), Gemüsesuppe mit Ingwer-Fleischbällchen (Seite 67), Thai-Hühnersuppe (Seite 70), Bellas Karotten-Fenchel-Suppe (Seite 73), Wärmende Süßkartoffelsuppe (Seite 78), Sommerliche Zucchinisuppe (Seite 79), Cremige Brokkoli-Kartoffel-Suppe (Seite 83)
Vitales Gemüse	Kürbispüree mit Zimt (Seite 95), Ofengebackene Süßkartoffeln (Seite 102), Ofengemüse mit Rosmarin und Thymian (Seite 104)
Eiweißreiche Mahlzeiten	Einfache Eier im Förmchen (Seite 112), Nanas Eiersalat (Seite 114), Pochierte Eier mit Basilikum-Zitronen-Sauce (Seite 115), Herrliches Hähnchen mit Reis (Seite 119)
Für zwischendurch und unterwegs	Weltbester Haferbrei (Seite 140), Edamame-Avocado-Dip mit Wasabi (Seite 143), Bohnendip mit Oliven (Seite 143), Dip aus Bohnen und getrockneten Tomaten (Seite 144), Hummus aus schwarzen Bohnen (Seite 144), Hummus mit Curry (Seite 145), Glasierte Walnüsse (Seite 149), Würzige geröstete Mandeln (Seite 150), Quinoa mit Orangen und Pistazien (Seite 153), Quinoabrei mit Walnusscreme (Seite 154), Reispapierrollen Moo-Shu (Seite 160), Tortilla-Rädchen mit Gemüse und Hummus (Seite 163)
Stärkende Getränke	Annemaries beruhigendes Kudzu-Elixier (Seite 168), Commonweals Wundertee (Seite 169), Grüner Tee mit Ingwer und Minze (Seite 170), Limonade aus Grüntee und Ingwer (Seite 170), Zimt-Ingwer-Tee (Seite 171), Erfrischende Wassermelonen-Granita (Seite 173), Melonen-Granita mit Minze (Seite 174), Pfirsich-Ingwer-Smoothie (Seite 178), Beerensmoothie (Seite 180), Schoko-Bananen-Smoothie (Seite 181)
Süßes Vergnügen	Schokoladen-Tapioka-Pudding (Seite 208), Kürbisflan (Seite 209), Kokosmilchreis (Seite 213), Erdbeeren mit Mango-Kokos-Sabayon (Seite 218)

STARKER APPETIT

Wenn Sie in der glücklichen Lage sind, einen starken, gesunden Appetit zu haben, dann essen Sie! Hier ist eine Liste mit weiteren Gerichten, die Ihnen während eines Therapiezyklus guttun.

Nährende Brühen und Suppen	Weiße-Bohnen-Suppe italienische Art (Seite 64), Minestrone (Seite 69), Samtige Rote-Linsen-Suppe (Seite 82)
Vitales Gemüse	Brokkoli mit Basilikum (Seite 87), Karottengemüse mit Kreuzkümmel (Seite 108)
Eiweißreiche Mahlzeiten	Rührgebratenes Hähnchen mit Brokkoli und Cashews (Seite 118), Brathähnchen mit Orange und Ingwer (Seite 121), Lieblingshähnchen meiner Familie (Seite 122), Orientalische Kichererbsenbratlinge (Seite 124)
Für zwischendurch und unterwegs	Quinoa mit Orangen und Pistazien (Seite 153)
Einfach lecker!	Tomaten-Minze-Chutney (Seite 185)
Süßes Vergnügen	Mandelmuffins (Seite 205), Ingwerplätzchen mit Pekannüssen (Seite 221)

Eine Woche nach Chemo- oder Immuntherapie

Irgendwann in der Woche nach einem Therapiezyklus erwacht Ihr Geschmackssinn wieder. In der folgenden Tabelle finden Sie Rezepte, die Ihre Geschmacksrezeptoren und den Appetit anregen.

Nährende Brühen und Suppen	Griechische Hühnersuppe mit Zitrone (Seite 65), Thai-Hühnersuppe (Seite 58), Bellas Karotten-Fenchel-Suppe (Seite 73), Peppige Schwarze-Bohnen-Suppe (Seite 75), Blumenkohl-Curry-Suppe (Seite 76), Wärmende Süßkartoffelsuppe (Seite 78), Samtige Rote-Linsen-Suppe (Seite 82)
Vitales Gemüse	Pak Choi mit Süßkartoffeln und Ingwer (Seite 88), Grünes Gemüse mit Orange (Seite 90), Greggs Lieblingskürbis mit Quinoa-Cranberry-Mangold-Füllung (Seite 93), Kürbispüree mit Zimt (Seite 95), Grünkohl mit Süßkartoffeln und Pekannüssen (Seite 96), Palmkohl mit Karotten (Seite 98), Rührgebratener Pak Choi mit Shiitakepilzen (Seite 105), Karotten-Bete-Salat (Seite 107), Warmer Krautsalat (Seite 109)
Eiweißreiche Mahlzeiten	Orientalische Kichererbsenbratlinge (Seite 124), Pochierter Lachs mit marokkanischem Pesto (Seite 128), Schwarzer Zackenbarsch mit Zitrone und Ingwer (Seite 131), Ofen-Heilbutt mit Signoras Tomatensauce (Seite 132)

Für zwischendurch und unterwegs	Edamame-Avocado-Dip mit Wasabi (Seite 143), Bohnendip mit Oliven (Seite 143), Dip aus Bohnen und getrockneten Tomaten (Seite 144), Hummus aus schwarzen Bohnen (Seite 144), Hummus mit Curry (Seite 145), Mediterraner Linsensalat (Seite 156)
Stärkende Getränke	Commonweals Wundertee (Seite 169), Limonade aus Grüntee und Ingwer (Seite 170), Erfrischende Wassermelonen-Granita (Seite 173), Melonen-Granita mit Minze (Seite 174)
Einfach lecker!	Aprikosen-Birnen-Chutney (Seite 184), Tomaten-Minze-Chutney (Seite 185), Basilikum-Zitronen-Sauce (Seite 187), Avocadodressing (Seite 188), Cashewmus (Seite 190), Pistazienmus (Seite 191), Koriander-Limetten-Vinaigrette (Seite 192), Spritzige Zitronen-Fenchel-Vinaigrette (Seite 193), Petersilien-Basilikum-Öl (Seite 199), Signoras Tomatensauce (Seite 201)
Süßes Vergnügen	Backäpfel mit Datteln und Pekannüssen (Seite 207), Kardamom-Kokos-Makronen (Seite 210), Pochierte Birnen in Safransirup (Seite 217)

Zwischen den Therapiezyklen

Wenn sich Ihr Appetit ansatzweise normalisiert hat, essen Sie weiterhin gesund und nährstoffreich! Dafür besonders geeignet ist die ganze Regenbogenpalette an Obst und Gemüse aus Bioanbau, die allgemein den höchsten Gehalt an antikarzinogenen Substanzen haben. Auch alle Rezepte in diesem Buch liefern hochwertige Nährstoffe. Außerdem empfehle ich Ihnen täglich folgende immunstärkende Zubereitungen:

Smoothie oder Eiweißshake
Magische Gemüsebrühe (Seite 61), Magische Hühnerbrühe (Seite 62) oder Knochenbrühe vom Weiderind (Seite 63)
Commonweals Wundertee (Seite 169), Grüner Tee mit Ingwer und Minze (Seite 170), Limonade aus Grüntee und Ingwer (Seite 170), Zimt-Ingwer-Tee (Seite 171) oder jede andere Zubereitung mit grünem Tee

Mehr Aroma und der Umgang mit Geschmacksstörungen

Über eine Nebenwirkung habe ich noch nicht gesprochen, da sie in einem eigenen Abschnitt behandelt werden muss. Der Fachbegriff ist »Dysgeusie«. Es ist das, was passiert, wenn Ihr Geschmacksempfinden während eines Therapiezyklus auf den Kopf gestellt wird. Viele Patienten, mit denen ich zusammengearbeitet habe, klagen während ihrer Krebstherapie, insbesondere bei der Chemo, über einen veränderten Geschmackssinn oder einen metallischen Geschmack im Mund. Krebstherapien können die Geschmacksrezeptoren schädigen oder stören und dazu führen, dass man plötzlich sehr sensibel auf Heißes oder Kaltes reagiert. Glücklicherweise nehmen diese Störungen zwischen den Zyklen ab und verschwinden nach Abschluss der Therapie vollständig. Das liegt daran, dass sich Geschmacksrezeptoren und -nerven sehr schnell, oft innerhalb von Wochen wieder regenerieren.

Normalerweise werden von den Geschmacksrezeptoren und dem Geruchssinn sensorische Reize ans Gehirn übertragen und dort verknüpft; diese neuronale Information ist ein Geschmack. Eine Therapie kann diese Übertragung stören, sodass das Gehirn eine gustatorische Wahrnehmung nur sehr eingeschränkt aufnimmt und der Geschmack anders ist als das, was der Esser erwartet. Das führt dazu, dass eine Lieblingsspeise – etwa: frischer Apfelstreuselkuchen – lecker aussehen mag, vielleicht auch noch lecker riecht, aber überhaupt nicht mehr so schmeckt. Man schiebt den Kuchen enttäuscht beiseite und hat überhaupt keine Lust mehr auf eine der wichtigsten Maßnahmen während einer Therapie: essen. Ähnlich kann der metallische Geschmack frustrierend sein und einem die Lust am Essen und Trinken verleiden. Wer könnte es den Patienten verdenken? Es kann sehr deprimierend sein, wenn Ess-Erwartungen, die ja auf lebenslanger Erfahrung beruhen, enttäuscht werden.

Zum Glück gibt es eine einfache Methode, um einem gestörten Geschmacksempfinden entgegenzuwirken. Ich nenne sie FASS. FASS steht für Fett, Säure (Acid), Salz und Süße. Fett ist in meiner Küche Olivenöl; Zitronen liefern die Säure; Meersalz ist das einzige Salz, das ich verwende; organischer Ahornsirup ist mein bevorzugtes Süßungsmittel. Diese fantastischen Vier stehen zum Abschmecken immer griffbereit neben meinem Herd.

FASS ist ein kulinarisches Werkzeug, um Gerichte, deren Aromen beim Garen schwinden, wieder auf Vordermann zu bringen und leckere, vollaromatische Speisen servieren zu können. Das ist ein absolutes Muss für alle mit gestörtem Geschmackssinn (und das betrifft nicht nur Krebspatienten, sondern auch Menschen, deren Geschmacksempfinden etwa im Alter nachlässt).

Stellen Sie sich Kochen wie eine Dartscheibe vor, bei der das Bull's Eye, also der rote Kreis in der Scheibenmitte, den maximalen Lecker-Faktor darstellt. Jedes FASS-Element nimmt ein kulinarisches Viertel der Dartscheibe ein. Wenn sie im Gleichgewicht sind und harmonieren, trifft man ins Bull's Eye. Säure und Salz sind gut für den Gesamtgeschmack; Fett und Süße sorgen für Abrundung und Vollmundigkeit. FASS ist eine Kurzformel, die Sie an diese Grundlagen erinnern soll, die Profi- und viele Hobbyköche meistens ganz intuitiv beherrschen.

Und so funktioniert FASS: Wenn ich eine Suppe zubereite, probiere ich sie schon beim Kochen immer wieder. Das ist eine tolle Methode, um zu lernen, wie ein Gericht sich durch jede neue Zutat verändert. Regelmäßiges Probieren ist außerdem die einzige Möglichkeit, um sicher zu sein, dass ein Gericht den optimalen Geschmack hat, ohne am Ende zu drastischen Maßnahmen greifen zu müssen. Wenn Sie schon einmal Kabel in einer bereits verputzten, tapezierten Wand verlegen mussten, wissen Sie, wovon ich rede. Durch einen Spritzer Zitronensaft hier oder eine Prise Salz da können sich die Aromen besser entwickeln, damit das, was auf der Zunge landet, ein reiner Genuss ist.

Ich leite Workshops in den ganzen USA, bei denen ich Patienten und beruflich mit Krebs befassten Menschen das FASS-Prinzip vorstelle. Dafür bereite ich in der Regel eine Portion Karotten-Ingwer-Suppe zu, die ich – was die Teilnehmer nicht wissen – gerade so mit Wasser verdünne, dass sie zwar noch eine schöne leuchtend orangene Farbe hat und angenehm riecht, aber fad schmeckt. Die Teilnehmer probieren die Suppe in gespannter Erwartung, aber nach dem Probieren steht ihnen die Enttäuschung ins Gesicht geschrieben. Menschen, die selbst noch keine Störung des Geschmackssinns erleben mussten, kriegen so eine ungefähre Ahnung davon, wie es ist, damit zu leben.

So sensibilisiert erkläre ich den Teilnehmern die Funktion von FASS. Ich beginne mit Meersalz, das mehr als 80 Mineralien enthält und einen volleren Geschmack hat als normales Tafelsalz. Meersalz stimuliert die Nervenenden und weckt den Geschmack. Es ist, als würde man die Lautstärke einer Stereoanlage aufdrehen. Im Gegenzug sorgen Zitronen oder andere säuerliche Zutaten für eine Verbesserung der Höhen und lassen alles, was man mit Salz betont hat, frischer schmecken.

Süße, in diesem Fall organischer Ahornsirup, bringt eine Tiefe ein und rundet die Aromen ab – als ob man ein Konzert live und nicht auf einer CD hören würde. Schon ein bisschen Süße kann ausreichen, um einen zweidimensionalen Geschmack in ein tolles 3-D-Erlebnis zu verwandeln.

Fett wiederum ist wie ein erstklassiger Chauffeur, der salzige, süße und säuerliche Aromen zu den verschiedenen Geschmackszonen auf der Zunge transportiert und dafür sorgt, dass alle Geschmacksrezeptoren, gesunde und gestörte, die Möglichkeit haben, dem Konzert zumindest zu lauschen.

Wenn man das FASS-Prinzip und die Funktion der Komponenten versteht, ist die Anwendung ein reines Vergnügen. Die öde Karotten-Ingwer-Suppe wird im Handumdrehen zu einem Hochgenuss. Ich fordere die Teilnehmer einzeln auf, die Suppe zu probieren, und frage sie dann, was fehlt. Selbst Menschen ohne große Kocherfahrung haben ein intuitives Gespür dafür, wie etwas schmecken sollte, und können in der Regel auf die richtige FASS-Komponente zeigen: »Wie wäre es mit ein wenig davon?« Die Suppe schmeckt mit jeder weiteren FASS-Zutat wieder ausbalanciert. Die Leute neigen schnell dazu, die Suppe nicht weiter verändern zu wollen, aber ich dränge sie und schlage noch ein paar FASS-Eingriffe vor. Was ich im Visier habe, ist jenes kulinarische Bull's Eye, dieses spontane, begeisterte Mmh und Ahh.

Mir ist noch kein Patient begegnet, dem das FASS-Prinzip nicht geholfen hätte. Für Patienten, die wenig oder keine Beeinträchtigung des Geschmacksempfindens erleben, wird mit FASS aus einem guten ein sehr gutes Essen. Für alle, die größere Schwierigkeiten haben, kann es den Unterschied ausmachen, ob sie ein Essen genießbar finden und weiterhin Appetit haben oder das Interesse und die Freude am Essen ganz verlieren. FASS wirkt Wunder. Wenden Sie es an und genießen Sie!

FASS-Maßnahmen bei gestörtem Geschmackssinn

WENN SIE FOLGENDES WAHRNEHMEN	VERWENDEN SIE DIESEN FASS-TRICK
Alles hat einen metallischen Geschmack.	Etwas Süße wie Ahornsirup und einen Spritzer Zitronensaft zufügen. Sie können es auch mal mit Fett wie Nussmus oder Butter probieren.
Alles schmeckt zu süß.	Erst 6 Tropfen Zitronen- oder Limettensaft zufügen und probieren. Dann weitere kleine Mengen zugeben, bis der süße Geschmack nicht mehr dominant ist.
Alles schmeckt zu salzig.	¼ Teelöffel Zitronensaft zufügen; er überlagert den salzigen Geschmack.
Alles schmeckt zu bitter.	Etwas Süße wie Ahornsirup untermischen.
Alles schmeckt wie Pappe.	Mehr Meersalz zufügen, bis die Aromen des Gerichts eher auf der Zungenspitze wahrnehmbar sind. Ein Spritzer Zitronensaft hilft ebenfalls.

Bei Schluckbeschwerden oder Mundgeschwüren geben Sie Fett (z. B. Nussmus) ins Essen. Essen Sie Püriertes oder Zerstampftes wie gebundene Suppen, Smoothies und Granitas. Lassen Sie die Finger von Ingwer, Curry, Chili und anderen starken Gewürzen.

Finden Sie Ihre Vorlieben heraus

Wenn Sie zu Hause der Koch sind, wissen Sie, dass es schwierig sein kann, eine Antwort auf die einfache Frage »Was willst du essen?« zu bekommen. Diese Frage kann noch schwieriger werden, wenn der Appetit eines Menschen aufgrund einer Krebstherapie ohnehin in Mitleidenschaft gezogen ist. Umso wichtiger ist es, dass diese Personen formulieren können, was sie gern essen würden. Und genau darum geht es bei diesem Werkzeug: seine Speisepräferenzen kennenzulernen.

Seine Lieblingsgeschmacksrichtungen zu kennen ist dabei nur ein Teil des Puzzles. Was oft ignoriert wird, ist, dass auch die Textur den Reiz eines Essens ausmacht. Nehmen wir zum Beispiel Pilze. Entweder man liebt sie oder man hasst sie (meiner Erfahrung nach gibt es wenig dazwischen). Das hat in der Regel nichts mit ihrem Geschmack zu tun; vielmehr ist es die teilweise glibberige Textur von gegarten Pilzen, die viele das Gesicht verziehen lässt.

Ich habe die Erfahrung gemacht, dass langfristige Veränderungen nur möglich sind, wenn man die Menschen dort abholt, wo sie sind, und nicht darauf beharrt, dort anzufangen, wo man sie haben möchte. Sie können von einem Fleisch-Kartoffel-Esser nicht erwarten, dass er strenger Veganer wird. Aber wenn Sie die Präferenzen einer Person kennen, ist eine schrittweise Veränderung nicht nur möglich, sondern auch wahrscheinlich, solange das neue Essen für lecker befunden wird (was sicher der Fall sein wird, wenn Sie die Rezepte in diesem Buch kochen).

Das Werkzeug, mit dem ich kulinarischen Vorlieben und Abneigungen auf die Spur komme, ist ein Fragebogen, der bei meinem sogenannten kulinarischen Bekenntnis zum Einsatz kommt. Es ist eine lustige Angelegenheit, bei der ich mit Patienten und Betreuungspersonen zusammensitze, um ihre Situation besser kennenzulernen. Ich frage die Leute nach ihren Lieblingsessen, und weil sie mich für einen Gesundheits-Sheriff halten, sagen viele: »Ach, Grünkohl find ich ganz lecker.« Worauf ich antworte: »Grünkohl, wirklich? Ist ja lustig. Ich stehe ja total auf Jelly Beans mit Zimtgeschmack, die könnte ich bergeweise essen.«

Die einzige Möglichkeit, eine ehrliche Antwort zu kriegen, ist, den Leuten die Scheu zu nehmen. Wenn jemand ehrlich ist und zugibt, dass er süchtig nach Salzstangen ist, ist das gut, sehr gut sogar. Warum? Weil es mir sagt, dass er auf knusprige Sachen steht. Und was fang ich damit an? Ich sorge dafür, dass jede gesunde Suppe und jeder Salat ein Knusper-Topping erhält, damit die Gerichte Spaß machen und gern gegessen werden.

Aber nicht nur das. Wenn ich den bevorzugten Geschmack oder die richtige Textur treffe, zeige ich den Patienten, wie toll die gesunden Zutaten schmecken. Eine Frau, die Brokkoli nicht mal mit der Kneifzange angefasst hätte, entdeckte plötzlich ihre Vorliebe für cremige Brokkoli-Kartoffel-Suppe. Warum? Weil Kartoffeln, die sie gern mag, im Vordergrund stehen und der Brokkoli nicht stückig – eine Textur, die sie fies findet –, sondern cremig püriert ist und sich im Hintergrund hält. Mit etwas Cheddar, den sie ebenfalls liebt, als Garnierung hatte sie keinen Grund mehr, die Nase zu rümpfen.

Viele der folgenden Fragen sind recht einfach. Aber ich rate Ihnen trotzdem, erst einmal darüber nachzudenken und Ihre Antworten aufzuschreiben. Ich empfehle auch, einer Frage, die vielleicht etwas ungewöhnlich erscheinen mag, besondere Aufmerksamkeit zu schenken: Wenn Ihre Geschmacksrezeptoren um die Welt reisen könnten, wo würden sie landen? Nach dem Fragebogen finden Sie dann ein Werkzeug, das ich »internationale Geschmacksmuster« nenne. Damit können Sie die Erkenntnisse aus dem Fragebogen weiterverwerten.

Ein letzter Gedanke: Ein Termin bei einer Ernährungsberatung, die auf gesunde Kost während einer Krebstherapie spezialisiert ist, ist eine tolle Idee. Wenn Sie die Ergebnisse aus Ihrem Fragebogen zu den kulinarischen Präferenzen mitbringen, ist das schon mal ein guter Ausgangspunkt für ein Gespräch.

Welche kulinarischen Präferenzen haben Sie?

Haben Sie Lebensmittelallergien (z. B. gegen Nüsse, Milchprodukte, Meeresfrüchte)?

Was essen Sie am liebsten (keine Scheu, Schokolade und Kartoffelchips zählen auch!)?

Was speziell finden Sie so gut daran?

Was ist Ihr Wohlfühlessen, welche Speisen machen Sie glücklich?

Sie werden auf eine einsame Insel verbannt und dürfen nur ein Nahrungsmittel/eine Speise mitnehmen. Welche(s) und warum?

Auf welche Art Speisen haben Sie Heißhunger und warum?

Welches sind Ihre Lieblingsgeschmacksrichtungen? Wenn Ihre Geschmacksrezeptoren auf Weltreise gehen könnten, wo würden sie landen? Mehrere Antworten sind möglich.

Welche Texturen mögen Sie am liebsten und welche am wenigsten? Finden Sie knusprige, knackige oder glatte Texturen gut, mögen Sie z. B. lieber stückige, deftige Suppen/Eintöpfe oder lieber pürierte Cremesuppen oder Brühen?

Welche Nahrungsmittel mögen Sie nicht bzw. sollten nicht in einem Gericht enthalten sein? Mögen Sie beispielsweise frischen Koriander oder eher nicht?

Wie viele Mahlzeiten essen Sie am Tag: eher mehrere kleinere Mahlzeiten oder eine große?

Wie fühlen Sie sich beim Essen? Fühlen Sie sich danach gesättigt und befriedigt?

Kochen Sie selbst oder jemand anderes in Ihrer Familie?

Die Kraft von Kräutern und Gewürzen

Egal, ob wir über Aroma oder Inhaltsstoffe reden – nirgendwo steckt mehr Power als in Kräutern und Gewürzen. Deshalb verwende ich in fast jedem Rezept größere Mengen davon. Interessant aus krebsbekämpfender Sicht ist, dass immer mehr Studien nachweisen, dass Kräuter und Gewürze einen Beitrag zur Kontrolle diverser systemischer Störungen, die eine Tumorbildung begünstigen, leisten können, das heißt, sie wirken entzündungshemmend, binden freie Radikale oder unterstützen die Regulierung des Blutzuckerspiegels. Natürlich leisten das auch Obst und Gemüse, aber eben nicht so wirkungsvoll, wie Kräuter und Gewürze es tun. Und aus der Sicht einer Köchin kann nichts den Lecker-Faktor mehr steigern als sie.

Mein Tipp, wie Sie aus Kräutern und Gewürzen möglichst viel Aroma und möglichst viele sekundäre Pflanzenstoffe herausholen können: Geben Sie sie in getrockneter Form, insbesondere bei gekochten Gerichten, eher am Anfang dazu. Warum? Durch Hitze, insbesondere in Kombination mit etwas Fett wie Olivenöl, werden ätherische Öle aus den Kräutern und Gewürzen gelöst und an das Gericht abgegeben. Diese Öle transportieren einen Großteil des Geschmacks und die heilenden Pflanzenstoffe. Frische Kräuter wie Koriander und Petersilie sollte man erst vor dem Servieren ins Essen geben, damit die Farbe und die Aromastoffe nicht verfliegen.

Viele Patienten, die ich berate, gebrauchen Kräuter und Gewürze zunächst nur sehr zögerlich und befürchten, dass sie zu viel davon verwenden könnten. Doch nur keine Hemmungen! Sie können sich erst einmal an den Rezepten orientieren. Nach einer Weile werden Sie aber selbst ein Gespür für die Mengen entwickeln, die Ihnen schmecken. Sie werden auch herausfinden, dass bestimmte Gewürze besonders gut zusammenpassen, wie in der folgenden Tabelle der internationalen Geschmacksmuster beschrieben. Darin aufgeführt sind viele Kräuter und Gewürze, die mit bestimmten Länderküchen in Verbindung gebracht werden. Grundsätzlich halten sich getrocknete Kräuter und Gewürze bei trockener, dunkler Lagerung längere Zeit; es lohnt sich also, das Gewürzregal entsprechend aufzustocken.

Internationale Geschmacksmuster: Kräuter und Gewürze

Mediterran	Knoblauch, Basilikum, Oregano, Minze, Muskatnuss, Petersilie, Rosmarin, Lorbeer, Fenchelsamen, rote Chiliflocken, Salbei, Safran, Thymian
Orientalisch	Piment, Oregano, Majoran, Minze, Sesamsamen, Knoblauch, Zimt, Kreuzkümmel, Koriander (Kraut und Samen)
Nordafrikanisch/ marokkanisch	Rote Chiliflocken, Kreuzkümmel, Koriander (Kraut und Samen), Minze, Safran, Knoblauch, Zimt, Ingwer, Kurkuma
Thai	Rote Chiliflocken, Kreuzkümmel, Koriander (Kraut und Samen), Minze, Safran, Knoblauch, Zimt, Ingwer, Kurkuma
Indisch	Rote Chiliflocken, Safran, Minze, Kreuzkümmel, Koriander (Kraut und Samen), Knoblauch, Kurkuma, Muskatnuss, Zimt, Ingwer, Kardamom, Senfsaat, Currypulver
Mexikanisch	Rote Chiliflocken, Oregano, Koriander (Kraut und Samen), Zimt

Optimale Nährstoffversorgung

Während einer Krebstherapie fällt es nicht immer leicht, gesund und ausreichend zu essen. Das Hungerzentrum im Gehirn kann beeinträchtigt sein oder gar keine Signale mehr an den Körper senden. Es wurde auch festgestellt, dass Chemo- und Immuntherapie, Bestrahlung und operative Eingriffe den Geschmackssinn verändern und/ oder einen metallischen Geschmack im Mund verursachen können. Zum Glück gibt es Strategien, die Betreuungspersonen anwenden können, damit die Patienten selbst an solch schwierigen Tagen die so wichtigen Nährstoffe in ausreichender Menge erhalten. Probieren Sie folgende Vorschläge:

- **Von drei großen zu sechs kleinen Mahlzeiten übergehen.** Ein Ratschlag, den Sie von jedem Ernährungsexperten, der mit Krebspatienten zu tun hat, hören. Ich gehe noch einen Schritt weiter. *Alles*, was Sie runterkriegen, und sei es nur ein Schluck nährstoffreiche Brühe (die ich in kleinen Tassen serviere) oder ein kleines Glas Smoothie, zählt in meinem Buch schon als kleine Mahlzeit. (Und bitte seien Sie nicht zu streng mit sich, wenn Sie nur einen Minibissen runterkriegen. Das ist okay, wirklich!) Ich empfehle auch, den Handy-Timer zu stellen, der Sie daran erinnern soll, jede Stunde wenigstens eine Miniportion zu sich zu nehmen. Verlassen Sie sich nicht darauf, dass sich Ihr Körper hungrig meldet, weil, wie bereits erwähnt, das Appetitzentrum im Gehirn während einer Therapie keine verlässlichen Signale mehr sendet.
- **Eine größere Auswahl an Mahlzeiten bereithalten.** Es ist sehr beruhigend, wenn man den Kühlschrank oder das Gefrierfach aufmacht und eine größere Auswahl an nährstoffreichen Speisen und Getränken auf Lager hat. Wenn einem nicht danach ist, selbst zu kochen, können Familienmitglieder oder Freunde einspringen. Drücken Sie ihnen eine Liste mit Ihren Vorlieben (siehe Abschnitt weiter vorn) und ein paar Rezepte aus diesem Buch in die Hand. Die meisten Gerichte sind für vier bis sechs Portionen, die sich sehr gut einfrieren lassen (Tipps zur Aufbewahrung finden Sie auf Seite 55). Selbst Smoothies in einem Krug halten sich mehrere Tage im Kühlschrank.
- **Essen für unterwegs zubereiten.** Es empfiehlt sich, auch Essen zum Mitnehmen auf Lager zu haben, sei es für die Arbeit, für einen längeren Therapiezyklus oder den Krankenhausaufenthalt. Eine Thermosflasche mit Suppe, Brühe, Tee oder Smoothie ist nur eine Option, weitere sind kleine Beutel oder Behälter mit Knabbereien oder Häppchen für zwischendurch und unterwegs (siehe Kapitel 5). Glauben Sie mir, wenn Sie etwas zu essen und zu trinken dabeihaben, werden Sie auch gern darauf zurückgreifen.

- **Mehr Kräuter und Gewürze.** Wie bereits erwähnt, enthalten Kräuter und Gewürze viele fantastische antikarzinogene sekundäre Pflanzenstoffe, die entzündungshemmend wirken, helfen, den Blutzuckerspiegel zu regulieren, und freie Radikale binden. Es gibt viele Möglichkeiten, mehr Kräuter und Gewürze in Speisen zu integrieren: z. B. frische Kräuter wie Minze, Basilikum oder Petersilie im Salat oder etwas Kurkuma auf dem Frühstücksei. Zimt passt gut zu Haferbrei, Joghurt, Getreide oder Süßkartoffeln.
- **Ballaststoffe zur Blutzuckerregulierung.** Die Regulierung des Blutzuckerspiegels ist ein wichtiges Element zur Vorbeugung und Bekämpfung von Krebs und anderen Krankheiten wie Diabetes Typ 2. Ballaststoffe verlangsamen die Geschwindigkeit, mit der Zucker in Form von Glukose an den Blutkreislauf abgegeben wird. Durch die Kombination von Ballaststoffen mit nur ganz wenig gesundem Fett wird dieser Prozess sogar noch weiter verlangsamt. Schön deshalb, dass viele ballaststoffreiche Nahrungsmittel eine tolle Grundlage für Fettzugaben sind, z. B. Äpfel mit etwas Mandelmus oder Sellerie mit Hummus. Ein paar Leinsamen im Haferbrei, Salatdressing oder Smoothie sind ebenfalls eine tolle Idee, ebenso wie Süßkartoffeln mit etwas Olivenöl oder Kokosfett.
- **Tee trinken.** Sie haben die Wahl! In grünem Tee stecken viele sekundäre Pflanzenstoffe, und wenn Sie ihn mit heißem und nicht mit kochendem Wasser aufbrühen, schmeckt er auch nicht bitter, wie manche Leute finden; ein Spritzer Zitronensaft kann ebenfalls helfen. Tees mit Zimt und Ingwer sind gut geeignet, den Körper mit ausreichend Flüssigkeit zu versorgen (wie gesagt sehr wichtig während einer Therapie), und wirken beruhigend auf das Verdauungssystem.
- **Apropos trinken.** Oft habe ich mit Patienten zu tun, die während ihrer Therapie bestürzt feststellen, dass das Wasser, das sie eigentlich sehr gern trinken, plötzlich einen metallischen Geschmack hat. Eine ausgezeichnete Möglichkeit, diesen Fehlgeschmack loszuwerden, ist, ein paar Zitronenscheiben in einen Krug Wasser zu geben, der im Kühlschrank aufbewahrt wird. Auch Minze und Beeren funktionieren und geben ihre wunderbaren Aromen und Vitalstoffe ans Wasser ab. Ich empfehle Ihnen dringend, immer eine gefüllte Thermosflasche mit aromatisiertem Wasser, Tee oder einer nährstoffreichen Flüssigkeit (z. B. Smoothies) bereitzustellen.
- **Antikrebs-Studentenfutter zusammenstellen.** Walnüsse, Mandeln, Saaten, getrocknete Blaubeeren und Co. lassen sich gut transportieren, haben eine hohe Nährstoffdichte (sprich, man muss nur wenig davon knabbern, um sich satt zu fühlen) und stecken voller toller sekundärer Pflanzenstoffe (mehr dazu in Kapitel 5: Für zwischendurch und unterwegs).

Kulinarische Apotheke

Wenn es Sie interessiert, wie sich bestimmte Nahrungsmittel auf den Organismus von Krebspatienten auswirken, sind Sie hier richtig. Mittlerweile wurde die Forschung auf diesem Gebiet stark intensiviert. Gibt man den Suchbegriff »Krebsvorbeugung und Nahrungsmittel« in die Datenbank der National Library of Medicine's PubMed ein, erhält man über 10000 Fachstudien, mehr als die Hälfte davon aus den letzten zehn Jahren. Die kulinarische Apotheke betrachtet die heilenden Eigenschaften der Zutaten in diesem Kochbuch: von der blutzuckerregulierenden Wirkung von Zimt (wichtig, da Chemo- oder Immuntherapie anfälliger für Insulinausschläge und Diabetes machen) bis hin zur Rolle von Kurkumin bei der Regulierung des Nuklearfaktors Kappa B (NF-kB), ein Eiweißkomplex, der an der Immunabwehr und der Entzündungsbekämpfung beteiligt ist. Eine mangelhafte Regulierung des NF-kB sowie entzündliche Prozesse sind wichtige Faktoren für die Entstehung diverser Erkrankungen, darunter Krebs. Auch Krebstherapien belasten das Immunsystem oft, sodass Patienten anfälliger für Infektionen sowie virale oder bakterielle Erkrankungen sind. Ich habe Nahrungsmittel mit antimikrobiellen Eigenschaften aufgeführt, wie Rosmarin, Gewürznelken und Senfsaat, die eine schützende Wirkung dagegen entfalten.

Eine letzte Anmerkung zu meiner Herangehensweise: Sie werden viele eher vage, einschränkende Formulierungen finden, wie »kann zur Reduzierung von Darmkrebs beitragen«, »kann gegen/bei … helfen« oder »Studien lassen vermuten …«. Dafür gibt es einen Grund: Zwar verfügen die Studien, die sich mit antikarzinogenen Eigenschaften von Nahrungsmitteln beschäftigen, heute über mehr menschliche Daten als je zuvor, doch die meisten Erkenntnisse werden immer noch in Tierversuchen oder durch Grundlagenforschung gewonnen. Nichtsdestoweniger sind die Ergebnisse alle extrem vielversprechend. Aber was bei Mäusen funktioniert, lässt sich nicht ohne Weiteres auf den Menschen übertragen. Auch Studien, die die Ernährung der Bevölkerung in Ländern mit geringer Krebsrate untersuchen, benötigen viel Zeit, um herauszufinden, welche Nahrungsmittel bzw. welche Substanzen darin diesen Schutz bieten. Das noch sehr junge und faszinierende Forschungsgebiet der Nutrigenomik erforscht zudem, wie wir genetisch bedingt mit Nahrung umgehen, und entdeckt nach und nach, welche Nährstoffe und sekundären Pflanzenstoffe die Stoffwechselvorgänge, die unsere Gesundheit bestimmen, anregen oder hemmen.

Solange jedoch in vielen Bereichen noch definitive Erkenntnisse ausstehen, scheint es mir der beste Weg zu sein, sich gesund und abwechslungsreich zu ernähren, um eine große Vielfalt und Menge an potenziell wirksamen Vitalstoffen zu sich zu nehmen.

Ich stelle mir die kulinarische Apotheke gern als Laden vor, der rund um die Uhr geöffnet hat und in dem jedes Regalfach etwas bereithält, das Patienten während einer Therapie guttut. Sie ist eines meiner Lieblingsinstrumente aus dem Werkzeugkasten. Rezepte mit den entsprechenden Zutaten finden Sie über das Register.

Nahrungsmittel mit antikarzinogener Wirkung

WICHTIGE BEGRIFFE

Antiangiogenese	Als Angiogenese wird die Bildung neuer Blutgefäße bezeichnet. Ab einer bestimmten Größe sind auch Tumorzellen dazu in der Lage. Sie versorgen sich auf diese Weise mit Sauerstoff und Nährstoffen. Angiogenese-Hemmer sind Substanzen, die diesen Prozess unterbinden.
NF-kB-regulierend	Der Nuklearfaktor Kappa B (NF-kB) ist ein Eiweißkomplex, der an der Immunabwehr im Körper beteiligt ist. Wenn NF-kB nicht reguliert ist, können chronische Entzündungsherde entstehen, die zur Tumorbildung führen können.
Apoptose	Apoptose ist eine Form des programmierten Zelltods, der von der Zelle selbst aktiv durchgeführt wird. Bei Tumorzellen versagt dieses »Suizidprogramm«.
DNS-Reparatur	Zellen nutzen die DNS-Reparatur zur Begrenzung von Schädigungen, die zu genetischen Mutationen führen können. Diese können einer Tumorentwicklung vorausgehen.
Antikarzinogen	Stoff mit effektiver Wirkung gegen Karzinogene, d. h. gegen krebsverursachende Substanzen, die durch Umwelteinflüsse oder Fehlernährung in den Körper gelangen.

ÄPFEL: *entzündungshemmend.* Äpfel haben sich in Labortests als wirksam gegen Leber-, Brust- und Darmkrebszellen erwiesen.

AHORNSIRUP, GRAD A: *antioxidativ, unterstützt die DNS-Reparatur.* Enthält viel Zink, das gut für die Prostata ist; Zinkmangel wird mit erhöhtem Prostatakrebsrisiko verbunden.

ANANAS: *entzündungshemmend.* Ein Ananas-Enzym, Bromelain, enthält zwei Moleküle, die tumorverwandte Eiweiße blockieren und Immunzellen anregen, die im Tierversuch Tumorzellen in Lunge, Eierstöcken, Darmtrakt und Brust angreifen.

APRIKOSEN: *entzündungshemmend.* Aprikosen sind kaliumreich. Sie gleichen bei Dehydration den Mineralhaushalt im Körper aus. Ihr Eisengehalt fördert den Sauerstofftransport im Blut und hält Hämoglobin- und Energielevel konstant.

AVOCADO: *entzündungshemmend.* Enthält einfach ungesättigte Fettsäuren (insbesondere Oleinsäure), die vor Brustkrebs schützen können, während andere sekundäre Pflanzenstoffe und Vitamin E wohl das Wachstum von Prostatakrebs bekämpfen. Glutathion, eine Aminosäurenverbindung, die reichlich in Avocados vorhanden ist, entfernt Karzinogene wie Tabakrauch aus gesunden Zellen und verhindert eine Schädigung.

BANANEN: *verdauungsregulierend, elektrolytausgleichend.* Der hohe Kaliumgehalt ersetzt Elektrolyte, die bei einer Therapie verloren gehen können. Wie Äpfel liefern sie größere Mengen des magenberuhigenden Ballaststoffs Pektin, das Toxine im Darmtrakt bindet, die Darmtätigkeit verbessert und das Darmkrebsrisiko senkt.

BASILIKUM: *verdauungsregulierend, entzündungshemmend, antimikrobiell, NF-kB-regulierend.* Zwei Flavonoide (Substanzen, die zum Pflanzenstoffwechsel beitragen), Orientin und Vicenin, schützen Körperzellen vor Schädigung durch Strahlung und freie Radikale. Ist der Geschmackssinn gestört oder beeinflussen Halsschmerzen oder Probleme mit der Mundschleimhaut das Geschmacksempfinden, kann Basilikum dies korrigieren.

BLAUBEEREN: *entzündungshemmend.* Ellagsäure blockiert die Versorgungswege bestimmter Tumorzellen. Weitere Phenole bewirken die Selbstzerstörung von Darmkrebszellen. Kaempferol kann das Risiko für Bauchspeicheldrüsenkrebs reduzieren.

BLUMENKOHL: *entzündungshemmend.* Siehe Kohl

BROKKOLI: *entzündungshemmend, antibakteriell.* Sulforaphan, eine Schwefelverbindung in Brokkoli, scheint Leukämie- und Melanomwachstum zu verlangsamen. Senfölglycoside (Glucosinolate) können das Wachstum von Brustkrebs hemmen.

BUCHWEIZEN: *entzündungshemmend.* Der hohe Ballaststoffgehalt reguliert die Verdauungstätigkeit und sorgt dafür, dass Toxine schneller aus dem Körper geleitet werden, was das Risiko für Darmkrebs senken kann.

CASHEWKERNE: *potenzieller Tumorsuppressor.* Die Nüsse enthalten viel Kupfer, ein wichtiges Spurenelement, da ein Mangel mit einem erhöhten Darmkrebsrisiko in Verbindung gebracht wird. Wie Avocados (siehe Seite 41) enthalten sie große Mengen Oleinsäure, einen antikarzinogenen Bestandteil einfach ungesättigter Fettsäuren.

CAYENNEPFEFFER UND CHILIFLOCKEN: *appetitanregend, verdauungsregulierend, entzündungshemmend, antibakteriell.* Der sekundäre Pflanzenstoff Capsaicin senkt den Wert des Antigens PSA (ein erhöhter Wert gilt als Indikator für die Entwicklung von Prostatakrebs), kann Magenkrebs vorbeugen und möglicherweise die Streuung von Gehirn- und Rückenmarktumoren unterbinden.

CRANBERRYS: *entzündungshemmend.* Keine andere Frucht hemmt das Wachstum von Leberkrebszellen beim Menschen besser. Viele Wirkstoffe scheinen für Krebszellen toxisch zu sein, während gesunde Körperzellen unbeschädigt bleiben. Das gilt für Leber-, Gebärmutterhals-, Prostata- und Brusttumore ebenso wie für Leukämie. Cranberrys können auch Haut-, Lungen- und Gehirntumore angreifen.

DATTELN: *blutzuckerregulierend, immunstärkend.* Einige Zucker in libyschen Datteln haben sich als potente Antikarzinogene erwiesen. Ein weiterer Zucker, Beta-D-Glucan, reguliert den Cholesterin- und Blutzuckerspiegel, indem er die Glukoseabsorption im Darm verlangsamt.

DINKEL: *antioxidativ, blutzuckerregulierend.* Bereits eine Portion Dinkel deckt den täglichen Bedarf an Mangan zu über 100 Prozent. Mangan ist ein hervorragendes Antioxidans und ein Blutzuckerregulator. Dinkel liefert außerdem viele Ballaststoffe, die bei der Bekämpfung von Darmkrebs eine Rolle spielen können.

EDAMAME: *entzündungshemmend.* Edamame, unreife Sojabohnen, stärken das Immunsystem. Ihre Isoflavone scheinen als eine Art Blocker zu fungieren, die ein Absterben von Krebszellen bewirken, indem sie die Bildung neuer Blutgefäße (Angiogenese) verhindern.

EIER: *entzündungshemmend.* Eine Studie mit 121 000 Frauen legt nahe, dass der Verzehr von drei Eiern pro Woche in jungen Jahren das Risiko, an Brustkrebs zu erkranken, um 18 Prozent senkt. Cholin und Lecithin verbessern die Hirn- und Gallenblasentätigkeit.

ERDBEEREN: *entzündungshemmend.* Wie Himbeeren enthalten auch Erdbeeren viele Anthocyanidine und Ellagitannine, die das Tumorwachstum zu behindern scheinen. (Im Labor blockierten Ellagitannine aus Granatäpfeln das Wachstum von Prostatakrebs.) Erdbeeren verlangsamen auch das Wachstum von Leberkrebszellen.

FENCHEL: *verdauungsregulierend, entzündungshemmend, NF-kB-regulierend.* Fenchel beruhigt den Magen, während Anisöle, die für das Aroma des Gemüses sorgen, entzündliche Prozesse, die zur Krebszellenentwicklung beitragen können, reduzieren.

GERSTE: *entzündungshemmend.* Lignan, ein in Gerste enthaltener Pflanzenstoff, dockt an Östrogenrezeptoren an, was Frauen helfen kann, die ein Risiko für hormonell bedingten Brustkrebs haben. Der hohe Ballaststoffgehalt senkt das Risiko für Darmkrebs.

GEWÜRZNELKEN: *verdauungsregulierend, entzündungshemmend, antibakteriell, NF-kB-regulierend.* Gewürznelken enthalten viel Kaempferol; Humanstudien belegen, dass eine erhöhte Kaempferol-Zufuhr das Eierstockkrebsrisiko senkt. Wie Zimt unterstützen Gewürznelken die Verdauung. Das ätherische Öl, Eugenol, kann aufgrund seiner antientzündlichen Eigenschaften vor Tumoren im Verdauungsapparat schützen. Der sekundäre Pflanzenstoff Rhamnetin steigert die antioxidative Wirkung von Gewürznelken.

GRÜNKOHL: *entzündungshemmend.* Wie alle Brassica-Gemüsesorten aus der Familie der Kreuzblütler enthält auch Grünkohl viel Indol-3-Carbinol. Dieser Wirkstoff kann sich auf östrogensensitives Gewebe auswirken und möglicherweise vermeiden, dass geschädigtes Gewebe karzinogen wird, sowie verhindern, dass sich Tumorzellen vermehren.

GRÜNER TEE: *entzündungshemmend.* Die Polyphenole in grünem Tee scheinen dazu beizutragen, dass Karzinogene im Körper inaktiv bleiben, insbesondere im Gastrointestinaltrakt. Sie können auch helfen, Brust-, Prostata- und Lungenkrebs vorzubeugen. Möglicher Nachteil: Forscher haben herausgefunden, dass bestimmte Wirkstoffe des Tees, insbesondere EGCG, den Medikamentenwirkstoff Velcade (auch als »Bortezomib« bekannt) blockieren können, das vielfach zur Behandlung eines multiplen Myeloms verwandt wird. Patienten, die diesen Wirkstoff einnehmen, sollten Grüntee meiden.

HEILBUTT: *entzündungshemmend.* Regelmäßige Zufuhr von Omega-3-Fettsäuren aus Fisch kann das Krebsrisiko, auch für Non-Hodgkin-Lymphom, multiples Myelom und Leukämie bei Kindern reduzieren. Dieser Schutz kann auch bei Nieren-, Darm-, Brust-, Prostata- und Lungenkrebs gelten.

HIMBEEREN: *entzündungshemmend.* Die roten Pigmente in Himbeeren, Anthocyanidine, setzen einen Prozess in Gang, der das Tumorwachstum blockiert. Forscher der Ohio State University haben im Tierversuch herausgefunden, dass Himbeeren Speiseröhrenkrebs vorbeugen und präkanzeroses Wachstum hemmen.

HIRSE: *entzündungshemmend.* Die Ballaststoffe in Hirse reinigen den Darm und senken so das Darmkrebsrisiko. Eine britische Studie mit über 30 000 Frauen hat ergeben, dass besonders ballaststoffreiche Kost das Risiko für Brustkrebs um mehr als die Hälfte senkt.

HÜHNCHENFLEISCH: *antioxidativ, bindet möglicherweise Schwermetalle.* Fleisch aus artgerechter Biohaltung enthält Niacin und Selen, die beide krebsvorbeugende Eigenschaften haben. Selen bewirkt bei Tumorzellen, insbesondere Darm- und Prostatakrebszellen, die Einstellung der Zellfunktionen und -reproduktion.

HÜLSENFRÜCHTE: *entzündungshemmend.* Studien zeigen, dass eine hülsenfruchtreiche Kost das Risiko für eine Wiedererkrankung an Brustkrebs bei Frauen senkt. Ihr hoher Ballaststoffgehalt reduziert das Darmkrebsrisiko, trägt zur Blutzuckerregulierung bei und bindet Toxine im Körper. Sie sind fantastische Eiweiß- und Mineralstoffquellen.

INGWER: *gegen Übelkeit, entzündungshemmend, antibakteriell, NF-kB-regulierend.* Anerkanntes Mittel gegen Übelkeit und nervösen Magen. Die Wirkung wird verstärkt, wenn Ingwer mit etwas Eiweiß eingenommen wird. Der Aktivstoff Gingerol konnte im Tierversuch das Wachstum von Krebszellen im Darm kontrollieren.

JOGHURT: *verdauungsregulierend.* Naturjoghurt, insbesondere mit probiotischen Kulturen wie Lactobazillus, kann Durchfall lindern, Infektionen im Gastrointestianaltrakt bekämpfen und außerdem zur Stärkung der Abwehrkräfte beitragen.

KARDAMOM: *verdauungsregulierend, entzündungshemmend, NF-kB-regulierend.* Kann Verdauungsprobleme wie Verstopfung oder Blähungen lindern sowie entzündliche Prozesse reduzieren und vor dem Wachstum von Darmkrebszellen schützen.

KAROTTEN: *entzündungshemmend.* Bereits eine Karotte täglich, die viel lungenschützendes Vitamin A enthält, kann das Lungenkrebsrisiko halbieren. Karotten enthalten auch viel Betakarotin, das mit der Prävention von Lungen-, Mund-, Rachen-, Magen-, Darm-, Blasen-, Prostata- und Brustkrebs in Verbindung gebracht wird.

KARTOFFELN: *antioxidativ, mögliche Angiogenese-Hemmer.* Vitamin B_6 aus Kartoffeln scheint die Aktivierung eines Tumorsuppressionsgens zu kontrollieren. Kartoffeln haben eine entgiftende Wirkung, bei der sekundäre Pflanzenstoffe krebsverursachende freie Radikale binden und ausleiten.

KICHERERBSEN: *entzündungshemmend.* Eiweißreiche Kichererbsen unterstützen die Regulierung des Blutzucker- und Cholesterinspiegels, die durch Krebstherapien beeinträchtigt sein können. Die vielen Ballaststoffe helfen, Toxine aus dem Organismus auszuleiten, und können das Darmkrebsrisiko senken.

KIRSCHEN: *entzündungshemmend.* Für das säuerliche Aroma der Kirschen ist Perillaalkohol verantwortlich, der Tumoren die Eiweiße entziehen kann, die sie zum Wachstum brauchen, und sich in Laborversuchen sehr wirksam bei vorangeschrittenem Brust-, Prostata- und Eierstockkrebs erwiesen hat. Zwei weitere sekundäre Pflanzenstoffe, Isoquercitrin und Quercetin, hemmen Darmkrebszellen.

KNOBLAUCH: *entzündungshemmend, antimikrobiell.* Der sekundäre Pflanzenstoff Allicin ist für das kräftige Knoblaucharoma verantwortlich und hat antikarzinogene Eigenschaften. Allicin wirkt stark antibakteriell und antiviral und scheint so gesunde Darmzellen vor Karzinogenen zu schützen.

KOHL: *entzündungshemmend, antibakteriell.* Kopfkohl enthält wie andere Kreuzblütler (z. B. Blumenkohl, Grünkohl, Rosenkohl, Brokkoli, Pak Choi oder Pastinaken) viele antikarzinogene sekundäre Pflanzenstoffe. Indol-3-Carbinol (I3C) kann die Rate, mit der die Leber Östrogene abbaut und ausleitet, fast verdoppeln. Bei adäquater Garzeit (nicht zu lang) bleibt auch mehr Sinigrin erhalten, das die Freisetzung von Molekülen unterstützt, die karzinogene Stoffe binden und das Wachstum von Tumorzellen blockieren.

KOKOSMILCH/KOKOSFETT: *entzündungshemmend, antimikrobiell.* Laurinsäure macht die Hälfte der saturierten Fettsäuren in Kokosprodukten aus, die im Körper in Monolaurin umgewandelt wird, ein stark antibakterieller, antiviraler Wirkstoff. Monolaurin kann auch bei der Krebsbekämpfung eine Rolle spielen.

KOMBU: *entgiftend.* Algen wie Kombu enthalten Chlorophyllin, das im Tierversuch Karzinogene im Verdauungstrakt bindet und ihre Wirkung stark reduziert. Kombu enthält (wie Edamame und Gerste) Lignane, die bei Frauen in der Menopause das Risiko von Brust- oder Endometriumkrebs etwas senken.

KORIANDER (KRAUT/SAMEN): *verdauungsregulierend, entzündungshemmend, antimikrobiell, NF-kB-regulierend.* Im Laborversuch konnten antimikrobielle Wirkstoffe in frischem Koriander Salmonellen abtöten. Das Kraut ist geeignet, um einen nervösen Magen zu beruhigen und Übelkeit zu bekämpfen. Es hilft auch bei allgemeinen Angstzuständen.

KREUZKÜMMEL: *appetitanregend, verdauungsregulierend, antimikrobiell, NF-kB-regulierend.* Kreuzkümmel kann wohl das Wachstum von Magen- und Gebärmutterhalskarzinomen verlangsamen. Andere Studien ergaben, dass das Gewürz den Magen beruhigt und krampflösend wirkt, insbesondere wenn die Samen geröstet werden.

KUDZU: *verdauungsregulierend, NF-kB-regulierend.* Die Wurzelknollen der Rankpflanze enthalten sekundäre Pflanzenstoffe wie Daidzein und Genistein, die im Tierversuch die Entwicklung von Prostatakrebs verlangsamten.

KÜRBIS: *antioxidativ, blutzuckerregulierend.* Berichte lassen vermuten, dass Kürbissaft die Mutation von gesunden in karzinogene Zellen verlangsamen könnte. Die Ballaststoffe haben eine darmreinigende Wirkung.

KURKUMA: *appetitanregend, verdauungsregulierend, entzündungshemmend, NF-kB-regulierend.* Wenn Kurkuma mit einem Gemüse aus der Familie der Kreuzblütler verzehrt wird, senkt das Kurkumapigment Kurkumin das Wachstum und die Streuung von Prostatakrebs. Kurkumin wirkt auch entzündungshemmend. In der ayurvedischen Medizin wird Kurkuma zur Behandlung von Verdauungsstörungen eingesetzt.

LACHS: *entzündungshemmend.* Forscher glauben, dass Fettfisch wie Lachs Substanzen enthält, die die Freisetzung von Ceramiden begünstigen, Lipide, die möglicherweise Krebszellen befehlen, ihre Aktivität einzustellen. Das enthaltene Selen kann Schutz gegen Darm- und Bauchspeicheldrüsenkrebs bieten.

LAUCH: *entzündungshemmend, antibakteriell.* Lauch wird in Verbindung mit einem reduzierten Risiko für Darm- und Prostatakrebs gebracht. Kaempferol (auch in Mandeln, Paranüssen und Gewürznelken) kann einen gewissen Schutz vor Eierstockkrebs bieten.

LEIN- UND CHIASAMEN: *entzündungshemmend.* Leinsamen sind vielleicht die beste natürliche Quelle für Lignane, Phytoöstrogene, die Östrogenrezeptoren blockieren und so Frauen helfen können, die mit hormonell bedingtem Brustkrebs zu tun haben. Lein- und Chiasamen enthalten große Mengen Alpha-Linolsäure (ALA), eine Omega-3-Fettsäure, die im Labor das Absterben bestimmter Brust- und Gebärmutterhalstumorzellen auslöst. ALA-reiche Kost kann das Brustkrebsrisiko bei Frauen verringern.

LIMETTEN: *entzündungshemmend, antimikrobiell.* Limetten fördern die Aktivität weißer Blutkörper, durch die behandlungsbedingte Infektionen bekämpft werden können. Darin enthaltene Glycoside können die Zellteilung bestimmter Tumorarten unterbinden.

LORBEER: *verdauungsregulierend.* Lorbeerblätter helfen bei Bauchkrämpfen und Blähungen. Sie beruhigen und entspannend den Verdauungstrakt.

MANDELN: *entzündungshemmend.* Mandeln sind eine fabelhafte Quelle für Ballaststoffe, die Darmkrebs vorbeugen helfen können. Mit Schale enthalten sie doppelt so viele Antioxidantien. Sie unterstützen außerdem die Regulierung des Blutzuckerspiegels.

MANGOS: *antioxidativ, entzündungshemmend.* Regelmäßiger Verzehr von Mango reduziert das Risiko für Gallenblasenkrebs um bis zu 60 Prozent. Mangoextrakt kann gesunde Zellen davor schützen, karzinogen zu werden.

MANGOLD: *entzündungshemmend.* Mangold ist mit seinen vielen Betakarotinen, Ballaststoffen, den Vitaminen A und C ein effektives Nahrungsmittel zur Krebsbekämpfung. Betalain, ein in Mangold enthaltener Farbstoff, hatte im Laborversuch eine potenziell verlangsamende Wirkung auf das Wachstum zahlreicher Tumorarten, möglicherweise weil es systemische Entzündungen reduziert.

MEERSALZ: *appetitanregend.* Anders als Tafelsalz, dem im Großen und Ganzen die Mineralien entzogen sind und höchstens Jod zugesetzt ist, enthält Meersalz zahlreiche essenzielle Mineralien wie Calcium, Magnesium und Kalium.

MELONEN: *entzündungshemmend.* Vitamin-A-reiche Zuckermelonen können vor Emphysemen und Lungenentzündung schützen, die mit Passivrauchen in Verbindung gebracht werden. Die American Cancer Society empfiehlt sie zum Schutz vor Dickdarmkrebs.

MINZE: *verdauungsregulierend, antimikrobiell, NF-kB-regulierend.* Minze kann Appetit anregen, den Geschmackssinn bei Patienten in Therapie verbessern und bei Verdauungsstörungen helfen. Wie Kirschen enthält auch Minze Perillaalkohol, der im Labor das Wachstum von Leber-, Mamma- und Bauchspeicheldrüsenkarzinomen hemmt.

MUSKATNUSS: *appetitanregend, verdauungsregulierend, lindert Übelkeit, entzündungshemmend, antibakteriell, NF-kB-regulierend.* Ein Wirkstoff in Muskatnuss, Myristicin, der auch in Petersilie vorliegt, kann im Körper antikarzinogene Wirkung entfalten.

OLIVEN/OLIVENÖL: *entzündungshemmend, antibakteriell.* Der hohe Gehalt an Vitamin E und einfach ungesättigten Fettsäuren sorgt für ein verringertes Darmkrebsrisiko, Oleinsäure senkt das Auftreten eines bestimmten Brustkrebsgens um 46 Prozent.

ORANGEN: *entzündungshemmend, antimikrobiell.* Zitrusfrüchte wie Orangen helfen gegen Mund-, Rachen- und Magenkrebs. Bestimmte Zitrusöle, Monoterpene, halfen im Tierversuch, Karzinogene zu binden und so das Tumorwachstum zu verlangsamen. Der hohe Vitamin-C-Gehalt steht mit einem verringerten Darmkrebsrisiko in Verbindung.

OREGANO: *verdauungsregulierend, entzündungshemmend, antimikrobiell, NF-kB-regulierend.* Zwei Antioxidantien in Oregano, Thymol und Rosmarinsäure, fangen potenziell krebsverursachende Sauerstoffmoleküle ein. Oregano ist auch eine Quelle für antimikrobielle Substanzen, die ein durch Krebstherapie geschwächtes Immunsystem stärken.

PAPAYA: *verdauungsregulierend, antioxidativ, antikarzinogen.* Papayas sind reich an Vitamin C, das die Wirkung von Nitrosaminen, potenziellen Karzinogenen, die häufig im Boden und verarbeiteten Fleisch- und Wurstprodukten zu finden sind, eliminieren kann. Andere Vitamine wie Folsäure und Vitamin E haben krebsbekämpfende Eigenschaften und der hohe Gehalt an Ballaststoffen kann das Risiko von Darmkrebs senken. Papayas enthalten viel antioxidatives Lycopin, das auch in Tomaten steckt. Dieses Pigment kann vor Bauchspeicheldrüsen-, Prostata-, Brust- und Darmkrebs schützen.

PAPRIKA: *entzündungshemmend.* Lycopin, das in großen Mengen auch in Tomaten vorliegt, Vitamin C und reichlich Ballaststoffe können einen Schutz vor Darm-, Gebärmutterhals-, Blasen-, Prostata- und Bauchspeicheldrüsenkrebs bieten. Das Karotinoid Betakryptoxanthin, vom Körper in Vitamin A umgewandelt, senkt das Lungenkrebsrisiko. Antioxidantien, darunter die Vitamine A, C, K, Folsäure und B_6, binden karzinogene freie Radikale.

PARANÜSSE: *entzündungshemmend.* Paranüsse enthalten größere Mengen Selen, das vor Darm- und Prostatakrebs schützen kann. Die American Cancer Society führt an, dass das Quercetin in Paranüssen das Zellsterben bestimmter Tumorarten auslösen kann.

PASTINAKE: *antikarzinogen, blutzuckerregulierend.* Das Wurzelgemüse hat einen hohen Ballaststoffgehalt, durch den die Magen-Darm-Tätigkeit verbessert und das Risiko für Darmkrebs gesenkt wird.

PETERSILIE: *appetitanregend, verdauungsregulierend, entzündungshemmend, NF-kB-regulierend.* Die ätherischen Öle in Petersilie, etwa Myristicin, haben antikarzinogene Eigenschaften, insbesondere in Hinblick auf Lungenkrebs. Das Kraut scheint auch Karzinogene in Tabak- und Holzkohlenrauch oder Frittiertem zu neutralisieren.

PFEFFERMINZE: *verdauungsregulierend, lindert Übelkeit, entzündungshemmend, antibakteriell.* Aromatische Minze entspannt die Abdominal- und Magenmuskulatur und wirkt so krampflindernd, reduziert Blähungen und fördert die Verdauung.

PIMENT/NELKENPFEFFER: *verdauungsregulierend, antimikrobiell.* Wirkt bei Verdauungsstörungen, insbesondere im Dünndarmbereich, und Unwohlsein und hilft sehr gut, wenn Sie sich aufgebläht oder aufgedunsen fühlen.

PILZE: *entzündungshemmend.* Shiitake-, Maitake- und Reishi-Pilze scheinen das Immunsystem zu stärken und somit wirkungsvoll vor Krebs zu schützen. Die Mehrfachzucker in Pilzen, insbesondere Lentinan, sind sehr wirkungsvoll: Magenkrebszellen, die mit Lentinan in Kontakt kamen, fielen buchstäblich auseinander. Eine weitere Substanz, Lectin, stoppt die Krebszellteilung. Einige Pilze fördern auch die Fähigkeit des Körpers, Interferon zu erzeugen, das die Wirksamkeit von Chemotherapien erhöhen kann.

QUINOA: *entzündungshemmend.* Das Pseudogetreide enthält Lignane, die im Körper in Enterolacton umgewandelt werden, das Östrogen imitieren kann und so vor hormonabhängigem Brustkrebs schützen kann.

RADIESCHEN: *entzündungshemmend.* Die Schwefelverbindungen in Radieschen wirken in Leber und Gallenblase und erhöhen den Gallensäurenfluss in die für die Entgiftung des Organismus wichtigen Organe. Radieschen verbessern die Verdauung.

REIS: *entzündungshemmend.* Naturreis ist eine tolle Ballaststoffquelle und kann Frauen in der Prämenopause, insbesondere mit Übergewicht, vor Brustkrebs schützen und das Risiko für Darmkrebs senken.

ROSINEN: *antioxidativ.* Rosinen sind reich an Phenolen mit antioxidativer Wirkung. Forscher der amerikanischen Cornell University fanden heraus, dass Mäuse bei phenolreicher Kost ein um 70 Prozent verringertes Risiko für Tumore im Intestinaltrakt hatten.

ROSMARIN: *verdauungsregulierend, entzündungshemmend.* Das Antioxidans Carnosol blockierte im Tierversuch Haut- und Brusttumorentwicklung. Beim Menschen verbessert Rosmarin Verdauung, Durchblutung, Immunsystem und Blutfluss zum Gehirn.

ROTE BETE: *entzündungshemmend.* Für ihre Farbe ist der sekundäre Pflanzenstoff Betanoin verantwortlich, der zusammen mit den enthaltenen Ballaststoffen Darmkrebs vorbeugen kann. Die Ballaststoffe steigern überdies den Glutathion-Gehalt im Körper, der die Zellen vor Toxinen schützt.

RUCOLA: *entgiftungsfördernd, Angiogenese-Hemmer.* Rucola senkt wie alle Gemüsesorten aus der Familie der Kreuzblütler das allgemeine Krebsrisiko, enthält aber zudem Schwefelverbindungen, die die Wirkung eines Enzyms, das erwiesenermaßen die Entwicklung von Tumorzellen (insbesondere in der Prostata) fördert, verlangsamen können. Das Chlorophyll kann vor Karzinogenen in zu heiß gegrilltem Fleisch und Fisch schützen.

SAFRAN: *verdauungsregulierend, entzündungshemmend, NF-kB-regulierend.* Der Safranfarbstoff Crocin scheint das Absterben von menschlichen Blut- und Leberkrebszellen auszulösen. Safran ist auch gut für die Verdauung.

SALBEI: *antikarzinogen.* Wie Minze und Rosmarin zur Familie der Lippenblütler gehörend hat Salbei auch ähnliche medizinische Eigenschaften. Die ätherischen Öle wurden in vielen Krebsstudien untersucht; im Tierversuch wurde eine gewisse Wirkung bei Hautkrebsläsionen beobachtet.

SCHOKOLADE: *entzündungshemmend.* Die in Schokolade enthaltenen Flavonoide können chemoprotektive Wirkungen entfalten. Dunkle Schokolade enthält viermal mehr Antioxidantien als Tee.

SCHWARZER PFEFFER: *verdauungsregulierend, antibakteriell, NF-kB-regulierend.* Stimuliert die Geschmacksrezeptoren, die dem Magen signalisieren, verdauungsfördernde Salzsäure zu produzieren. Pfefferkörner enthalten Piperin, ein Alkaloid, das die Verwertbarkeit von krebsbekämpfenden Vitalstoffen wie Betakarotin und Selen im Körper erhöht.

SELLERIE: *entzündungshemmend.* Der sekundäre Pflanzenstoff Kumarin unterstützt die weißen Blutkörper beim Schutz vor Zellschädigung durch freie Radikale und reduziert Mutationen, durch die Zellen karzinogen werden können. Acetylenverbindungen in Sellerie können das Wachstum von Tumorzellen stoppen.

SENFSAAT: *appetitanregend, verdauungsregulierend.* Senfsaat enthält Schwefel- und Stickstoffverbindungen (Glucosinolate), die umgewandelt in Isothiocyanate das Wachstum von Tumoren im Gastrointestinaltrakt verlangsamen können. Senfsaat enthält viel Selen, das vor Prostatakrebs schützen kann. Auf der Zunge regt Senf die Speichelbildung an, was wiederum appetitanregend wirkt. Er kann auch Verdauungsstörungen vorbeugen.

SESAMSAAT: *entzündungshemmend.* Sesam ist reich an Lignanen, die einen Schutz vor hormonabhängigen Krebsarten bieten können. Ebenso enthält es viel Gamma-Tocopherol (eine Form von Vitamin E), das bei Prostatakrebs wirksam sein kann.

SPARGEL: *entzündungshemmend.* Sekundäre Pflanzenstoffe in Spargel imitieren eine antientzündliche Substanz namens COX-2-Hemmer. Das Gemüse ist reich an Vitamin A (im Labor und Tierversuch wirksam gegen Haut-, Brust-, Leber-, Darm- und Prostatakrebs), Vitamin K (Prostata- und Lungenkrebs) und Folsäure (Dickdarm-, Speiseröhren-, Magen- und Brustkrebs).

SPINAT: *antioxidativ, antikarzinogen.* Karotinoide in Spinat können bei der Bekämpfung von Prostatatumoren hilfreich sein. Kaempferol löst das Absterben von Eierstockkrebszellen aus und beugt dem Wachstum von tumorversorgenden Blutgefäßen vor.

SÜSSKARTOFFELN: *antioxidativ, blutzuckerregulierend.* Das wunderbare gelb- bis orangefarbene Fruchtfleisch enthält große Mengen krebsbekämpfendes Betakarotin und Vitamin C. Der hohe Ballaststoffgehalt unterstützt die Darmgesundheit.

THYMIAN: *antimikrobiell.* Die natürliche Version einer Halslutschpastille. Seine Inhaltsstoffe beruhigen Mund- und Rachenraum und helfen bei hartnäckigem Husten und Verstopfungen. Er hat außerdem antiseptische, antibakterielle Eigenschaften.

TOMATEN: *möglicherweise Angiogenese-Hemmer.* Sie enthalten das Antioxidans Lycopin, das in Kombination mit einem gesunden Öl (wie Olivenöl) das Risiko für Bauchspeicheldrüsen-, Prostata-, Brust- und Darmkrebs reduzieren kann. Anderen Studien zufolge scheinen Tomaten in Kombination mit Brokkoli vor Prostatakrebs zu schützen.

WALNÜSSE: *entzündungshemmend.* Die Nüsse enthalten Ellagsäure (wie auch viele Beeren), die im Laborversuch Krebszellen zum Absterben bringt. Sie scheint außerdem das Potenzial von Östrogen für das Wachstum von Brustkrebszellen zu hemmen und kann der Leber bei der Entgiftung von potenziellen Karzinogenen helfen.

ZIMT: *appetitanregend, verdauungsregulierend, entzündungshemmend, antimikrobiell, NF-kB-regulierend.* Zimtaldehyd vermindert entzündliche Prozesse, die mit bestimmten Krebsarten in Verbindung gebracht werden. Zimt trägt auch zur Blutzuckerregulierung bei, während seine Antioxidantien und Kalzium-Ballaststoff-Verbindungen den Cholesterinspiegel senken und das Darmkrebsrisiko reduzieren.

ZITRONEN: *entzündungshemmend, antimikrobiell.* Wie die meisten anderen Zitrusfrüchte haben Zitronen einen hohen Gehalt an Vitamin C, das die Abwehrkräfte stärkt. Sie enthalten außerdem entzündungshemmende und antikarzinogene Substanzen wie Limonen (in der Schale), die ein Absterben von Krebszellen begünstigen, und Liminoide, die bei Haut-, Lungen-, Brust-, Darm-, Magen- und Mundkrebs hilfreich sind.

ZITRONENGRAS: *kann Apoptose fördern.* Der Zitrusgeschmack rührt teilweise vom Pflanzenstoff Citral her, der Infektionen bekämpft, Muskeln entspannt und im Labor das Tumorzellwachstum hemmt. Es ist geeignet bei Krämpfen oder Spannungskopfschmerz.

ZWIEBELN: *entzündungshemmend, antibakteriell.* Zwiebeln und insbesondere Schalotten erwiesen sich im Tierversuch als wirksam gegen Blutkrebs. Zwiebelextrakt zeigte auch antikarzinogene Eigenschaften, möglicherweise weil er hilft, Karzinogene schnell aus dem Organismus auszuleiten.

Unterstützung von Familie und Freunden

Krebstherapien können eine beängstigende Herausforderung sein. Dafür will ich Ihnen vor allem einen Rat geben: Versuchen Sie bitte nicht, den Therapiemarathon allein durchzustehen. Eine Krebsdiagnose ist sehr bedrohlich und kann einen im Innersten erschüttern. In den Tagen nach der Diagnose fühlen Sie sich vielleicht, als würden Sie in einem Strudel aus Gefühlen und Informationen ertrinken. Das ist normal. Die Behandlungsmöglichkeiten sowie ihre potenziellen Nebenwirkungen und Folgen können verwirrend sein. Sie versuchen, die richtige Therapieform zu finden, während Sie gleichzeitig den Schock verarbeiten müssen, der auch alle, die Sie lieben, erfasst hat.

Auch wenn Sie sich am liebsten eine Decke über den Kopf ziehen wollen (das dürfen Sie auch, aber nicht zu lang): Es gibt Strategien, mit denen Sie Ihren Körper vorbereiten können, physisch und emotional besser mit der Therapie zurechtzukommen. Im Wesentlichen geht es darum, ein Unterstützerteam aufzubauen. Halten Sie die Bitte um Unterstützung nicht für ein Zeichen von Schwäche; vielmehr ist es mutig und klug. Ihr Team hilft Ihnen dabei, das überaus wichtige Ziel zu erreichen, während der Therapie gut genährt zu bleiben. Und genauso wichtig: Die Bildung eines Teams bewahrt Ihre Familie, Freunde und vor allem Sie selbst davor, sich zu viel zuzumuten. Es ist wichtig, einen Burn-out zu vermeiden, weil Therapie und Pflege einen längeren Zeitraum in Anspruch nehmen können. Stress sollte vermieden werden, denn er bewirkt eine höhere Ausschüttung von Corticosteroiden, die die Immunfunktion beeinträchtigen können. Hier sind einige Tipps:

- **Einen Kapitän für das Unterstützerteam bestimmen.** Das kann der Ehepartner, der Lebensgefährte, ein erwachsenes Kind, ein Elternteil, eine Freundin oder der Nachbar sein. Der Kapitän sollte eine sehr gute Beziehung zum Patienten haben, weil es seine Aufgabe ist, die kulinarischen Wünsche des Patienten an das restliche Team weiterzuleiten. Die Kapitänsbinde kann so oft wie gewünscht weitergereicht werden. Der Kapitän verteilt Aufgaben an die Teammitglieder, wie Einkaufen, Vorbereiten, Kochen, Abspülen etc. Wenn Sie der Kapitän sind:
    - Geben Sie den Leuten Aufgaben, die sie gern machen.
    - Berücksichtigen Sie, dass alle Betreuungspersonen auch andere Alltagsverpflichtungen haben.
    - Prüfen Sie alle paar Wochen die Gemütslage der Betreuungspersonen, um sicherzugehen, dass niemand zusammenbricht.
    - Strecken Sie immer Ihre Fühler aus nach anderen Leuten, die im Team sein wollen, da bestimmt einige Helfer mit der Zeit aussteigen.
    - Kaufen Sie eine Kühlbox für das Team. Darin lassen sich Lebensmittel gut transportieren und Sie können Speisen und Getränke vor der Tür oder auf der Treppe stehen lassen, wenn gerade niemand zu Hause ist.

Bioprodukte kaufen

Warum bio? Wo soll ich anfangen? Biologisch angebaute Nahrungsmittel sind in Geschmack, Farbe und Nährwerte konventionell angebauten meist überlegen. Warum sollte man zu Lebensmitteln greifen, die mit Pestiziden, Zusätzen und künstlichen Farb- und Geschmacksstoffen belastet sind, wenn man eine bessere Wahl hat? Zumal der Biotrend in den letzten Jahren dazu geführt hat, dass das Angebot heute größer und erschwinglicher ist. Produzenten, die die Mindeststandards der EU-Biorichtlinien oder die strengeren Anforderungen von Demeter, Bioland und Co. erfüllen, dürfen entsprechende Biosiegel tragen. Doch auch kleine Betriebe, die den Kosten- und Zeitaufwand nicht leisten können oder wollen, der erforderlich ist, um ein Biosiegel zu erhalten, bieten organisch erzeugte Produkte an. Solche Anbieter findet man häufig auf Bauern- und Wochenmärkten. Wenn Sie aus Kosten- oder anderen Gründen nicht komplett auf Biokost umsteigen wollen, rate ich Ihnen, wenigstens bei bestimmten Produkten, die aus konventionellem Anbau zu riskant sind, zur Biovariante zu greifen. Das Bundesamt für Verbraucherschutz und Lebensmittelsicherheit lässt regelmäßig Nahrungsmittel, Kosmetika und Bedarfsgegenstände auf unerwünschte Stoffe untersuchen und veröffentlicht dann die Ergebnisse (siehe www.bvl.bund.de). Danach ist es durchaus ratsam, bestimmte Lebensmittel nur aus biologischem Anbau zu kaufen, um die Aufnahme von Schadstoffen zu vermeiden (Gift-Liste). Daneben gibt es viele Produkte, die auch aus konventionellem Anbau unbedenklich sind (Sauber-Liste):

Gift-Liste	Sauber-Liste
Blattsalate	Avocados
Rucola	Gemüsemais
Küchenkräuter	Ananas
Grüner Tee	Mangos
Tafeltrauben	Papayas
Johannisbeeren	Kiwi
Kirschen	Grapefruit
Äpfel	Melonen
Pfirsiche/Nektarinen	Kohl
Blaubeeren	Zwiebeln
	Auberginen
	Blumenkohl

Weitere Informationen und eine ausführlichere Liste mit oftmals pestizidbelasteten Lebensmitteln finden Sie unter www.foodnews.org

Für neueste Forschungsergebnisse und Infos über biologische Landwirtschaft und biologisch angebaute Lebensmittel siehe etwa www.oekolandbau.de, www.demeter.de, www.bioland.de

- **Smartphone- oder Computerkalender nutzen.** Ein Kalender, der online genutzt wird, ist eine tolle Hilfe, mit der der Kapitän und alle Teammitglieder ihre Aufgaben und Termine synchronisieren können. Hier können auch Rezepte und die nötigen Zutaten gepostet werden und man kann den Kalender in Echtzeit aktualisieren. Dafür brauchen Sie lediglich einen kostenlosen Account. Ausführliche Informationen gibt es auf den entsprechenden Internetseiten, etwa www.google.com/calendar, www.ikalender.com, www.kalender.com.
- **Appetiterwartungen senken.** Krebstherapien stellen das normale Essverhalten und den Appetit auf den Kopf. In einem Moment kann der Patient den Gedanken an Essen nicht ertragen, im nächsten ist er hungrig wie ein Wolf. Kapitäne und andere Betreuer müssen das wissen, damit sie nicht frustriert sind, wenn ein auf Wunsch zubereitetes Essen kaum angerührt wird (deshalb empfehle ich immer, kleine Aufbewahrungs- und Gefrierbehälter vorrätig zu haben, damit nichts vergeudet wird). Ebenso sollte es den Patienten nicht unangenehm sein, wenn sie plötzlich keinen richtigen Hunger mehr haben; jeder Bissen ist wertvoll. Denken Sie daran, dass gewohnte Ess-Intervalle wie Frühstück, Mittag- und Abendessen keine Gültigkeit mehr haben.
- **Zu viel Aufmerksamkeit kann kontraproduktiv sein.** Es ist mitunter schwierig, das richtige Maß an Zuwendung und Pflege zu finden. Das gilt insbesondere für Menschen, die sich gern um andere kümmern und das Gefühl haben, alles in ihrer Macht Stehende tun zu müssen, um dem Patienten zu helfen. Leider kann das beim Essen dazu führen, dass man die Beherrschung verliert, wenn der Patient etwas essen möchte, das man selbst als Betreuungsperson für ungesund hält. Da kann ich Ihnen nur raten zu entspannen. Krebspatienten können plötzlich einen Appetit auf alles Mögliche bekommen. Nach meiner Erfahrung ist es gut, ihnen diese kleinen Ausnahmen ab und an zu gewähren. Denn so nehmen sie das gesunde Essen, das Sie ihnen später wieder anbieten, viel eher an.
- **Teammitglieder müssen ihre Ängste überwinden.** Oft halten emotionale Gründe potenzielle Betreuungspersonen davon ab, sich zu engagieren. Unbeholfenheit, Verlegenheit, die Angst, etwas Falsches zu sagen – legen Sie alles ab, was einer klaren Verständigung und verlässlichen Vereinbarungen im Weg steht. Greifen Sie zum Telefon, schicken Sie eine Mail oder SMS, machen Sie, was immer notwendig ist, damit der Patient weiß, dass Sie vorbeikommen und ihm etwas zu essen bringen. Und wenn Sie der Patient sind: Sagen Sie der Betreuungsperson, was Sie wirklich möchten.
- **Flexibel und schnell zubereiten.** Die Person, die Sie pflegen, sollte diverse Gerichte zur Auswahl haben, alles von extrem leichten Suppen bis zu etwas kräftigeren Speisen (Gemüse, Eiweiß etc.). Die meisten Rezepte in diesem Buch lassen sich in Portionsbehältern sehr gut im Kühlschrank oder Gefrierfach lagern und

Gewusst wie ...

Tipps zur Aufbewahrung

Es lohnt sich zu überlegen, wie die wunderbaren Gerichte, die Sie gekocht haben, am besten aufbewahrt werden können. Als ich zum ersten Mal für eine kranke Freundin eine Suppe zubereitet habe, schleppte ich sie in einem monströsen 8-Liter-Container durch die Gegend. Mir und meiner Freundin dämmerte schnell, dass er nicht in ihren Gefrierschrank passte (alternativ hätte sie ihre Familie Oberkante Unterlippe mit Suppe abfüllen müssen). Vor solchen Erlebnissen möchte ich Sie bewahren, damit all Ihre Speisen auch noch Wochen oder Monate später bedenkenlos verzehrt werden können.

- Bauen Sie einen Tiefkühlbestand auf, damit Sie immer Brühen und Mahlzeiten in geeigneten Portionen zur Hand haben. Berücksichtigen Sie dabei die Größe Ihres Gefrierfachs/-schranks.
- Frieren Sie Mahlzeiten in Größen ein, die Sie auch verwerten können. Behälter mit 250 Milliliter, 500 Milliliter, 1 Liter oder 2 Liter Fassungsvermögen sind ideal.
- Etikettieren Sie alle Behälter mit Datum, Inhalt und Menge.
- Füllen Sie Behälter aus Kunststoff nicht mit heißen Flüssigkeiten. Um das Erkalten zu beschleunigen, stellen Sie den Topf ins mit Eiswasser gefüllte Spülbecken oder eine große Schüssel und rühren Sie das Gericht gelegentlich um.
- Flüssigkeiten sollten nur bis 1 bis 2 Zentimeter unter den Rand des Gefrierbehälters gefüllt werden, da sie sich durch die Kälte ausdehnen. Das gilt insbesondere für Glasbehälter, die platzen können, wenn sie zu stark gefüllt sind.
- Grundsätzlich halten sich Obst, Früchte und Gemüse im Gefrierfach/-schrank sehr gut bis zu sechs Monaten; Fleisch, Geflügel, Fisch und Meeresfrüchte sollten maximal drei Monate tiefgekühlt werden.

Tipps zum Kochen und Aufwärmen

- Verwenden Sie lieber Kochgeschirr aus Gusseisen oder Edelstahl statt solches aus Aluminium oder mit beschichteten Oberflächen.
- Um die Entwicklung von Keimen beim Auftauen zu vermeiden, lassen Sie das Gericht im Kühlschrank oder im kalten Wasser und nicht auf der Arbeitsfläche auftauen. Beim Auftauen in kaltem Wasser sollte das Wasser alle 30 Minuten gewechselt werden. Gefrorenes Fleisch immer im Kühlschrank auftauen. Das kann bis zu 48 Stunden in Anspruch nehmen.
- Vermeiden Sie beim Aufwärmen in der Mikrowelle Kunststoffbehälter, da Weichmacher aus dem Plastik ins Essen übergehen können. Besser sind Gefäße aus Glas oder Keramik.

schnell (auftauen und) aufwärmen, ohne an Geschmack zu verlieren. Auch wenn viele Patienten immer wieder das Gleiche essen wollen (das ist auch okay), habe ich festgestellt, dass eine kleine Auswahl an Gerichten in der Regel die Lust zu essen doch steigert.

- **Den Patienten in der Küche mitarbeiten lassen.** Manchmal will die Person, die Sie pflegen, nicht nur passiv daneben stehen und die Küche ist ein idealer Ort, um einen kleinen oder größeren Beitrag zur Essenszubereitung zu leisten. Patienten, mit denen ich zusammengearbeitet habe, sagten mir, dass es ihnen viel bedeutet habe, einfach am Küchentisch zu sitzen und Basilikum zu hacken. Essen – inklusive Zubereitung und Kochen – kann extrem lebensbejahend sein.
- **Auf sich selbst achten.** Es gibt einen Grund, warum Flugbegleiter immer sagen, dass man zuerst sich selbst die Sauerstoffmaske aufsetzen soll und dann erst den anderen. Wenn Sie Betreuungsperson sind, ist es absolut wichtig, auf Ihre eigene Gesundheit zu achten. Man neigt schnell dazu, seine eigenen Bedürfnisse hintanzustellen. Das mag für kurze Zeit funktionieren, aber nach einem Monat sind Sie erschöpft. Essen Sie gut, schlafen Sie ausreichend, laden Sie Ihre Gefühle bei jemandem ab, der sich um Sie kümmert, und gehen Sie wann immer möglich an die frische Luft. Ich hoffe, dass Sie und Ihre Lieben durch diese Tipps und Vorschläge spüren, dass man diese Reise in eine neue, aufregende, gesunde kulinarische Welt gemeinsam antreten kann. Die Erfahrungen Tausender Menschen, die genau an dem Punkt waren, an dem Sie jetzt sind, mit denen ich zusammenarbeiten und denen ich dabei helfen durfte, ihre Essziele zu erreichen, stecken in jedem Wort und in jedem Rezept in diesem Buch. Keine Sorge: Ich nehme Sie an die Hand und lasse Sie nicht los!

KAPITEL 2

Nährende Brühen und Suppen

So wie jeder Künstler sein bevorzugtes Medium hat, hat auch jeder Koch einen Bereich, in dem er sich am liebsten austobt. Bei mir sind das definitiv die Suppen. Ich liebe es, Menschen mit einer Suppe kulinarisch zu umarmen: mit einem wärmenden, wohligen Gericht, das ich um sie legen kann wie einen kuscheligen Kaschmirpullover. (Deshalb nenne ich meine Lieblingssuppen auch: meine Kaschmirpullover-Sammlung.)

Bei Suppen kann ich mein Herz, meine Seele und meine Kochkenntnisse in einen großen Topf werfen. Weil sie alle Sinne ansprechen, nehmen sie Körper und Geist ganz ein. Sie sind wie eine Aromatherapie in einer Schale, mit einem herzhaften Duft, wohliger Wärme und der anregenden geschmacklichen Vielfalt.

Und das Beste an Suppen – vor allem für Krebspatienten – ist, dass sie sowohl eine gute Grundlage für tolle, aufregende Aromen bieten als auch viele wertvolle Nährstoffe liefern, darunter auch all jene so wichtigen sekundären Pflanzenstoffe und andere Vitalstoffe, die die Abwehrkräfte stärken und Krebszellen frontal angreifen. Brühe und Wärme lösen wertvolle Nährstoffe aus den Zutaten heraus und stellen sie dem Körper zur Verfügung.

Beim Lesen der Suppenrezepte werden Sie ein Gespür für die optimale Zusammensetzung entwickeln. Ich habe darauf geachtet, dass die Rezepte abwechslungs- und variantenreich sind, sodass für jeden etwas dabei ist – vom rustikalen Eintopf bis hin zu glatten Cremesuppen und leichten Brühen. Ich versuche dabei, die Aromen in Schichten zusammenzuführen. Jede Zutat wird so hinzugefügt, dass sie ihren maximalen Geschmack und ihre ganzen Nährstoffe einbringen kann.

Das Beste aber ist, dass diese nährstoffreichen Suppen allen am Tisch schmecken. Löffel für Löffel, Schluck für Schluck – Suppen werden immer das kulinarische Mittel meiner Wahl sein, wenn ich Menschen zeigen möchte, dass sie mir wirklich am Herzen liegen. Weil für mich in Suppen gaaanz viel Liebe steckt!

Magische Gemüsebrühe

Diese Allzweckbrühe ist vielseitig einsetzbar: von der stärkenden Tasse zum Schlürfen bis hin zur tollen Grundlage für Suppen und Eintopfgerichte. Egal, wie groß der Appetit ist, sorgt die Magische Gemüsebrühe für einen ordentlichen Nährstoffkick. Eine Chemotherapie ist oft kräftezehrend, weil der Körper dehydriert und dem Organismus dadurch wichtige Vitalstoffe fehlen. Diese belebende Brühe, die viel Magnesium, Kalium und Natrium enthält, erfrischt den Körper und lädt den Akku wieder auf.

ERGIBT: 6 Liter

ZUBEREITUNGSZEIT: 10 Minuten

GARZEIT: 2–4 Stunden

---

6 Karotten, ungeschält, in 3 Stücken

2 Zwiebeln, in der Schale, geviertelt

1 Stange Lauch, in 3 Stücken

1 Staude Bleichsellerie, in 3 Stücken

4 rotschalige Kartoffeln, in der Schale, geviertelt

3 Süßkartoffeln (rot- und orangefleischig), in der Schale, geviertelt

5 Knoblauchzehen, in der Schale, halbiert

½ Bund frische glatte Petersilie

20-cm-Streifen Kombu-Algen

12 schwarze Pfefferkörner

4 Wacholder- oder Pimentbeeren

2 Lorbeerblätter

7,5 l Wasser

1 TL Meersalz

Alles Gemüse und die Algen gut waschen und gegebenenfalls abbürsten. Karotten, Zwiebeln, Lauch, Sellerie, Kartoffeln, Süßkartoffeln, Knoblauch, Petersilie, Algen, Pfeffer, Wacholder- oder Pimentbeeren und Lorbeerblätter in einen großen Topf geben und das Wasser zugießen. Bei aufgesetztem Deckel zum Kochen bringen.

Den Deckel abnehmen, die Hitze reduzieren und die Suppe mindestens 2 Stunden köcheln lassen. Das verdunstende Wasser gegebenenfalls wieder auffüllen, damit das Gemüse immer bedeckt bleibt. Die Brühe so lange köcheln lassen, bis die Gemüsearomen zu schmecken sind.

Die Brühe durch ein Sieb in eine große hitzebeständige Schüssel abseihen. Mit Salz abschmecken. Die Brühe erkalten lassen, dann im Kühlschrank aufbewahren oder portionsweise einfrieren.

HINWEISE: Ähnlich wie ein guter Wein wird auch diese Brühe mit der Zeit immer besser. Je länger die Aromen aus Gemüse und Gewürzen ausgekocht werden, desto besser schmeckt sie und desto höher ist ihre Nährstoffdichte. Sie können die Zutatenmengen auch halbieren und die Brühe im Schongarer oder Schnellkochtopf zubereiten.

Kombu ist eine dunkelbraune Alge, die getrocknet und zu Blättern gefaltet wird. Sie wird in der japanischen Küche eingesetzt, um Suppen und Brühen mehr aromatische Tiefe zu verleihen, und fügt der Brühe viele wertvolle Spurenelemente hinzu. Getrocknete Algen finden Sie in asiatischen Lebensmittelgeschäften, in Biosupermärkten sowie in Reformhäusern.

AUFBEWAHRUNG: In einem dicht schließenden Behälter bis zu 7 Tage im Kühlschrank oder bis zu 4 Monate im Gefrierfach.

NÄHRWERTE PRO PORTION: Kalorien: 45; Fett: 0 g; Kohlenhydrate: 11 g; Eiweiß: 1 g; Ballaststoffe: 2 g; Natrium: 140 mg

Magische Hühnerbrühe

ERGIBT: 6–7 Liter
ZUBEREITUNGSZEIT: 20 Minuten
GARZEIT: 4 Stunden

- 6 Karotten, ungeschält, in 3 Stücken
- 2 Zwiebeln, in der Schale, geviertelt
- 2 Stangen Lauch, in 3 Stücken
- 1 Staude Bleichsellerie, in 3 Stücken
- 4 rotschalige Kartoffeln, in der Schale, geviertelt
- 3 Süßkartoffeln (rot- und orangefleischig), in der Schale, geviertelt
- 8 Knoblauchzehen, in der Schale, halbiert
- 1 Bund frische glatte Petersilie
- 15-cm-Streifen Kombu-Alge
- 12 schwarze Pfefferkörner
- 4 Wacholder- oder Pimentbeeren
- 2 Lorbeerblätter
- 1 EL Apfelessig oder frisch gepresster Zitronensaft
- Karkasse von 1 Biohühnchen oder 1 kg Hühnerknochen
- 7,5 l Wasser
- 1 TL Meersalz

Meine Nachbarin Julie und ich sind richtige Suppenkasper. Wir sind so gut befreundet, dass ich unangemeldet bei ihr reinschneien kann, und in neun von zehn Fällen steht Julie dann in ihrer Küche und kocht Suppe. Sie ist so gut darin, dass ich, wann immer ich von einer Geschäftsreise zurückkomme, als Erstes ein Essen bei ihr bestelle. Letzten Winter tüftelten wir an einem Rezept für eine kräftige Hühnerbrühe herum. Plötzlich fiel uns auf, dass wir dafür ja schon eine tolle Grundlage hatten: die Magische Gemüsebrühe (vorherige Seite) – farbenfroh, voller Aromen und Geschmack und unglaublich nährstoffreich. Wir haben noch Hühnerknochen hinzugefügt, die die Brühe mit Kalzium und Phosphor anreichern.

Alles Gemüse und die Algen gut waschen und gegebenenfalls abbürsten. Karotten, Zwiebeln, Lauch, Sellerie, Kartoffeln, Süßkartoffeln, Knoblauch, Petersilie, Algen, Pfeffer, Wacholder- oder Pimentbeeren, Lorbeerblätter, Essig und Karkasse oder Knochen in einen sehr großen Topf geben und das Wasser zugießen. Bei aufgesetztem Deckel zum Kochen bringen.

Den Deckel abnehmen, die Hitze reduzieren und den Schaum von der Oberfläche abschöpfen. Die Brühe mindestens 2 Stunden köcheln lassen. Das verdunstende Wasser gegebenenfalls wieder auffüllen, damit das Gemüse immer bedeckt bleibt. Die Brühe nach Belieben bis zu 4 Stunden köcheln lassen, bis die Knochen aufweichen und zu brechen beginnen.

Die Brühe durch ein Sieb in eine große hitzebeständige Schüssel abseihen. Mit Salz abschmecken. Die Brühe vollständig erkalten lassen, dann im Kühlschrank aufbewahren oder portionsweise einfrieren.

HINWEIS: Haben Sie die Fettschicht von der gekühlten Brühe abgenommen, können Sie weiteres Fett mit einem Küchentuch aufsaugen.

AUFBEWAHRUNG: In einem dicht schließenden Behälter bis zu 4 Tage im Kühlschrank oder bis zu 3 Monate im Gefrierfach.

NÄHRWERTE PRO PORTION: Kalorien: 50; Fett: 0 g; Kohlenhydrate: 11 g; Eiweiß: 1 g; Ballaststoffe: 2 g; Natrium: 145 mg

Knochenbrühe vom Weiderind

In vielen Kulturen wird Rinderbrühe als Heilmittel eingesetzt. Rinderknochen enthalten viel Kollagen und viele Mineralien, aus denen das Bindegewebe aufgebaut ist, wie Kalzium, Magnesium und Phosphor. Eine solche Brühe ist ideal für kranke Menschen. Sie können damit täglich fünf bis sechs Nährstoffeinheiten zu sich nehmen. Ich kenne sogar Patienten, die über Tage oder gar Wochen nur von dieser Brühe gelebt haben.

ERGIBT: 6 Liter

ZUBEREITUNGSZEIT: 25 Minuten

GARZEIT: 8–12 Stunden

1,5 kg Markknochen vom Weiderind

6 Karotten, ungeschält, in 3 Stücken

2 Zwiebeln, in der Schale, geviertelt

1 Stange Lauch, in 3 Stücken

1 Staude Bleichsellerie, in 3 Stücken

4 rotschalige Kartoffeln, in der Schale, geviertelt

2 gelb- und orangefleischige Süßkartoffeln, in der Schale, geviertelt

5 Knoblauchzehen, in der Schale, halbiert

½ Bund frische glatte Petersilie

20-cm-Stück Kombu-Alge

12 schwarze Pfefferkörner

4 Wacholder- oder Pimentbeeren

2 Lorbeerblätter

1 EL Apfelessig

7,5 l Wasser

1 TL Meersalz

Den Backofen auf 180 °C vorheizen.

Die Markknochen auf ein Backblech legen und im vorgeheizten Ofen etwa 30 Minuten anbräunen.

Alles Gemüse und die Algen gut waschen und gegebenenfalls abbürsten. Die Knochen mit Karotten, Zwiebeln, Lauch, Sellerie, Kartoffeln, Süßkartoffeln, Knoblauch, Petersilie, Algen, Pfeffer, Wacholder- oder Pimentbeeren, Lorbeerblätter und Essig in einen sehr großen Topf geben und das Wasser zugießen. Bei aufgesetztem Deckel zum Kochen bringen.

Den Deckel abnehmen, die Hitze reduzieren und den Schaum von der Oberfläche abschöpfen. Die Brühe 8 bis 12 Stunden köcheln lassen. Das verdunstende Wasser gegebenenfalls wieder auffüllen, damit das Gemüse immer bedeckt bleibt.

Die Knochen aus der Brühe nehmen. Dann die Brühe durch ein Sieb in eine große hitzebeständige Schüssel abseihen. Mit dem Salz abschmecken. Die Brühe vollständig erkalten lassen, dann über Nacht im Kühlschrank aufbewahren. Möglichst viel Fett von der Oberfläche abschöpfen. In dicht schließenden Behältern im Kühlschrank aufbewahren oder einfrieren.

HINWEIS: Für eine schnellere Version die Markknochen in einem Schongarer anbräunen. Mit Gemüsebrühe (siehe Seite 61) bedecken. Auf niedriger Stufe 8 bis 12 Stunden auskochen. Die Brühe abseihen, erkalten lassen und über Nacht im Kühlschrank aufbewahren, entfetten und mit weiteren 2 Litern Gemüsebrühe aufgießen.

AUFBEWAHRUNG: In einem dicht schließenden Behälter bis zu 4 Tage im Kühlschrank oder bis zu 4 Monate im Gefrierfach.

NÄHRWERTE PRO PORTION: Kalorien: 50; Fett: 0 g; Kohlenhydrate: 11 g; Eiweiß: 1 g; Ballaststoffe: 2 g; Natrium: 140 mg

Weiße-Bohnen-Suppe italienische Art

PORTIONEN: 6

ZUBEREITUNGSZEIT: 20 Minuten (mit über Nacht eingeweichten getrockneten Bohnen)

GARZEIT: 1,5 Stunden (25 Minuten mit Bohnen aus der Dose)

BOHNEN

240 g gegarte getrocknete Cannellini-Bohnen oder 1 kleine Dose Cannellini-Bohnen (400 g), abgespült, abgetropft und mit 1 Spritzer Zitronensaft und 1 Prise Meersalz gemischt

SUPPE

2 EL natives Olivenöl extra

3 mittelgroße Zwiebeln, fein gehackt

350 g Fenchel, klein gewürfelt

Meersalz

225 g Karotten, klein gewürfelt

225 g Bleichsellerie, klein gewürfelt

150 g festkochende Kartoffeln, geschält und gewürfelt

2 Knoblauchzehen, fein gehackt

¼ TL getrockneter oder 1 EL frisch gehackter Salbei

¼ TL getrockneter oder 1 EL frischer Thymian

⅛ TL Safran

2 l Magische Gemüsebrühe (siehe Seite 61), Magische Hühnerbrühe (siehe Seite 62) oder Biobrühe (Glas)

1 EL frisch gepresster Zitronensaft

4 EL frisch gehackte Petersilienblätter

4 EL frisch gehackte Basilikumblätter

Die italienische Küche ist in erster Linie eine regionale Küche. Deshalb ist dieses Rezept kulinarische Häresie, denn ich nehme dafür weiße Bohnen, eine typisch toskanische Zutat, und mische sie mit Safran, der eher in der Lombardei verwendet wird. Zur Verteidigung dieses Bruchs mit den Traditionen sei gesagt, dass Safran Inhaltsstoffe hat, die Krebs wirkungsvoll bekämpfen. Da die Bohnen über Nacht eingeweicht werden müssen, sollten Sie etwas vorausplanen.

Für die Suppe das Olivenöl in einem großen Topf erhitzen. Zwiebeln und Fenchel mit einer Prise Salz darin etwa 4 Minuten andünsten. Karotten, Sellerie, Kartoffeln, Knoblauch und ¼ Teelöffel Salz untermischen. Salbei, Thymian und Safran zugeben und etwa 15 Minuten dünsten, bis das Gemüse weich wird.

Mit 120 Millilitern Brühe ablöschen und auf die Hälfte einkochen lassen. Die restliche Brühe mit den Bohnen zugeben und bei niedriger Hitze etwa 10 Minuten köcheln lassen, bis die Bohnen heiß sind. Zitronensaft, Petersilie, Basilikum und ¼ Teelöffel Salz unterziehen und sofort servieren.

VARIANTE: Für eine süditalienische Note und zusätzliches Lycopin geben Sie 250 Gramm gehackte Tomaten aus der Dose zusammen mit dem anderen Gemüse in den Topf. Da die Tomaten schon säuerlich sind, lassen Sie den Zitronensaft weg.

HINWEIS: Sie können diese Suppe nach Belieben stückig servieren oder pürieren. In diesem Fall beträufeln Sie sie großzügig mit Petersilien-Basilikum-Öl (siehe Seite 199).

AUFBEWAHRUNG: In einem dicht schließenden Behälter bis zu 5 bis 7 Tage im Kühlschrank oder bis zu 2 Monate im Gefrierfach.

NÄHRWERTE PRO PORTION: Kalorien: 275; Fett: 4,5 g (0,7 g gesättigte, 3 g einfach ungesättigte Fettsäuren); Kohlenhydrate: 48 g; Eiweiß: 12 g; Ballaststoffe: 11 g; Natrium: 680 mg

Griechische Hühnersuppe mit Zitrone

Ich dachte immer, dass meinem Völkchen in Sachen Hühnersuppe niemand etwas vormachen kann. Schließlich gibt es ja einen Grund, weshalb man Hühnersuppe auch als »jüdisches Penizillin« bezeichnet. Allerdings haben auch die Griechen Ahnung von Hühnersuppe. Bei ihrer mediterranen Interpretation wird etwas Zitrone und Ei in die Brühe gerührt, und anders als meine heiß geliebte jiddische Version, die schon mal etwas fettig sein kann, ist die griechische Hühnersuppe schön leicht und frisch. Durch das Ei, das wertvolle Proteine liefert, und die Magische Hühnerbrühe überzeugt diese Suppe mit viel Geschmack und hoher Nährstoffdichte. Der Farro muss im Voraus weich gegart werden. Planen Sie also etwas voraus.

PORTIONEN: 6

ZUBEREITUNGSZEIT: 10 Minuten (mit bereits gegartem Farro)

GARZEIT: 15 Minuten

---

2 EL natives Olivenöl extra

1 große Zwiebel, fein gewürfelt

Meersalz

75 g Karotten, klein gewürfelt

75 g Bleichsellerie oder Fenchel, klein gewürfelt

½ TL getrockneter Oregano

1,5 l Magische Hühnerbrühe (siehe Seite 62) oder Biohühnerbrühe (Glas)

100 g gegarter toskanischer Farro (siehe Seite 159)

4 EL frisch gepresster Zitronensaft

2 TL fein abgeriebene Zitronenschale

3 Eigelb

4 EL frisch gehackte Minzeblätter

4 EL frisch gehackte Petersilienblätter

frisch gemahlener schwarzer Pfeffer

160 g fein geschnittenes gegartes Hähnchenbrustfleisch

Das Olivenöl in einem großen Topf erhitzen. Die Zwiebel mit einer Prise Salz darin bei mittlerer Hitze etwa 4 Minuten glasig dünsten. Karotten, Sellerie, Oregano und ¼ Teelöffel Salz zugeben und etwa 30 Sekunden mitdünsten. Mit 120 Millilitern Brühe ablöschen und auf die Hälfte einkochen lassen. Die restliche Brühe mit dem Farro zugeben und zum Kochen bringen. Dann die Hitze so vermindern, dass die Brühe sanft köchelt.

Zitronensaft, Zitronenschale und Eigelbe in einer Schale verquirlen. In einem dünnen Strahl in die Suppe rühren und etwa 3 Minuten weitergaren, bis die Suppe etwas eindickt. Minze und Petersilie unterrühren. Mit einer Prise Pfeffer und ½ Teelöffel Salz abschmecken. Das Hähnchenfleisch zugeben und heiß werden lassen. Wenn die Suppe zu säuerlich schmeckt, noch eine Prise Salz zufügen.

HINWEIS: Sie können den Farro durch die gleiche Menge gegarten Naturreis ersetzen. Für eine vegetarische Version verwenden Sie einfach die Magische Gemüsebrühe (siehe Seite 61) und lassen das Hähnchenfleisch weg.

AUFBEWAHRUNG: In einem dicht schließenden Behälter bis zu 5 Tage im Kühlschrank oder bis zu 2 Monate im Gefrierfach.

NÄHRWERTE PRO PORTION: Kalorien: 170; Fett: 7,4 g (1,6 g gesättigte, 4,45 g einfach ungesättigte Fettsäuren); Kohlenhydrate: 22 g; Eiweiß: 5 g; Ballaststoffe: 4 g; Natrium: 255 mg

Gemüsesuppe mit Ingwer-Fleischbällchen

Obwohl ich leidenschaftlich gern italienisch koche, wusste ich lang nicht, wie ich verhindern kann, dass meine Fleischbällchen auseinanderfallen. Dann bin auf die Idee mit dem Basmatireis gekommen – und siehe da: Meine Fleischbällchen schmecken großartig und zerfallen auch nicht mehr. Sie können auf Vorrat zubereitet und dann eingefroren werden. Dieses Rezept ergibt doppelt so viele Fleischbällchen, wie für die Suppe gebraucht werden. Die restlichen können Sie eine Stunde ins Gefrierfach geben, bis sie fest sind, und dann in einem dicht schließenden Behälter bis zu fünf Tagen im Kühlschrank aufbewahren oder drei Monate einfrieren.

PORTIONEN: 4

ZUBEREITUNGSZEIT: 20 Minuten

GARZEIT: 35 Minuten

FLEISCHBÄLLCHEN

500 g Puten- oder Hähnchenhack von der Keule

2 TL frisch geriebener Ingwer

1 TL zerdrückter Knoblauch

4 EL frisch gehackte Petersilienblätter

½ TL Meersalz

1 Prise Cayennepfeffer

1 Ei, verquirlt

60 g gegarter Basmati- oder Jasminreis

SUPPE

2 EL natives Olivenöl extra

1 Zwiebel, abgezogen und gehackt

Meersalz

1 große Karotte, geschält und klein gewürfelt

1 große Stange Bleichsellerie, klein gewürfelt

2 Knoblauchzehen, abgezogen und zerdrückt

1 TL frisch geriebener Ingwer

2 l Magische Hühnerbrühe (siehe Seite 62) oder Biohühnerbrühe (Glas)

75 g frische oder TK-Erbsen

4 EL frisch gehackte Petersilienblätter

4 EL frisch gehackte Basilikumblätter

1 Limette, in Spalten, zum Servieren

Für die Fleischbällchen ein Backblech mit Backpapier belegen. Das Hackfleisch mit den restlichen Zutaten in eine Schüssel geben und von Hand oder mit einem Holzlöffel locker vermengen. Die Masse nicht zu lang bearbeiten, sonst werden die Fleischbällchen zäh.

Zwischen befeuchteten Handflächen die Masse zu etwa 2,5 Zentimeter großen Kugeln formen und auf das vorbereitete Blech setzen.

Für die Suppe das Olivenöl in einem großen Topf erhitzen. Die Zwiebel mit einer Prise Salz bei mittlerer Hitze etwa 4 Minuten glasig dünsten. Karotten, Sellerie, Knoblauch, Ingwer und ¼ Teelöffel Salz hinzufügen und weitere 3 Minuten dünsten.

Mit 120 Millilitern Brühe ablöschen und auf die Hälfte einkochen lassen. Die restliche Brühe mit ¼ Teelöffel Salz zufügen und zum Kochen bringen. Dann die Hitze so reduzieren, dass die Suppe sanft köchelt. Die Hälfte der Fleischbällchen hineingleiten lassen (den Rest kühlen oder einfrieren). Den Deckel aufsetzen und die Fleischbällchen in der Suppe 15 Minuten gar ziehen lassen.

Erbsen zufügen und 3 Minuten heiß werden lassen. Petersilie und Basilikum unterrühren. Mit den Limettenspalten servieren.

VARIANTE: Statt Erbsen 60 Gramm Babyspinat oder Rucola.

AUFBEWAHRUNG: In einem dicht schließenden Behälter bis zu 5 Tage im Kühlschrank oder bis zu 2 Monate im Gefrierfach.

NÄHRWERTE PRO PORTION: Kalorien: 210; Fett: 7 g (1,6 g gesättigte, 3,4 g einfach ungesättigte Fettsäuren); Kohlenhydrate: 23 g; Eiweiß: 15 g; Ballaststoffe: 3 g; Natrium: 380 mg

Mamas Gerstensuppe mit Pilzen

PORTIONEN: 6

ZUBEREITUNGSZEIT: 20 Minuten (mit über Nacht eingeweichter Gerste)

GARZEIT: 45 Minuten

---

100 g Rollgerste (Perlgraupen)

Saft von 1 Zitrone

2 EL natives Olivenöl extra

1 kleine Zwiebel, gewürfelt

½ TL Meersalz

225 g Karotten, klein gewürfelt

225 g Bleichsellerie, klein gewürfelt

1 Pastinake, geschält und klein gewürfelt

120 g weiße Champignons, in feinen Streifen

120 g Shiitakepilze, in feinen Streifen

2 Knoblauchzehen, fein gehackt

¼ TL getrockneter Oregano

¼ TL getrockneter Thymian

¼ TL gemahlener Kümmel

Salz und frisch gemahlener schwarzer Pfeffer

2,2 l Knochenbrühe vom Weiderind (siehe Seite 63) oder Magische Gemüsebrühe (siehe Seite 61)

4 EL frisch gehackte Petersilie

Diese Suppe wird nicht nur Pilzliebhaber begeistern. Auch wer ansonsten nicht viel von Champignons und ihren Verwandten hält, wird entzückt sein, da nichts in der kulinarischen Welt dem Umami-Geschmack von Pilzen gleichkommt. Dazu gesellen sich dann noch einige Eigenschaften, die der Gesundheit förderlich sind. Rollgerste (die über Nacht eingeweicht werden sollte), Shiitakepilze und aromatische Brühe finden hier zu einer vollwertigen, wärmenden Mahlzeit in der Suppenschale zusammen.

Die Rollgerste mit dem Zitronensaft in eine Schüssel geben und mit Wasser bedecken. Mindestens 8 Stunden oder besser über Nacht quellen lassen.

Das Wasser abgießen. Die Rollgerste abspülen und abtropfen lassen.

Das Olivenöl in einem großen Topf erhitzen. Darin die Zwiebel mit ¼ Teelöffel Salz bei mittlerer bis starker Hitze etwa 3 Minuten andünsten. Karotten, Sellerie und Pastinake zufügen und 3 Minuten mitgaren. Pilze, Knoblauch, Oregano, Thymian, Kümmel, eine Prise Pfeffer und Rollgerste zufügen und 3 bis 4 Minuten andünsten, bis die Pilze etwas Wasser gezogen haben. Mit 250 Millilitern Brühe ablöschen und auf ein Viertel einkochen lassen.

Die restliche Brühe zugießen und zum Kochen bringen. Dann die Hitze reduzieren und die Suppe 20 Minuten köcheln lassen.

¼ Teelöffel Salz und Petersilie unterrühren. Gegebenenfalls mit weiterem Salz oder einem Spritzer Zitronensaft abschmecken.

HINWEIS: Wenn Suppe übrig geblieben ist, werden Sie am nächsten Tag feststellen, dass sie jetzt viel weniger Flüssigkeit enthält, da die Rollgerste die Brühe aufsaugt. Halten Sie deshalb etwas zusätzliche Brühe bereit, um die Suppe wieder aufzuwärmen und zu strecken.

AUFBEWAHRUNG: In einem dicht schließenden Behälter bis zu 4 Tage im Kühlschrank oder bis zu 2 Monate im Gefrierfach.

NÄHRWERTE PRO PORTION: Kalorien: 230; Fett: 5,4 g (0,8 g gesättigte, 3,4 g einfach ungesättigte Fettsäuren); Kohlenhydrate: 42 g; Eiweiß: 6 g; Ballaststoffe: 9 g; Natrium: 460 mg

Minestrone

Die Italiener haben's drauf … Mit einfachsten Zutaten wurde ihre Küche weltberühmt. *Pappa al pomodoro* beispielsweise hört sich toll an, oder? Dahinter versteckt sich aber nur altes Brot mit Tomaten und Wasser – und die Italiener machen etwas Köstliches daraus. Das Gleiche gilt für Minestrone. Ich habe immer behauptet, der Name sei italienisch für »Was immer da ist, kommt in den Topf«. Aber eigentlich hat die Minestrone ihren Ursprung in der *cucina povera*, der Arme-Leute-Küche. Gleichzeitig ist sie reich an wertvollen Vitalstoffen, vor allem an Lycopin, einem sekundären Pflanzenstoff in Tomaten, der antikarzinogene Eigenschaften insbesondere bei Prostata-, Lungen- und Magenkrebs hat.

PORTIONEN: 6

ZUBEREITUNGSZEIT: 20 Minuten

GARZEIT: 35 Minuten

2 EL natives Olivenöl extra

1 große Zwiebel, fein gehackt

Meersalz

150 g Karotten, klein gewürfelt

150 g Bleichsellerie, klein gewürfelt

150 g Zucchini, klein gewürfelt

½ TL fein gehackter Knoblauch

½ TL getrockneter Oregano

¼ TL getrockneter Thymian

¼ TL Fenchelsamen, zerdrückt

1 Prise rote Chiliflocken

2 l Magische Gemüsebrühe (siehe Seite 61), Magische Hühnerbrühe (siehe Seite 62) oder Biobrühe (Glas)

1 kleine Dose gehackte Tomaten (400 g)

240 g gegarte rote Kidney-Bohnen oder 1 kleine Dose Kidney-Bohnen (etwa 400 g), abgespült und abgetropft, gemischt mit 1 Spritzer Zitronensaft und 1 Prise Salz

120 g Mangoldblätter, fein gehackt

120 g kurze Vollkornpasta, gekocht

4 EL fein gehackte Petersilie

Basilikum-Zitronen-Sauce (siehe Seite 187), zum Garnieren (optional)

frisch geriebener Parmesan, zum Servieren

Das Olivenöl in einem großen Topf erhitzen. Die Zwiebel mit einer Prise Salz darin bei mittlerer Hitze etwa 5 Minuten andünsten. Karotten, Sellerie, Zucchini, Knoblauch, Oregano, Thymian, Fenchelsamen, Chiliflocken und ¼ Teelöffel Salz zufügen und etwa 4 Minuten mitgaren. Mit 120 Millilitern Brühe ablöschen und auf die Hälfte einkochen lassen.

Restliche Brühe, Tomaten und Bohnen zufügen und zum Kochen bringen. Dann die Hitze reduzieren und 20 Minuten köcheln lassen.

Den Mangold mit ¼ Teelöffel Salz zufügen und 2 Minuten zusammenfallen lassen. Die Pasta zusammen mit der Petersilie unterziehen und heiß werden lassen. Für die Garnierung nach Belieben mit Basilikum-Zitronen-Sauce beträufeln und vor dem Servieren mit Parmesan bestreuen.

VARIANTEN: Diese Suppe ist die perfekte Verwertungsmöglichkeit für alles Gemüse, das im Kühlschrank herumdümpelt. Im Winter können Sie die Zucchini durch Kürbis ersetzen. Durch die Zugabe von gehobeltem Weißkohl können Sie den Nährstoffgehalt und die krebsbekämpfenden Eigenschaften der Suppe weiter erhöhen.

AUFBEWAHRUNG: In einem dicht schließenden Behälter bis zu 5 Tage im Kühlschrank oder bis zu 2 Monate im Gefrierfach.

NÄHRWERTE PRO PORTION: Kalorien: 300; Fett: 6 g (0,5 g gesättigte, 3 g einfach ungesättigte Fettsäuren); Kohlenhydrate: 55 g; Eiweiß: 12 g; Ballaststoffe: 13 g; Natrium: 600 mg

Thai-Hühnersuppe

PORTIONEN: 6

ZUBEREITUNGSZEIT: 15 Minuten

GARZEIT: 45–55 Minuten

1,5 l Magische Hühnerbrühe (Seite 62), Magische Gemüsebrühe (Seite 61) oder Biobrühe (Glas)

2 Schalotten oder 1 kleine rote Zwiebel, abgezogen und halbiert

6 Ingwerstücke à 2,5 cm, ungeschält

1 Stängel Zitronengras, zerdrückt, in Stücken

2 Kaffirlimettenblätter oder 1 TL abgeriebene Zitronenschale

½ TL Meersalz

1 kleine Dose Kokosmilch (400 ml)

100 g Reisnudeln, in 5 cm langen Stücken

150 g Karotten, klein gewürfelt

1 Prise Cayennepfeffer (optional)

1 Hähnchenbrust, in 5 mm dicken schrägen Streifen

2 EL frisch gepresster Limettensaft

4 EL frisch gehackter Koriander, zum Garnieren

2 EL in feine schräge Ringe geschnittene Frühlingszwiebeln, zum Garnieren

Viele glauben, dass thailändisches Essen einfach nur scharf ist. Klar gibt es ein paar Gerichte, die das Potenzial haben, den Gaumen zu verätzen. Aber gutes thailändisches Essen legt ungeachtet der Schärfe Wert auf die Harmonie verschiedener Aromen. Diese Suppe, eine Abwandlung der traditionellen *tom kha gai*, wird mit Kokosmilch zubereitet, die eine beruhigende Wirkung hat. Ingwer unterstützt die Verdauung, während die Limette das Aromaprofil auffrischt. Das Resultat ist eine Suppe, die selbst die schlappsten Geschmacksrezeptoren wachküsst.

Die Brühe mit Schalotten, Ingwer, Zitronengras, Limettenblättern und Salz in einen großen Topf geben und bei starker Hitze zum Kochen bringen. Die Hitze auf niedrige bis mittlere Stufe reduzieren und 20 Minuten köcheln lassen.

Alle festen Zutaten mit einem Schaumlöffel aus der Brühe nehmen und entsorgen. Die Kokosmilch unterrühren und 10 Minuten sehr sanft köcheln lassen.

Inzwischen die Reisnudeln in eine Schüssel geben. Mit kochend heißem Wasser übergießen und etwa 10 Minuten aufweichen lassen. Das Wasser abgießen und die Nudeln abtropfen lassen.

Karotten und Cayennepfeffer in die Suppe geben und 3 Minuten garen. Das Hähnchenfleisch zufügen und 7 Minuten gar ziehen lassen. Nudeln, Limettensaft und Salz unterrühren. Gegebenenfalls mit weiterem Salz abschmecken. Mit Koriander und Frühlingszwiebeln garniert servieren.

VARIANTEN: Um die Abwehrkräfte zu stärken, geben Sie 150 Gramm in Scheiben geschnittene Shiitakepilze zusammen mit dem Hähnchenfleisch in die Suppe. Für eine vegetarische Variante nehmen Sie einfach Gemüsebrühe und ersetzen das Hähnchenfleisch durch Tofuscheiben.

HINWEIS: Hähnchenfleisch lässt sich leicht in feste Scheiben schneiden, wenn Sie es vorher 20 bis 30 Minuten ins Gefrierfach geben.

AUFBEWAHRUNG: In einem dicht schließenden Behälter bis zu 5 Tage im Kühlschrank oder bis zu 2 Monate im Gefrierfach.

NÄHRWERTE PRO PORTION: Kalorien: 290; Fett: 15,5 g (13,5 g gesättigte, 0,7 g einfach ungesättigte Fettsäuren); Kohlenhydrate: 35 g; Eiweiß: 6 g; Ballaststoffe: 4 g; Natrium: 420 mg

Bellas Karotten-Fenchel-Suppe mit Orange

So lernt man zu improvisieren: Wenn meine Patienten Probleme mit dem Magen haben, bereite ich ihnen immer eine Karotten-Ingwer-Suppe zu. Eines Tages fand ich meinen Mann Gregg zu Hause mit flauem Magen vor, trotzdem hatte er Hunger. Also marschierte ich in die Küche, um ihm eine Karotten-Ingwer-Suppe zu kochen, nur hatte ich leider keinen Ingwer mehr … Dafür war noch Fenchel da. »Fenchel ist gut für den Magen«, dachte ich und schon landete er im Topf. Als Gregg den ersten Löffel Suppe gegessen hatte, war er begeistert. Einige Experimente später hatte ich herausgefunden, dass etwas Kreuzkümmel, Zimt und Piment die Suppe perfekt abrundeten. Ich benannte die Suppe nach meiner Hündin Bella, weil sie wohl der einzige Hund auf diesem Planeten ist, der Karotten lieber mag als Wurst. Jede vierte Karotte, die eigentlich für diese Suppe gedacht war, landete in Bellas Maul. Wenn nicht, beschwerte sie sich mit Gejaule.

PORTIONEN: 6

ZUBEREITUNGSZEIT: 30 Minuten

GARZEIT: 35 Minuten

- 2 natives Olivenöl extra
- 1 große Zwiebel, gehackt
- 150 g Fenchel, gehackt
- Meersalz
- 1,5 kg Karotten, in 2,5 cm langen Stücken
- 1 TL fein abgeriebene Orangenschale
- ½ TL gemahlener Kreuzkümmel
- ¼ TL Zimtpulver
- ¼ TL gemahlener Piment
- 1 Prise rote Chiliflocken
- 2 l Magische Gemüsebrühe (siehe Seite 61)
- 1 EL frisch gepresster Orangensaft
- 2 TL frisch gepresster Zitronensaft
- ¼ TL Ahornsirup
- Cashewmus (siehe Seite 190), zum Servieren

Das Olivenöl in einem großen Topf erhitzen. Zwiebel und Fenchel mit einer Prise Salz darin bei mittlerer Hitze etwa 4 Minuten andünsten. Karotten, Orangenschale, Kreuzkümmel, Zimt, Piment, Chiliflocken und ¼ Teelöffel Salz untermischen. Mit 120 Millilitern Brühe ablöschen und auf die Hälfte einkochen lassen.

Die restliche Brühe mit ¼ Teelöffel Salz zufügen und etwa 20 Minuten köcheln lassen, bis die Karotten weich sind.

Die Suppe portionsweise glatt pürieren.

Die Suppe wieder in den Topf füllen. Bei niedriger Hitze Orangen- und Zitronensaft, Ahornsirup und eine Prise Salz unterrühren und sanft erhitzen. Mit weiterem Zitronensaft, Salz oder Ahornsirup abschmecken.

Mit einem Klecks Cashewmus servieren.

HINWEIS: Damit die Suppe cremig wird, geben Sie zunächst die Flüssigkeit in den Mixer und erst bei laufendem Motor die Gemüsestücke.

AUFBEWAHRUNG: In einem dicht schließenden Behälter bis zu 4 Tage im Kühlschrank oder bis zu 2 Monate im Gefrierfach.

NÄHRWERTE PRO PORTION: Kalorien: 215; Fett: 5,5 g (0,8 g gesättigte, 3,4 g einfach ungesättigte Fettsäuren); Kohlenhydrate: 40 g; Eiweiß: 4 g; Ballaststoffe: 10 g; Natrium: 405 mg

Kühlende Gurken-Avocado-Suppe

PORTIONEN: 6

ZUBEREITUNGSZEIT: 15 Minuten

GARZEIT: 2 Stunden im Kühlschrank

500 ml Wasser

1 kg Salatgurken, geschält, entkernt und in Stücken

2 weiche Avocados, entkernt und geschält

3 EL frisch gepresster Limettensaft

¼ TL Ahornsirup

Meersalz

1 Prise Cayennepfeffer

1 EL frisch gehackte Minze

1 EL frisch gehackter Koriander

Wenn Sie Kaltschalen oder kalte Suppen mögen, werden Sie vom reinen Geschmack dieser Kreation begeistert sein. Alle, die auf Avocados stehen, werden den Geschmack genießen, während sich diejenigen, die Schwierigkeiten beim Schlucken oder offene Stellen im Mund haben, über die cremige Textur der Suppe freuen können. Avocados enthalten viele wertvolle Fettsäuren und Vitamine. Zudem lassen sie sich vielseitig verarbeiten und ihre grüne Farbe macht gute Laune.

250 Milliliter Wasser, Gurken, Avocados, Limettensaft, Ahornsirup, ¼ Teelöffel Salz und Cayennepfeffer in den Mixer geben und ganz glatt pürieren. Dabei nach und nach weiteres Wasser zugießen, bis die gewünschte Konsistenz erreicht ist. Mit weiterem Salz (bis zu ¾ Teelöffel) abschmecken.

Mindestens 2 Stunden im Kühlschrank ziehen lassen. Vor dem Servieren die Kräuter unterrühren.

AUFBEWAHRUNG: In einem dicht schließenden Behälter bis zu 2 Tage im Kühlschrank.

NÄHRWERTE PRO PORTION: Kalorien: 95; Fett: 7,2 g (1 g gesättigte, 4,5 g einfach ungesättigte Fettsäuren); Kohlenhydrate: 8 g; Eiweiß: 2 g; Ballaststoffe: 4 g; Natrium: 105 mg

Peppige Schwarze-Bohnen-Suppe

Diese Schwarze-Bohnen-Suppe, ein beliebtes Gericht in Lateinamerika, sorgt für neue Energie, denn schwarze Bohnen sind reich an Proteinen und Ballaststoffen. Zudem schmeckt die Suppe so lecker, dass Ihre Geschmacksknospen bestimmt nach mehr rufen.

PORTIONEN: 6

ZUBEREITUNGSZEIT: 15 Minuten (mit über Nacht eingeweichten Bohnen)

GARZEIT: 1 Stunde 45 Minuten

460 g getrocknete schwarze Bohnen

2 EL natives Olivenöl extra

2 große Zwiebeln, gehackt

Meersalz

150 g rote Paprika, klein gewürfelt

1½ TL entkernte und fein gehackte Jalapeño-Chili

1 EL fein gehackter Knoblauch

1½ TL getrockneter Oregano

½ TL gemahlener Kreuzkümmel

¼ TL Zimtpulver

2 l Magische Gemüsebrühe (siehe Seite 61)

4 Knoblauchzehen, zerdrückt

15-cm-Stück Kombu-Alge

1 Zimtstange

1 Lorbeerblatt

3 Maistortillas, zum Servieren

frisch gepresster Limettensaft

Avocadocreme (siehe Seite 189), zum Servieren

4 EL frisch gehackter Koriander, zum Garnieren

Die getrockneten Bohnen mindestens 8 Stunden in Wasser einweichen. Das Wasser abgießen und die Bohnen abtropfen lassen. Bei Verwendung von Dosenware diesen Schritt auslassen.

Das Olivenöl in einem großen Topf erhitzen. Die Zwiebeln mit einer Prise Salz darin bei mittlerer Hitze etwa 4 Minuten glasig andünsten. Paprika, Chili, Knoblauch, Oregano, Kreuzkümmel, Zimtpulver und ¼ Teelöffel Salz zufügen und 1 Minute mitdünsten. Mit 120 Millilitern Brühe ablöschen und auf die Hälfte einkochen lassen.

Die restliche Brühe mit Bohnen, Knoblauchzehen, Kombu-Algen, Zimtstange und Lorbeerblatt zufügen und zum Kochen bringen. Dann die Hitze reduzieren und halb abgedeckt 1 Stunde köcheln lassen.

Wenn die Bohnen mindestens halb durchgegart sind, ¼ Teelöffel Salz zufügen (nicht früher, sonst bleiben die Bohnen hart). Weitere 30 Minuten garen, bis die Bohnen weich sind.

Inzwischen den Backofen auf 180 °C vorheizen. Die Tortillas in Streifen schneiden und nebeneinander auf ein Backblech legen. Im vorgeheizten Ofen 5 Minuten backen, bis sie leicht gebräunt sind.

Algenstreifen, Zimtstange und Lorbeerblatt aus der Suppe entfernen. Die Hälfte der Bohnen in eine Schüssel geben. Die restlichen Bohnen mit der Brühe im Mixer glatt und cremig pürieren.

Die Suppe wieder in den Topf füllen und auf niedriger Stufe erhitzen. Die abgeschöpften Bohnen wieder zufügen und erhitzen. Mit ¼ Teelöffel Salz und 2 Teelöffeln Limettensaft abschmecken.

Die Suppe mit Koriander garnieren und mit den Tortillastreifen und einem Klecks Avocadocreme servieren.

HINWEIS: Bohnen aus der Dose mit Wasser abspülen und abtropfen lassen. Mit Zitronensaft beträufeln und Salz bestreuen. Dann zum angedünsteten Gemüse geben.

AUFBEWAHRUNG: In einem dicht schließenden Behälter bis zu 5 Tage im Kühlschrank oder bis zu 2 Monate im Gefrierfach.

NÄHRWERTE PRO PORTION: Kalorien: 390; Fett: 5,6 g (0,8 g gesättigte, 3,4 g einfach ungesättigte Fettsäuren); Kohlenhydrate: 70 g; Eiweiß: 16 g; Ballaststoffe: 11 g; Natrium: 300 mg

Blumenkohl-Curry-Suppe

PORTIONEN: 6
ZUBEREITUNGSZEIT: 10 Minuten
GARZEIT: 35 Minuten

1 Blumenkohl, in Röschen

3 EL natives Olivenöl extra

Meersalz

1 große Zwiebel, fein gewürfelt

2 Karotten, geschält und klein gewürfelt

150 g Bleichsellerie, klein gewürfelt

2 TL Currypulver

½ TL gemahlener Kreuzkümmel

½ TL gemahlener Koriander

¼ TL Zimtpulver

1,5 l Magische Gemüsebrühe (siehe Seite 61) + bis zu 250 ml mehr zum Verdünnen

Aprikosen-Birnen-Chutney (siehe Seite 184), zum Garnieren

Blumenkohl ist ein wunderbares Gemüse voller krebsbekämpfender Enzyme. Ob er deshalb wieder so populär geworden ist? Einige Leute meiden ihn allerdings regelrecht, weil die Küche beim Garen riecht, als ob eine Stinkbombe detoniert wäre. Dabei gibt es einen Trick: Wenn der Blumenkohl im Ofen zubereitet wird, entwickeln sich statt fiesen Schwefelgerüchen tolle süße Aromen. Probieren Sie's mal aus! Ich verspreche Ihnen, dass Ihre Geschmackssinne vor Freude tanzen werden.

Den Backofen auf 200 °C vorheizen. Ein Backblech mit Backpapier belegen.

Die Blumenkohlröschen in einer Schüssel mit 1 Esslöffel Olivenöl und ¼ Teelöffel Salz vermengen, dann gleichmäßig auf dem Backblech verteilen. Im vorgeheizten Ofen etwa 25 Minuten weich garen.

Inzwischen das restliche Olivenöl in einem Topf erhitzen. Die Zwiebel mit einer Prise Salz darin bei mittlerer Hitze etwa 3 Minuten andünsten. Karotten, Sellerie und ¼ Teelöffel Salz zufügen und etwa 12 Minuten garen, bis das Gemüse zu bräunen beginnt.

Currypulver, Kreuzkümmel, Koriander, Zimt und ½ Teelöffel Salz unterrühren, bis die Gewürze das Gemüse überzogen haben. Mit 120 Millilitern Brühe ablöschen und auf die Hälfte einkochen lassen. Den Topf vom Herd nehmen.

Etwa 750 Milliliter Brühe in einen Mixer füllen. Die Hälfte des angedünsteten Gemüses und des Blumenkohls zugeben und glatt pürieren. Mit restlicher Brühe, restlichem Gemüse und Blumenkohl ebenso verfahren. Für eine flüssigere Konsistenz weitere 250 Milliliter Brühe unterrühren.

Die Suppe wieder in den Topf füllen und auf niedriger Stufe sanft erhitzen. Gegebenenfalls mit einem Spritzer Zitronensaft und ¼ Teelöffel Salz abschmecken. Mit einem Klecks Aprikosen-Birnen-Chutney garniert servieren.

AUFBEWAHRUNG: In einem dicht schließenden Behälter bis zu 4 Tage im Kühlschrank oder bis zu 2 Monate im Gefrierfach.

NÄHRWERTE PRO PORTION: Kalorien: 165; Fett: 7,5 g (1,1 g gesättigte, 5,1 g einfach ungesättigte Fettsäuren); Kohlenhydrate: 23 g; Eiweiß: 5 g; Ballaststoffe: 7 g; Natrium: 260 mg

Wärmende Süßkartoffelsuppe

PORTIONEN: 6

ZUBEREITUNGSZEIT: 10 Minuten

GARZEIT: 55 Minuten

1,5 kg Süßkartoffeln, geschält, in 2,5 cm großen Stücken

2 EL natives Kokosfett, zerlassen, oder natives Olivenöl extra

½ TL Meersalz

½ TL Zimtpulver

½ TL gemahlener Piment

¼ TL gemahlener Kardamom

⅛ TL frisch geriebene Muskatnuss

1,5–2 l Magische Gemüsebrühe (siehe Seite 61)

Zum Glück sind Süßkartoffeln mittlerweile auch im deutschsprachigen Raum überall erhältlich. Schon seit Jahren schwören Bodybuilder nach ihren Work-outs auf Süßkartoffeln zur Muskelregeneration, denn sie sind nährstoffreich und leicht verdaulich. Zudem enthalten sie Betacarotin, Vitamin A sowie andere Vitalstoffe und wirken entzündungshemmend. Als Köchin mag ich Süßkartoffeln, weil sie eine herrlich cremige Grundlage für wärmende, gesundheitsfördernde Gewürze wie Zimt und Ingwer sind. Diese Suppe ist ein tolles Essen für alle, die wegen der Chemotherapie einen anhaltenden metallischen Geschmack im Mund haben. Sie schmeckt superlecker mit einem Klecks Aprikosen-Birnen-Chutney (siehe Seite 184).

Den Backofen auf 200 °C vorheizen. Ein Backblech mit Backpapier belegen.

Die Süßkartoffeln in einer Schüssel mit dem Kokosfett vermengen, bis sie gleichmäßig überzogen sind. ¼ Teelöffel Salz mit den Gewürzen mischen, über die Süßkartoffeln streuen und damit vermengen, bis sie gleichmäßig überzogen sind.

Die Süßkartoffeln auf dem Backblech verteilen und im vorgeheizten Ofen 40 Minuten weich garen.

80 Milliliter Brühe in den Mixer füllen. Ein Drittel der Süßkartoffeln zufügen und glatt pürieren, gegebenenfalls noch etwas Brühe zufügen. In einen großen Topf füllen. Die beiden weiteren Drittel ebenso mit Brühe pürieren und in den Topf füllen. Die restliche Brühe zugießen und alles heiß werden lassen. Das restliche Salz vor dem Servieren unterrühren.

HINWEIS: Die im Ofen gegarten Süßkartoffeln schmecken auch so lecker. Sie können ja nur die Hälfte für eine Suppe pürieren und die andere als leckere Beilage oder schnelle Zwischenmahlzeit servieren.

AUFBEWAHRUNG: In einem dicht schließenden Behälter 5–7 Tage im Kühlschrank oder bis zu 2 Monate im Gefrierfach.

NÄHRWERTE PRO PORTION: Kalorien: 280; Fett: 4,8 g (4 g gesättigte, 0,3 g einfach ungesättigte Fettsäuren); Kohlenhydrate: 57 g; Eiweiß: 5 g; Ballaststoffe: 9 g; Natrium: 465 mg

Sommerliche Zucchinisuppe

Ich finde es toll, wie die Natur alles regelt. Was macht Mutter Erde, wenn im Sommer alle schwitzen? Sie schenkt uns Zucchini. Die enthalten viel Wasser und sind deshalb ideal, um den Körper mit Flüssigkeit zu versorgen. Zucchini stelle ich mir wie einen perfekten Partygast vor: nicht zu laut und sehr gesellig – sprich: sie lassen sich mit vielen Zutaten kombinieren und drängen sich nicht in den Vordergrund. Es kommt nur auf die richtige Zubereitung an, damit das Fruchtfleisch fest und schmackhaft bleibt.

PORTIONEN: 8

ZUBEREITUNGSZEIT: 10 Minuten

GARZEIT: 20 Minuten

2 EL natives Olivenöl extra

1 große Zwiebel, fein gewürfelt

Meersalz

2 Knoblauchzehen, gehackt

1 mehligkochende Kartoffel, geschält und klein gewürfelt

1,6 l Magische Hühnerbrühe (siehe Seite 62), Magische Gemüsebrühe (siehe Seite 61) oder Biobrühe (Glas)

1,7 kg Zucchini, längs geviertelt, dann in 2,5 cm großen Stücken

1 TL getrockneter Oregano

1 Prise rote Chiliflocken

150 g geraspelte Zucchini

3 EL frisch gepresster Zitronensaft

Pistazienmus (siehe Seite 191), zum Garnieren

1 EL frisch gehackte Petersilie, zum Garnieren

1 EL frisch gehackte Minze, zum Garnieren

Das Olivenöl in einem großen Topf erhitzen. Die Zwiebel mit einer Prise Salz darin bei mittlerer Hitze etwa 5 Minuten andünsten. Knoblauch, Kartoffeln und ¼ Teelöffel Salz zufügen und etwa 8 Minuten mitdünsten, bis die Kartoffeln beginnen, weich zu werden. Falls sie am Topfboden festsitzen, 1 Esslöffel Brühe zufügen. Zucchinistücke, Oregano, Chiliflocken und ¼ Teelöffel Salz zufügen und 4 Minuten garen. Mit 100 Milliliter Brühe ablöschen und auf die Hälfte einkochen lassen. Den Topf vom Herd nehmen.

500 Milliliter Brühe in den Mixer geben und mit einem Drittel der Zucchinimischung glatt pürieren. In einen sauberen Topf füllen und auf niedriger Stufe sanft erhitzen. Mit den restlichen beiden Dritteln der Zucchinimischung und der Brühe ebenso verfahren. Die Zucchiniraspeln mit dem Zitronensaft in die Suppe rühren. Abschmecken.

Mit Pistazienmus, Petersilie und Minze garnieren.

AUFBEWAHRUNG: In einem dicht schließenden Behälter bis zu 3 Tage im Kühlschrank oder bis zu 2 Monate im Gefrierfach.

NÄHRWERTE PRO PORTION: Kalorien: 130; Fett: 4,1 g (0,7 g gesättigte, 2,6 g einfach ungesättigte Fettsäuren); Kohlenhydrate: 23 g; Eiweiß: 4 g; Ballaststoffe: 5 g; Natrium: 175 mg

Suppe aus gerösteten Tomaten

Für viele Menschen gehört die Tomatensuppe seit Kindertagen zu den Lieblingssuppen. Dieses Rezept ist besonders lecker, weil die Tomaten zuerst im Ofen geröstet werden, wodurch sie Säure verlieren und ihr süßes Aroma betont wird. Die gerösteten Tomaten gehen zudem geschmacklich und farblich eine tolle Verbindung mit den Karotten ein. Die Suppe schmeckt sowohl heiß als auch zimmerwarm oder gekühlt.

PORTIONEN: 6

ZUBEREITUNGSZEIT: 20 Minuten

GARZEIT: 35 Minuten

2 kg Roma-Tomaten, längs halbiert

2 El natives Olivenöl extra

Meersalz

1 Zwiebel, klein gewürfelt

3 Karotten, abgeschrubbt und klein gewürfelt

1 Knoblauchzehe, abgezogen und gehackt

bis zu 500 ml Magische Gemüsebrühe (siehe Seite 61) oder Biobrühe (Glas)

½ TL Ahornsirup (optional)

Petersilien-Basilikum-Öl, zum Garnieren (siehe Seite 199; optional)

frisch geriebener Parmesan, zum Garnieren (optional)

Den Backofen auf 200 °C vorheizen. Zwei Backbleche mit Backpapier belegen.

Die Tomatenhälften ausdrücken, um den Großteil der Kerne herauszulösen. In einer Schüssel mit 1 Esslöffel Olivenöl und ½ Teelöffel Salz vermengen, bis sie gleichmäßig mit Fett überzogen sind. Die Tomatenhälften mit der Schnittseite nach unten nebeneinander auf die Backbleche setzen, im vorgeheizten Ofen 20 bis 30 Minuten rösten, bis die Haut braun wird. 5 Minuten abkühlen lassen, dann die Häute mit einer Gabel abnehmen.

Inzwischen das restliche Olivenöl in einem großen Topf erhitzen. Die Zwiebel mit einer Prise Salz darin bei mittlerer Hitze etwa 4 Minuten andünsten. Karotten, Knoblauch und ¼ Teelöffel Salz zufügen und etwa 5 Minuten dünsten, bis die Karotten weich werden.

Die Tomaten samt Saft von den Blechen und der Karottenmischung glatt pürieren. Zum Schluss nach und nach die Brühe einarbeiten (je nach Konsistenz und Saftgehalt der Tomaten).

Die Suppe wieder auf den Herd setzen und mit etwas Salz abschmecken. Wenn die Tomaten viel Säure enthalten, etwas Ahornsirup unterrühren und mit weiterem Salz abschmecken.

Nach Belieben vor dem Servieren mit Petersilien-Basilikum-Öl beträufeln und mit Parmesan bestreuen.

VARIANTE: Wenn keine frischen Roma-Tomaten erhältlich sind, können Sie zwei große Dosen geschälte Tomaten (à 800 Gramm) verwenden.

AUFBEWAHRUNG: In einem dicht schließenden Behälter bis zu 5 Tage im Kühlschrank oder bis zu 2 Monate im Gefrierfach.

NÄHRWERTE PRO PORTION: Kalorien: 135; Fett: 5,4 g (0,8 g gesättigte, 3,4 g einfach ungesättigte Fettsäuren); Kohlenhydrate: 21 g; Eiweiß: 4 g; Ballaststoffe: 6 g; Natrium: 280 mg

Samtige Rote-Linsen-Suppe

PORTIONEN: 6

ZUBEREITUNGSZEIT: 15 Minuten (mit Dosentomaten)

GARZEIT: 45 Minuten

2 EL natives Kokosfett oder natives Olivenöl extra

1½ TL Kreuzkümmelsamen

1½ TL schwarze oder braune Senfkörner

1 Zwiebel, klein gewürfelt

1 EL frisch geriebener Ingwer

2 TL Kurkumapulver

2 TL gemahlener Kreuzkümmel

Meersalz

600 g Tomaten, gehackt, oder 1 kleine Dose gehackte Tomaten (400 g), abgetropft

2 l Magische Gemüsebrühe (siehe Seite 61) + eventuell mehr zum Strecken

400 g rote Linsen, gut abgespült

1 Zimtstange

1 TL frisch gepresster Limettensaft

½ TL Ahornsirup

4 EL frisch gehackter Koriander oder Minze, zum Garnieren

Tomaten-Minze-Chutney (siehe Seite 185), zum Servieren

Als ich im Chopra Center, einem ganzheitlichen Gesundheitszentrum im kalifornischen Carlsbad, gearbeitet habe, hatten wir einmal eine heilige Frau aus Indien zu Gast. Ihre Entourage teilte uns ein paar Regeln mit: die Heilige nicht ansprechen, sich ihr nicht nähern und sie, was immer man tat, bloß nicht berühren! Nachdem sie ihre Schale Dal verzehrt hatte, winkte die zwergenhafte Heilige mich zu sich … und küsste mir die Stirn. Die Chopra-Leute (und offensichtlich auch die Heilige) mögen ihr Dal stückig, aber es schmeckt glatt püriert genauso gut. Kleinere Portionen dieser Suppe mit appetitanregendem Kreuzkümmel sind ideal, wenn man wenig Hunger verspürt.

Das Kokosfett in einem großen Topf erhitzen. Kreuzkümmelsamen und Senfkörner darin bei mittlerer Hitze anbraten, bis sie zu springen beginnen. Dann rasch Zwiebel, Ingwer, Kurkuma, gemahlenen Kreuzkümmel und eine Prise Salz zufügen und etwa 3 Minuten mitbraten. Die Tomaten mit ¼ Teelöffel Salz unterrühren und 2 Minuten garen. Mit 120 Millilitern Brühe ablöschen und auf die Hälfte einkochen lassen.

Die Linsen unterrühren. Die restliche Brühe mit der Zimtstange zufügen und zum Kochen bringen. Dann die Hitze reduzieren und bei aufgesetztem Deckel etwa 30 Minuten köcheln lassen.

¼ Teelöffel Salz unterrühren und 5 Minuten köcheln lassen. Die Zimtstange entfernen und Limettensaft und Ahornsirup unterrühren.

Die Mischung nach Belieben portionsweise pürieren. Je nach gewünschter Konsistenz dabei noch weitere Brühe einarbeiten.

Wieder in den Topf füllen und sanft erhitzen. Mit Koriander oder Minze garniert mit einem Klecks Tomaten-Minze-Chutney servieren.

HINWEIS: Wenn Ihnen nach einer robusteren Mahlzeit ist, geben Sie die Linsen nicht in den Mixer und servieren Sie sie auf braunem Basmatireis mit etwas Chutney. Oder pürieren Sie nur die Hälfte der Linsen und rühren Sie sie dann unter die ganzen Linsen im Topf.

AUFBEWAHRUNG: In einem dicht schließenden Behälter bis zu 5 Tage im Kühlschrank oder bis zu 2 Monate im Gefrierfach.

NÄHRWERTE PRO PORTION: Kalorien: 365; Fett: 7 g (4,1 g gesättigte, 0,6 g einfach ungesättigte Fettsäuren); Kohlenhydrate: 58 g; Eiweiß: 20 g; Ballaststoffe: 14 g; Natrium: 300 mg

Cremige Brokkoli-Kartoffel-Suppe

Vielen, insbesondere älteren Menschen ist Brokkoli nur als zerkochte, bräunlich-grüne Gemüsebeilage bekannt. In dieser Form ist Brokkoli eher unappetitlich und nicht immer leicht verdaulich. Hier wird er nur kurz in Brühe gedünstet und dann püriert. So behält er all seine Süße und seine tollen antikarzinogenen Eigenschaften.

PORTIONEN: 6

ZUBEREITUNGSZEIT: 20 Minuten

GARZEIT: 20 Minuten

2 EL natives Olivenöl extra

1 große Zwiebel, fein gehackt

2 Knoblauchzehen, gehackt

300 g mehligkochende Kartoffeln, geschält und klein gewürfelt

½ TL Meersalz

375 g Brokkoli

1,2 l Magische Hühnerbrühe (siehe Seite 62) oder Magische Gemüsebrühe (siehe Seite 61) oder Biobrühe (Glas)

1 große Prise frisch geriebene Muskatnuss

frisch geriebener Bergkäse, zum Garnieren (optional)

Das Olivenöl in einem großen Topf erhitzen. Die Zwiebel darin bei mittlerer Hitze etwa 3 Minuten andünsten. Knoblauch und Kartoffeln mit gut ¼ Teelöffel Salz zufügen und etwa 5 Minuten garen, bis die Kartoffeln weich werden.

Inzwischen den Brokkoli in mundgerechte Röschen teilen. Den Stiel putzen, schälen und ebenfalls in mundgerechte Würfel schneiden. Den Topfinhalt mit 120 Millilitern Brühe ablöschen. Die Hitze auf niedrige bis mittlere Stufe reduzieren und auf die Hälfte einkochen lassen. Brokkoli und restliches Salz zufügen und bei aufgesetztem Deckel 3 bis 4 Minuten dünsten, bis der Brokkoli knackig gar ist.

500 Milliliter Brühe in den Mixer füllen und mit der Hälfte der Brokkolimischung glatt und cremig pürieren. In einen sauberen Topf füllen. Mit restlicher Brühe und Brokkolimischung ebenso verfahren. Die Muskatnuss unterrühren.

Die Suppe sanft erhitzen. Gegebenenfalls mit weiterem Salz, etwas Pfeffer und/oder ½ Teelöffel Zitronensaft abschmecken.

Mit Käse bestreut servieren.

AUFBEWAHRUNG: In einem dicht schließenden Behälter bis zu 4 Tage im Kühlschrank.

NÄHRWERTE PRO PORTION: Kalorien: 155; Fett: 5,1 g (0,8 g gesättigte, 3,4 g einfach ungesättigte Fettsäuren); Kohlenhydrate: 26 g; Eiweiß: 4 g; Ballaststoffe: 4 g; Natrium: 330 mg

KAPITEL 3

Vitales Gemüse

Gemüse spricht zu mir – doch, glauben Sie mir! Es braucht allerdings seine Zeit, bis man es versteht, denn seine geheime Sprache ist nur zu hören, wenn es richtig, richtig frisch ist und voller Geschmack, Vitalstoffe und Farbe steckt. Dann nämlich ruft es an den Marktständen wild durcheinander: »Kauf mich! Iss mich!«

Mein Ansinnen ist, dass auch Sie die lockenden Rufe von Gemüse und allen anderen pflanzlichen Nahrungsmitteln hören und verstehen lernen. Dazu gehört auch die Fülle an Kräutern und Gewürzen, die Sie in den Rezepten in diesem Buch finden. Diese »Gemüsesprache« ist so wichtig, weil alle hilfreichen stärkenden Nährstoffe im Kampf gegen den Krebs – entzündungshemmende, antioxidative Pflanzenstoffe – sowie hochwertige Fette und Vitalstoffe, die die Versorgungswege von Krebszellen abschneiden, in Gemüse und anderer Pflanzenkost vorhanden sind.

Wie bereiten wir Gemüse nun so zu, dass es unwiderstehlich wird? Eigentlich sollte der fantastische Geschmack als Motivation genügen, doch der ein oder andere braucht vielleicht eine kleine Initialzündung, um sich für die Gemüsegala zu begeistern. Deshalb sollte knackig frisches Gemüse erst mal Auge und Nase ansprechen, da diese Sinne den Appetit anregen, noch bevor man den ersten Bissen nimmt. Frisches Gemüse ist wie ein essbarer Regenbogen und kann hübsch angerichtet dabei helfen, gerade Menschen mit wenig Appetit an den Tisch zu locken. Das Gleiche gilt für Gerüche. Waren Sie schon mal in einer Küche, in der Süßkartoffeln mit Zimt im Ofen backen?

Viele meiner Freunde lächeln über meine Begeisterung für Gemüse. Ich sage ihnen gern, dass Suppen meine warme, liebende Seite zum Ausdruck bringen, während in Gemüse meine Leidenschaft zum Vorschein kommt. Es ist so unglaublich lebendig und vielseitig! Dämpfen, dünsten, in der Pfanne oder im Ofen braten ... Es gibt so viele Zubereitungsmöglichkeiten und für Krebspatienten ist die unglaubliche Vielfalt an krebsbekämpfenden Inhaltsstoffen von großem Nutzen.

Woher ich das weiß? Weil das Gemüse es mir geflüstert hat.

Brokkoli mit Basilikum

Ein faszinierendes neues Feld der Lebensmittelforschung befasst sich mit den sogenannten Nährstoffsynergien, die entstehen, wenn verschiedene Zutaten einer Mahlzeit so kombiniert werden, dass der Körper krebsbekämpfende Nährstoffe besser und schneller absorbieren kann. Das trifft besonders auf Gemüse mit fettlöslichen Vitaminen zu, wie Brokkoli. Durch die Zugabe von etwas Fett (natürlich kalt gepresstes Olivenöl!) können die antioxidativen Vitamine im Verdauungstrakt besser verwertet werden. Aber das ist nicht der einzige Synergieeffekt in diesem Rezept. Wissenschaftler konnten beobachten, dass Prostatatumore bei Mäusen stärker schrumpften, wenn sie Brokkoli und Tomaten gemischt und nicht einzeln fraßen. Ganz abgesehen davon, schmeckt diese Kombi auch noch richtig lecker!

PORTIONEN: 4

ZUBEREITUNGSZEIT: 10 Minuten

GARZEIT: 5 Minuten

1 großer Brokkoli

Meersalz

2 EL natives Olivenöl extra

1 EL fein gehackter Knoblauch

1 Prise rote Chiliflocken

80 g Cocktailtomaten, halbiert, oder roter Paprika, gewürfelt

1 EL frisch gepresster Zitronensaft

2 TL fein abgeriebene Zitronenschale

4 EL frisch gehackte Basilikumblätter

Einen großen Topf Wasser zum Kochen bringen. Den Brokkoli in kleine Röschen teilen. Den Stiel schälen und in mundgerechte Stücke schneiden. Mit einer Prise Salz ins kochende Wasser geben und 30 Sekunden blanchieren. Den Brokkoli unter fließend kaltem Wasser abschrecken, damit er nicht weitergart und leuchtend grün bleibt.

Das Olivenöl in einer großen Pfanne erhitzen. Knoblauch und Chiliflocken darin bei mittlerer Hitze 30 Sekunden anbraten. Cocktailtomaten oder Paprika mit einer Prise Salz zufügen und 1 Minute andünsten. Den Brokkoli mit ¼ Teelöffel Salz zugeben und 2 Minuten andünsten; er sollte noch knackig sein. Zitronensaft, Zitronenschale und Basilikum untermischen und sofort servieren.

HINWEIS: Lassen Sie das Basilikum nicht weg! Abgesehen davon, dass es wirkungsvolle Antioxidantien enthält, bringt es die Aromen von Brokkoli und Tomaten oder Paprika super zur Geltung. Die Kombination von leuchtend grünem Brokkoli und roten Tomaten oder Paprika macht das Gericht auch zu einem Fest für die Augen. Geben Sie in jedem Fall vor dem Servieren Zitronensaft und -schale dazu; so bleibt der Brokkoli schön grün, auch wenn er länger als ein paar Minuten auf dem Teller liegt.

AUFBEWAHRUNG: In einem luftdichten Behälter bis zu 5 Tage im Kühlschrank.

NÄHRWERTE PRO PORTION: Kalorien: 125; Fett: 7,7 g (1,1 g gesättigte, 5,4 g einfach ungesättigte Fettsäuren); Kohlenhydrate: 13 g; Eiweiß: 5 g; Ballaststoffe: 5 g; Natrium: 125 mg

Pak Choi mit Süßkartoffeln und Ingwer

PORTIONEN: 6

ZUBEREITUNGSZEIT: 15 Minuten

GARZEIT: 5 Minuten

4 Baby-Pak-Choi

2 EL helles Sesamöl

2 Frühlingszwiebeln, nur der weiße Teil, in feinen Ringen

2 EL fein gehackter frischer Ingwer

150 g geschälte und klein gewürfelte Süßkartoffeln

Meersalz

1 EL Tamari (japanische Sojasauce)

1 TL Ahornsirup

1 EL frisch gepresster Limettensaft + etwas mehr zum Abschmecken

¼ TL geröstetes Sesamöl (optional)

Wie die meisten Köche schaue auch ich meinen Kollegen gern über die Schulter und lerne von ihnen. Zum Beispiel beobachtete ich Claire Heart, eine meiner Lieblingsköchinnen, wie sie in einem Zentrum des Commonweal Cancer Help Program mit Pak Choi arbeitete. Dieses asiatische Kohlgemüse ist klasse, kann aber auch mal ein wenig bitter schmecken. Claire löste dieses Problem, indem sie den Kohl einfach mit Süßkartoffeln kombinierte. Heraus kam ein ungewöhnliches und leckeres Gericht, dessen Farben mich umhauten. Ich ging nach Hause und spielte mit dieser Kombination herum, gab für eine feine Schärfe und zur besseren Verdauung noch ein wenig Ingwer und ein paar andere asiatische Aromen dazu. Danke, Claire!

Jeweils den Strunk des Pak Choi abschneiden und entsorgen. Die Blätter von den Stielen trennen und beides quer in mundgerechte Streifen schneiden. Dabei aber Blätter und Stiele getrennt halten.

Das helle Sesamöl in einer großen Pfanne erhitzen. Frühlingszwiebeln und Ingwer darin bei mittlerer Hitze 30 Sekunden anbraten. Die Süßkartoffeln mit einer Prise Salz zufügen und 1 Minute anbraten. Pak-Choi-Stiele, Tamari und Ahornsirup zugeben und 2 Minuten garen. Die Pak-Choi-Blätter mit Limettensaft, ¼ Teelöffel Salz und, falls verwendet, dem gerösteten Sesamöl untermischen und etwa 2 Minuten garen, bis die Blätter zusammengefallen sind. Gegebenenfalls mit einem weiteren Spritzer Limettensaft abschmecken. Sofort servieren.

AUFBEWAHRUNG: In einem dicht schließenden Behälter bis zu 3 Tage im Kühlschrank.

NÄHRWERTE PRO PORTION: Kalorien: 150; Fett: 6 g (0,9 g gesättigte, 2,2 g einfach ungesättigte Fettsäuren); Kohlenhydrate: 19 g; Eiweiß: 9 g; Ballaststoffe: 6 g; Natrium: 595 mg

Grüne Bohnen mit Paranüssen und Basilikum

Grüne Bohnen sind ein tolles Gemüse – vielseitig, einfach und schnell zubereitet, ob warm oder als Salat. Ich bin mal auf eine Website mit stolzen 471 Rezepten für grüne Bohnen gestoßen. Als ich Sekunden später noch einmal draufgeschaut habe, waren es schon 472! Dieses Gericht ist vegan und richtig lecker. Statt einer Käsegarnierung verwende ich fein gemahlene Paranüsse, die erstaunlicherweise nach Parmesan schmecken. Warum Paranüsse? Weil sie eine besonders gute Quelle für das Spurenelement Selen sind, das – so lassen diverse Studien vermuten – die toxische Wirkung einer Chemotherapie auf Haare, Nieren und die Zellen des Magen-Darm-Trakts reduziert.

PORTIONEN: 6

ZUBEREITUNGSZEIT: 15 Minuten

GARZEIT: 10 Minuten

Meersalz

500 g grüne Bohnen, geputzt

2 EL natives Olivenöl extra

2 EL gehackte Schalotten

frisch gemahlener schwarzer Pfeffer

frisch gepresster Zitronensaft

2 EL fein gemahlene Para- oder Walnüsse

2 EL fein gehacktes frisches Basilikum

½ TL fein abgeriebene Zitronenschale

Reichlich Wasser (etwa 2 Liter) in einem großen Topf zum Kochen bringen. Die grünen Bohnen mit ¼ Teelöffel Salz darin 3 bis 6 Minuten knackig gar kochen. Abgießen und die Bohnen unter fließendem kalten Wasser abschrecken, um den Garprozess zu stoppen.

Das Olivenöl in einer großen Pfanne erhitzen. Die Schalotten mit einer Prise Salz darin bei mittlerer Hitze etwa 1 Minute glasig dünsten. Die Bohnen mit ¼ Teelöffel Salz zufügen und unter gelegentlichem Wenden etwa 2 Minuten erhitzen. Die Pfanne vom Herd nehmen und die Bohnen großzügig pfeffern. Mit etwas Zitronensaft beträufeln und mit den Nüssen bestreuen. Vor dem Servieren Basilikum und Zitronenschale untermischen.

VARIANTE: Falls keine Paranüsse vorhanden sind, können Sie die Bohnen mit Glasierten Walnüssen (siehe Seite 149) servieren.

AUFBEWAHRUNG: In einem dicht schließenden Behälter bis zu 2 Tage im Kühlschrank.

NÄHRWERTE PRO PORTION: Kalorien: 320; Fett: 8,3 g (1,1 g gesättigte, 4,1 g einfach ungesättigte Fettsäuren); Kohlenhydrate: 47 g; Eiweiß: 18 g; Ballaststoffe: 12 g; Natrium: 110 mg

Grünes Gemüse mit Orange

PORTIONEN: 4

ZUBEREITUNGSZEIT: 10 Minuten

GARZEIT: 10 Minuten

2 EL natives Olivenöl extra

1 TL fein gehackter Knoblauch

1 Prise rote Chiliflocken

2 EL getrocknete Cranberrys

4 EL frisch gepresster Orangensaft

360 g Mangoldblätter, in mundgerechten Stücken

¼ TL Meersalz

½ TL fein abgeriebene Orangenschale

¼ TL Ahornsirup

Ich erinnere mich gut daran, als ich das erste Mal bunten Mangold gekauft habe. Ich legte das Bund mit den großen Blättern und bunten Stängeln auf die Arbeitsfläche und fragte mich, ob ich das Zeug nicht einfach in eine Vase stellen sollte? Ich war ein wenig überfordert. So mag es auch manch anderem gehen. Was schade ist, denn die sekundären Pflanzenstoffe in grünem Blattgemüse sind phänomenale Krebsbekämpfer. Eigentlich ist grünes Blattgemüse einfach zubereitet, wenn man es gleich nach dem Einkauf verarbeitet. Das ist das eine. Das andere ist, seinen natürlichen Bittergeschmack loszuwerden. Dafür schwenkt man den Mangold bei niedriger Hitze kurz in Olivenöl. Das tut nicht nur dem Aroma gut, sondern auch der Textur. Und mit Orangensaft schmeckt das Gemüse noch besser. Selbst Kindern!

Das Olivenöl in einer großen Pfanne erhitzen. Knoblauch, Chiliflocken, Cranberrys und Orangensaft darin bei mittlerer Hitze 30 Sekunden andünsten. Mangold mit Salz und Orangenschale unter Rühren garen, bis die Blätter dunkler werden und etwas zusammengefallen sind. In eine Schüssel geben. Die Garflüssigkeit in der Pfanne zum Kochen bringen und eindicken lassen. Das Gemüse wieder zufügen und Ahornsirup untermischen. Einen FASS-Check machen. Eventuell eine weitere Prise Salz zufügen. Sofort servieren.

VARIANTE: Für einen wunderschönen Farbkontrast lassen Sie die Cranberrys weg und verteilen direkt vor dem Servieren 2 Esslöffel frische Granatapfelkerne über dem Gemüse.

HINWEISE: Die Aromen dieses Gerichts werden durch das Einkochen der Garflüssigkeit wunderbar intensiviert. Nehmen Sie sich also Zeit dafür. Ihr Gaumen wird es Ihnen danken.

Grünes Blattgemüse wird angenehmer zu essen und leichter verdaulich, wenn Sie dicke, zähere Stängel und Blattadern entfernen. Feine Stängel können aber mitverzehrt werden. Schneiden Sie sie separat in kleine Stücke und geben Sie sie ein paar Minuten vor den Blättern in die Pfanne, da sie eine etwas längere Garzeit haben.

AUFBEWAHRUNG: In einem dicht schließenden Behälter bis zu 5 Tage im Kühlschrank.

NÄHRWERTE PRO PORTION: Kalorien: 90; Fett: 7,2 g (1 g gesättigte, 5 g einfach ungesättigte Fettsäuren); Kohlenhydrate: 7 g; Eiweiß: 1 g; Ballaststoffe: 1 g; Natrium: 260 mg

Greggs Lieblingskürbis mit Quinoa-Cranberry-Mangold-Füllung

Ich weiß, dass ich alles richtig gemacht habe, wenn ein passionierter Fleischesser behauptet, dass ein vegetarisches Gericht sein absolutes Lieblingsessen sei. Wie mein Ehemann Gregg – glauben Sie mir, was Essen angeht, ist er wirklich kritisch. Mir ist aufgefallen, dass viele, die bei vegetarischen Hauptgerichten sonst eher die Nase rümpfen, von diesem hier ganz angetan sind. Vielleicht weil es so bunt ist oder so originell serviert wird, aber vermutlich ist es der herzhafte Geschmack, der auch Fleischesser glücklich macht. Kürbis ist bekömmlich und enthält viele Vitalstoffe mit entzündungshemmenden, antioxidativen und abwehrstärkenden Eigenschaften, die allen Krebspatienten guttun. Er lässt sich auch perfekt mit allerlei Zutaten füllen. Und wenn Sie keine Lust haben, Kürbis im Ofen zu braten, ergibt die Quinoa-Füllung auch allein ein wunderbares Essen.

PORTIONEN: 4

ZUBEREITUNGSZEIT: 25 Minuten

GARZEIT: 45 Minuten

KÜRBIS

4 kleine dickschalige Kürbisse

2 EL natives Olivenöl extra

¼ TL Meersalz

¼ TL gemahlener Piment

¼ TL gemahlener Ingwer

¼ TL Zimtpulver

1 Prise rote Chiliflocken

FÜLLUNG

200 g Quinoa

1 EL natives Olivenöl + 2 TL

1 EL fein gewürfelte Schalotten

3 EL fein gewürfelter Fenchel

¼ T gemahlener Kreuzkümmel

¼ TL gemahlener Koriander

500 ml Magische Gemüsebrühe (siehe Seite 61) oder Wasser

½ TL Meersalz

2 Knoblauchzehen, fein gehackt

1 Prise rote Chiliflocken

100 g getrocknete Cranberrys oder Rosinen

360 g Mangoldblätter oder Grünkohl in mundgerechten Stücken

frisch gepresster Zitronensaft

Den Backofen auf 180 °C vorheizen und ein Backblech mit Backpapier belegen.

Von den Kürbissen oben einen Deckel abschneiden. Gegebenenfalls unten eine Kappe abschneiden, damit die Kürbisse einen besseren Stand haben. Kerne und Fasern herauslösen.

Das Olivenöl in einer Schale mit Salz, Piment, Ingwer, Zimt und Chiliflocken verrühren. Die Kürbisse innen damit ausstreichen. Die Kürbisse mit der Öffnung nach unten auf das vorbereitete Blech setzen und im vorgeheizten Ofen 20 bis 25 Minuten gar braten. Zur Probe mit einem Holzspieß einstechen. Die Kürbisse aus dem Ofen nehmen und mit Alufolie abdecken.

Inzwischen für die Füllung die Quinoa in ein Haarsieb geben und unter fließend kaltem Wasser gründlich abspülen.

2 Teelöffel Olivenöl in einem Topf erhitzen. Schalotten und Fenchel darin bei mittlerer Hitze etwa 3 Minuten andünsten. Kreuzkümmel und Koriander unterrühren. Dann die Quinoa zufügen. Die Brühe zugießen und ¼ Teelöffel Salz unterrühren. Bei aufgesetztem Deckel zum Kochen bringen. Die Hitze reduzieren und 15 bis 20 Minuten köcheln lassen, bis die Quinoa die Flüssigkeit aufgesogen hat. Den Topf vom Herd nehmen und die Quinoa mit einer Gabel auflockern.

Fortsetzung auf Seite 94

Greggs Lieblingskürbis mit Quinoa-Cranberry-Mangold-Füllung, *Fortsetzung*

Inzwischen 1 Esslöffel Olivenöl in einer großen Pfanne erhitzen. Knoblauch, Chiliflocken und Cranberrys darin bei mittlerer Hitze 10 Sekunden anbraten. Mangold oder Grünkohl mit ¼ Teelöffel Salz zufügen und etwa 3 Minuten (Mangold) bzw. 5 Minuten (Grünkohl) gar schwenken. Vom Herd nehmen und einen Spritzer Zitronensaft unterrühren.

Die Quinoa in die Kürbisse füllen und die Gemüsemischung darauf verteilen.

AUFBEWAHRUNG: In einem dicht schließenden Behälter bis zu 3 Tage im Kühlschrank oder bis zu 1 Monat im Gefrierfach.

NÄHRWERTE PRO PORTION: Kalorien: 530; Fett: 16,3 g (2,3 g gesättigte, 9,9 g einfach ungesättigte Fettsäuren); Kohlenhydrate: 93 g; Eiweiß: 11 g; Ballaststoffe: 13 g; Natrium: 650 mg

---

Angriff ist die beste Verteidigung

Es gibt einen Grund, zu Bioprodukten zu greifen, der weitgehend unbekannt ist: Im Vergleich zu konventionell angebautem Gemüse ist Biogrünzeug erprobt im Abwehrkampf, wie der ganzheitliche Onkologe Dr. Donald Abrams erklärt: »Wenn Gemüse in Gewächshäusern angebaut wird, muss es sich nicht gegen seine Umwelt zur Wehr setzen. Wenn Sie Biotomaten aber draußen anbauen, muss sich die Pflanze vor Schädlingen und Krankheiten schützen. Dafür produziert sie chemische Substanzen. Und wie sich herausgestellt hat, sind das großteils jene sekundären Pflanzenstoffe, die auch für den Menschen von Vorteil sind.« Das Gemüse führt also seine Abwehrschlacht nach dem Verzehr noch in uns weiter – das nennt man wohl Win-win!

Kürbispüree mit Zimt

Wer noch nicht so viel Erfahrung mit Kürbis hat, für den kann dieses klassische Herbst- und Wintergemüse schon mal etwas einschüchternd wirken – so groß, so schwer, so hart. Nachdem ich zum ersten Mal einen (großen) Kürbis mit nach Hause geschleppt hatte, kam ich mir vor, als ob ich einen Baumstamm bearbeiten müsste. Wie sollte ich ihn bloß kleiner kriegen, um an das Fruchtfleisch zu kommen? Machete? Kettensäge? Eigentlich reicht schon ein scharfes Kochmesser und in vielen Supermärkten oder auf dem Wochenmarkt können Sie auch halbe Kürbisse kaufen. Wenn man erst einmal den ersten Schnitt gesetzt hat, ist alles gar nicht mehr so schwer. (Ich halbiere den Kürbis immer erst von oben nach unten, backe die Hälften im Ofen, damit ich das Fruchtfleisch dann leicht mit einem Löffel herausschaben kann.)

PORTIONEN: 4

ZUBEREITUNGSZEIT: 15 Minuten

GARZEIT: 35 Minuten

1 Butternusskürbis, geschält, in 2,5 cm großen Stücken

2 EL natives Olivenöl extra

¼ TL Zimtpulver

¼ TL gemahlener oder 1 TL frisch geriebener Ingwer

Meersalz

¼ TL Ahornsirup

⅛ TL frisch geriebene Muskatnuss

1 TL Zitronensaft (optional)

Den Backofen auf 200 °C vorheizen und ein Backblech mit Backpapier belegen.

Die Kürbisstücke in einer Schüssel mit Olivenöl, Zimt, Ingwer und ¼ Teelöffel Salz vermengen, bis sie gut mit den Gewürzen und Fett überzogen sind. Auf dem Backblech verteilen und im vorgeheizten Ofen 25 bis 30 Minuten weich garen.

Den Kürbis mit Ahornsirup, Muskatnuss und einer Prise Salz in den Mixer geben und glatt und cremig pürieren. Abschmecken. Für etwas mehr Pep können Sie bis zu 1 Teelöffel Zitronensaft einarbeiten.

AUFBEWAHRUNG: In einem dicht schließenden Behälter bis zu 3 Tage im Kühlschrank.

NÄHRWERTE PRO PORTION: Kalorien: 160; Fett: 7,2 g (1,1 g gesättigte, 5 g einfach ungesättigte Fettsäuren); Kohlenhydrate: 25 g; Eiweiß: 2 g; Ballaststoffe: 4 g; Natrium: 155 mg

Grünkohl mit Süßkartoffeln und Pekannüssen

PORTIONEN: 4

ZUBEREITUNGSZEIT: 15 Minuten

GARZEIT: 10 Minuten

2 EL natives Olivenöl extra oder natives Kokosfett

1 TL fein gehackter frischer Ingwer

150 g Süßkartoffeln, geschält, klein gewürfelt

1/8 TL Zimtpulver

4 EL Magische Gemüsebrühe (siehe Seite 61) oder Wasser

300 g Grünkohl oder Palmkohl, in mundgerechten Stücken

¼ TL Meersalz

2 EL Sultaninen

¼ TL Ahornsirup

2 EL gemahlene Pekannüsse, zum Garnieren

Süßkartoffeln sind immer eine Bank. Es sind aber auch richtig tolle Knollen: süß, farbenfroh und nährstoffreich. Dazu kommt eine herrlich cremige Textur, die toll zu grünem Blattgemüse passt. Bei diesem Rezept habe ich mich für Grünkohl, der hervorragende antikarzinogene Eigenschaften hat, und pikantem Ingwer, der die Verdauung unterstützt, entschieden.

Das Olivenöl in einer großen Pfanne erhitzen. Den Ingwer darin bei mittlerer Hitze 30 Sekunden anbraten. Die Süßkartoffeln mit Zimt und Brühe zugeben und etwa 1 Minute andünsten. Kohl, Salz und Sultaninen zugeben und weitere 5 Minuten garen, bis der Kohl dunkler wird und die Süßkartoffeln weich sind. Den Ahornsirup unterrühren. Eventuell mit einer Prise Salz nachwürzen.

Mit den Pekannüssen bestreuen und sofort servieren.

HINWEIS: Die gemahlenen Nüsse haben die gleiche Textur wie fein geriebener Käse. Wenn Sie es etwas knackiger mögen, geben Sie 25 Gramm Pekannusskerne auf ein Backblech und rösten sie 7 bis 10 Minuten bei 180 °C, bis sie leicht gebräunt sind und duften. Hacken Sie die Nüsse grob und bestreuen Sie das Gemüse damit.

AUFBEWAHRUNG: In einem dicht schließenden Behälter bis zu 5 Tage im Kühlschrank.

NÄHRWERTE PRO PORTION: Kalorien: 160; Fett: 10,1 g (1,3 g gesättigte, 6,6 g einfach ungesättigte Fettsäuren); Kohlenhydrate: 17 g; Eiweiß: 3 g; Ballaststoffe: 3 g; Natrium: 200 mg

Palmkohl mit Karotten

PORTIONEN: 4

ZUBEREITUNGSZEIT: 5 Minuten

GARZEIT: 35 Minuten

---

400 g Palmkohlblätter, in mundgerechten Stücken

2 EL natives Olivenöl extra

1 rote Zwiebel, halbiert, in feinen Streifen

Meersalz

2 Karotten, geschält und klein gewürfelt

3 Knoblauchzehen, fein gehackt

1 TL fein gehackter frischer Ingwer

2 EL frisch gepresster Zitronensaft

Erinnern Sie sich noch an die Zeiten, als es neben Kopf- und Eisbergsalat nur wenig Grün in den Supermärkten gab? Das ist zum Glück Vergangenheit, die Auswahl an Salat- und Gemüsesorten ist heute kaum mehr zu überblicken. Auch der Palmkohl hat den Weg zurück ins Regal gefunden. Manche Menschen machen einen Bogen um ihn, weil er leicht bitter schmeckt. Ich habe herausgefunden, dass Karotten und Ingwer das erdige, rustikale Aroma des Kohls wunderbar ausbalancieren. Grünes Gemüse ist unverzichtbar, um während einer Krebstherapie bei Kräften zu bleiben, und mit diesem Rezept wird der Palmkohl besonders lecker. Sie können auch noch Glasierte Walnüsse (siehe Seite 149) dazugeben.

Die Kohlblätter mit kaltem Wasser bedecken und beiseitestellen. Das Olivenöl in einer großen, tiefen Pfanne erhitzen. Die Zwiebel mit einer Prise Salz darin bei mittlerer bis starker Hitze 3 Minuten andünsten. Die Hitze auf niedrige Stufe reduzieren und die Zwiebel 20 Minuten karamellisieren lassen.

Die Hitze wieder auf mittlere Stufe erhöhen. Karotten, Knoblauch, Ingwer und eine Prise Salz zugeben und 3 bis 4 Minuten mitgaren, bis die Karotten weich werden. Den Kohl abtropfen lassen, mit knapp ¼ Teelöffel Salz in die Pfanne geben und etwa 3 Minuten zusammenfallen lassen. Wenn das Gemüse etwas weicher sein soll, gegebenenfalls noch 1 Esslöffel Wasser zufügen und weitere 2 bis 3 Minuten bei aufgesetztem Deckel dünsten. Den Zitronensaft unterrühren und sofort servieren.

HINWEISE: Je länger der Zitronensaft auf dem Gemüse liegt, desto stärker verliert das Gemüse seine schöne Farbe. Geben Sie den Zitronensaft also erst direkt vor dem Servieren dazu.

Sie finden keinen Palmkohl, manchmal auch Italienischer/Toskanischer Kohl genannt? Dann können Sie ihn durch Grünkohl, Mangold, Rübstiel, Pak Choi oder jedes andere grüne Blattgemüse ersetzen.

AUFBEWAHRUNG: In einem dicht schließenden Behälter bis zu 3 Tage im Kühlschrank.

NÄHRWERTE PRO PORTION: Kalorien: 120; Fett: 7,6 g (1,1 g gesättigte, 5 g einfach ungesättigte Fettsäuren); Kohlenhydrate: 14 g; Eiweiß: 3 g; Ballaststoffe: 3 g; Natrium: 125 mg

Brokkoli mit Knoblauch und Ingwer

Sie können sich die Hauptzutaten dieses Gerichts als die »drei Tenöre« der Entzündungshemmer vorstellen. Brokkoli, Knoblauch und Ingwer harmonieren wunderbar, sowohl auf der Zunge als auch im Körper, und bringen asiatische Aromen mit wertvollen antikarzinogenen Vitalstoffen zusammen. Und das Ganze ist auch noch im Handumdrehen fertig! Und als Bonus obendrauf: Das Olivenöl wirkt als Geschmacksträger und erhöht die Verwertbarkeit der fettlöslichen Vitamine im Brokkoli.

PORTIONEN: 4

ZUBEREITUNGSZEIT: 10 Minuten

GARZEIT: 5 Minuten

½ TL Meersalz

1 großer Brokkoli, in kleinen Röschen, Stiele geschält und in mundgerechten Stücken

1 EL natives Olivenöl extra oder natives Kokosfett

1 EL frisch geriebener Ingwer

2 Knoblauchzehen, gehackt

Einen großen Topf Wasser zum Kochen bringen. Das Salz darin auflösen. Den Brokkoli zufügen und 30 Sekunden blanchieren. Abgießen und den Brokkoli unter fließendem Wasser abschrecken, um den Garprozess zu stoppen und damit das Gemüse leuchtend grün bleibt.

Das Öl in einer großen Pfanne erhitzen. Ingwer und Knoblauch darin bei mittlerer Hitze 30 Sekunden anbraten. Den Brokkoli mit einer Prise Salz zufügen und 2 Minuten unter Rühren erhitzen. Der Brokkoli sollte knackig gar sein. Sofort servieren.

HINWEIS: Sie können den Brokkoli direkt nach dem Kauf in Röschen teilen und wie oben beschrieben blanchieren. Lassen Sie ihn abkühlen und bewahren Sie ihn im Kühlschrank auf. So können Sie das Gemüse für allerlei Gerichte verwenden und sparen Zeit.

AUFBEWAHRUNG: In einem luftdichten Behälter bis zu 4 Tage im Kühlschrank.

NÄHRWERTE PRO PORTION: Kalorien: 70; Fett: 4 g (0 g gesättigte, 2 g einfach ungesättigte Fettsäuren); Kohlenhydrate: 6 g; Eiweiß: 2 g; Ballaststoffe: 2 g; Natrium: 323 mg

Rucola mit Edamame, Radieschen und Avocado

Rucola ist ein Neuling unter den krebsbekämpfenden Superfoods. Forscher haben erst vor Kurzem entdeckt, dass Rucola anderen Vertretern aus der Familie der Kreuzblütler wie Grünkohl und Brokkoli in nichts nachsteht, was den Gehalt an antikarzinogenen Schwefelverbindungen angeht. Normalerweise schmeckt schwefelreiches Gemüse immer etwas bitter, doch Rucola hat eine eher pfeffrige Note. Dieser wunderbare Salat ist durch die Koriander-Limetten-Vinaigrette und die Radieschen herrlich erfrischend. Ein Freund von mir bezeichnet Radieschen als Sorbet unter den Gemüsesorten, weil sie den Gaumen erfrischen und reinigen. Edamame sind übrigens unreif geerntete Sojabohnen.

PORTIONEN: 4

ZUBEREITUNGSZEIT: 15 Minuten

GARZEIT: –

350 g Rucola oder Asiasalat

150 g geschälte frische oder TK-Edamame, gemischt mit 1 Spritzer Limettensaft und 1 Prise Meersalz

4 Radieschen, in Scheiben

1 Avocado, halbiert, entkernt, mit frischem Limettensaft beträufelt und mit Meersalz bestreut (damit sie nicht braun wird)

4 EL Koriander-Limetten-Vinaigrette (siehe Seite 192)

Rucola oder Asiasalat mit Edamame, Radieschen und Avocado in einer großen Schüssel vermengen. Mit der Vinaigrette beträufeln und vermengen.

AUFBEWAHRUNG: Salatmischung ohne Vinaigrette in einem luftdichten Behälter höchstens 1 Tag im Kühlschrank.

NÄHRWERTE PRO PORTION: Kalorien: 160; Fett: 11,2 g (1,4 g gesättigte, 6,7 g einfach ungesättigte Fettsäuren); Kohlenhydrate: 12 g; Eiweiß: 5 g; Ballaststoffe: 5 g; Natrium: 200 mg

Ofengebackene Süßkartoffeln

PORTIONEN: 4

ZUBEREITUNGSZEIT: 10 Minuten

GARZEIT: 45–60 Minuten

6 orangefleischige Süßkartoffeln

4 EL Olivenöl oder Kokosfett

Süßkartoffeln stelle ich mir immer als kleine, köstliche Nährstoffbomben vor. Schon pur sind die Knollen superlecker und stecken voller Ballaststoffe, die helfen, den Blutzuckerspiegel zu regulieren. Am besten aber sind sie im Ofen gebacken und mit gesunden Zutaten garniert: gehackte Kräuter, Chutneys, Gemüse, Nusscremes, Joghurt … Alles tolle Varianten (siehe unten). Und sie lassen sich ganz einfach zubereiten. Man kann vier Süßkartoffeln backen, nur eine essen, die restlichen in einen Behälter geben und ruck, zuck wieder aufwärmen.

Den Backofen auf 200 °C vorheizen. Ein Backblech mit Backpapier belegen.

Die Süßkartoffeln abwaschen und bürsten. Mit einem Tuch trocknen. Die Schale mit je 1 Teelöffel Olivenöl oder Kokosfett einpinseln. Mit einer Gabel mehrmals einstechen. Auf das Backblech setzen und im vorgeheizten Ofen 45 bis 60 Minuten backen, bis sie schön weich sind.

Die Oberseite einschneiden und die Süßkartoffeln mit je 1 Esslöffel der unten stehenden Beläge garnieren.

BELÄGE (PRO PORTION):

- *Basis: Meersalz, frisch gemahlener Pfeffer und 1 Esslöffel Butter, Ghee, Kokosfett, Olivenöl, Joghurt oder Nussmus*
- *Option 1: 1 Esslöffel frisch gehackte Minze, Petersilie oder Koriander*
- *Option 2: ¼ Teelöffel Zimtpulver, ½ Teelöffel Kurkumapulver*
- *Option 3: 2 Teelöffel gehackte Walnuss- oder Pekannusskerne*

WEITERE VORSCHLÄGE (PRO PORTION):

- 4 Esslöffel Brokkoli mit Basilikum (siehe Seite 87)
- 4 Esslöffel Grünes Gemüse mit Orange (siehe Seite 90)
- 4 Esslöffel Palmkohl mit Karotten (siehe Seite 98)
- 1 Esslöffel Aprikosen-Birnen-Chutney (siehe Seite 184)
- 1 Esslöffel Cashewmus (siehe Seite 190)
- 1 Esslöffel Marokkanisches Pesto (siehe Seite 198)
- 1 Esslöffel Kräuterjoghurt (siehe Seite 200)

AUFBEWAHRUNG: Ohne Belag in einem luftdichten Behälter bis zu 4 Tage im Kühlschrank.

NÄHRWERTE PRO PORTION (FÜR DIE BASIS-VARIANTE): Kalorien: 152; Fett: 4,75 g (0,7 g gesättigte, 3,7 g einfach ungesättigte Fettsäuren); Kohlenhydrate: 26 g; Eiweiß: 2 g; Ballaststoffe: 3.9 g; Natrium: 122 mg

Ofengemüse mit Rosmarin und Thymian

PORTIONEN: 6

ZUBEREITUNGSZEIT: 20 Minuten

GARZEIT: 40 Minuten

---

1 kg Wurzelgemüse wie Kartoffeln, Süßkartoffeln, Karotten, Pastinaken, Rüben, geschält, in mundgerechten Stücken

2 EL natives Olivenöl extra

½ TL Meersalz

½ TL frisch gemahlener schwarzer Pfeffer

1 EL frisch gehackter oder ¼ TL getrockneter Rosmarin

1½ EL frischer oder ½ Teelöffel getrockneter Thymian

1 EL frisch gepresster Zitronen- oder Orangensaft (optional)

2 EL frisch gehackte Petersilie, zum Garnieren

Jeden Tag Gemüse essen ist gut. Aber es muss ja nicht immer grünes Gemüse sein. Glücklicherweise gibt es Sorten in allen Farben des Regenbogens und mit unterschiedlichen krebsbekämpfenden Inhaltsstoffen. Pastinaken, Rüben und Kürbis sind besonders reich an Karotinoiden, die freie Radikale binden und dadurch das Risiko von Tumorwachstum senken. Ich habe eigentlich immer Gemüse im Kühlschrank, das ich schnell klein schneiden und im Ofen backen kann. Das Gemüse schmeckt allein oder als Beilage, etwa zu Brathähnchen (siehe Seite 121).

Den Backofen auf 200 °C vorheizen und ein Backblech mit Backpapier belegen.

Die Gemüsestücke in einer großen Schüssel mit Olivenöl, Salz, Pfeffer, Rosmarin und Thymian gründlich vermengen. Auf dem Blech verteilen und im vorgeheizten Ofen 30 bis 40 Minuten gar backen. In eine Servierschüssel geben und nach Belieben mit Orangen- oder Zitronensaft beträufeln. Mit der Petersilie bestreuen und sofort servieren.

HINWEIS: Zur Abwechslung können Sie das Gemüse statt mit Rosmarin und Thymian auch mal mit ½ Teelöffel gemahlenem Kreuzkümmel, ¼ Teelöffel gemahlenem Ingwer und ¼ Teelöffel Zimtpulver verfeinern.

AUFBEWAHRUNG: In einem luftdichten Behälter bis zu 4 Tage im Kühlschrank.

NÄHRWERTE PRO PORTION: Kalorien 130 g; Fett: 3,7 g (0,5 g gesättigte, 2,8 g einfach ungesättigte Fettsäuren); Kohlenhydrate: 15,5 g; Eiweiß: 1,7 g; Ballaststoffe: 4 g; Natrium: 145 mg

Rührgebratener Pak Choi mit Shiitakepilzen

Ich liebe asiatisches Gemüse, weiß aber auch, dass manche Menschen nicht viel damit anfangen können und vielleicht ein wenig Manschetten haben vor all den Sorten und Zutaten mit exotischen Namen, bei denen man nicht so recht weiß, was man damit anstellen soll. Ich möchte Ihnen über diese kulinarischen Hürden hinweghelfen, zumal die meisten asiatischen Gemüsesorten voller wertvoller sekundärer Pflanzenstoffe stecken. Hier habe ich zwei Kraftpakete – Pak Choi und Shiitake – kombiniert. Ich bevorzuge Baby-Pak-Choi, weil er noch nicht so bitter ist.

PORTIONEN: 6

ZUBEREITUNGSZEIT: 15 Minuten

GARZEIT: 5 Minuten

---

4 Baby-Pak-Choi

2 EL helles Sesamöl

2 Frühlingszwiebeln, nur der weiße Teil, in feinen Ringen

2 EL frisch geriebener Ingwer

2 Knoblauchzehen, fein gehackt

250 g Shiitakepilze, Stiele entfernt, Kappen in 5 mm breiten Streifen

Meersalz

2 EL Wasser

1 EL Tamari (japanische Sojasauce)

1 EL frisch gepresster Limettensaft

1½ TL geröstetes Sesamöl

1 EL geröstete Sesamsaat

Jeweils den Strunk des Pak Choi abschneiden. Die Blätter von den Stängeln trennen und beides getrennt quer in mundgerechte Stücke schneiden.

Das helle Sesamöl in einer großen, tiefen Pfanne erhitzen. Frühlingszwiebeln, Ingwer, Knoblauch und Pilze mit einer Prise Salz 30 Sekunden andünsten. Wasser, Tamari und Pak-Choi-Stängel zufügen und 2 Minuten mitgaren. Die Pak-Choi-Blätter mit Limettensaft, geröstetem Sesamöl und einer Prise Salz zugeben und etwa 2 Minuten dünsten, bis die Blätter zusammengefallen sind. Eventuell mit einem weiteren Spritzer Limettensaft abschmecken. Mit dem Sesam bestreuen und sofort servieren.

HINWEIS: Um Nüsse oder Saaten zu rösten, eine große beschichtete Pfanne auf mittlerer Stufe erhitzen. Nüsse oder Saaten darin einige Minuten unter häufigem Pfannenrütteln anbraten, bis sie goldbraun sind und zu duften beginnen. Nicht unbeaufsichtigt lassen, damit die Nüsse bzw. Saaten nicht anbrennen.

AUFBEWAHRUNG: In einem luftdichten Behälter bis zu 3 Tage im Kühlschrank.

NÄHRWERTE PRO PORTION: Kalorien: 150; Fett: 7,8 g (1 g gesättigte, 2,6 g einfach ungesättigte Fettsäuren); Kohlenhydrate: 16 g; Eiweiß: 10 g; Ballaststoffe: 6 g; Natrium: 585 mg

Karotten-Bete-Salat

Einer meiner liebsten Termine ist die jährliche Schulung »Nahrung als Medizin« im Center for Mind Body Medicine, wo Hunderte von ernährungsorientierten Ärzten, Pflegefachleuten und anderen Profis aus dem Gesundheitsbereich ihr Wissen sowie tolle Rezeptideen austauschen. Ich koche immer für die Teilnehmer, die mich oft inspirieren, wie etwa Dr. Joel Evans. Er ist ein Anhänger der Theorie, dass ein Gemüse umso mehr Nährstoffe enthält, je leuchtender seine Farbe ist. Als Hommage an ihn wollte ich einen möglichst farbenfrohen Salat zubereiten, und zwar aus Roter Bete, Karotten und frischer Minze. Wenn ich als Kind ein Gemüsefach statt eines Malkastens gehabt hätte, wäre dieser Salat das Ergebnis gewesen.

PORTIONEN: 4

ZUBEREITUNGSZEIT: 10 Minuten

GARZEIT: –

2 EL frisch gepresster Orangensaft

2 TL frisch gepresster Zitronensaft

2 TL natives Olivenöl extra

½ TL frisch geriebener Ingwer

¼ TL Meersalz

130 g Karotten, geschält, geraspelt

130 g Rote Bete, geschält, geraspelt

2 EL frisch gehackte Minze

Orangen- und Zitronensaft, Olivenöl, Ingwer und Salz in einer Schale verrühren. Karotten und Rote Bete in zwei kleine Schüsseln geben und jeweils mit der Hälfte des Dressings beträufeln und vermengen. Für einen schönen Farbkontrast Karotten- und Betesalat nebeneinander in eine Servierschüssel geben. Vor dem Servieren mit der Minze bestreuen.

AUFBEWAHRUNG: In einem luftdichten Behälter bis zu 5 Tage im Kühlschrank.

NÄHRWERTE PRO PORTION: Kalorien: 50; Fett: 2,5 g (0,4 g gesättigte, 1,7 g einfach ungesättigte Fettsäuren); Kohlenhydrate: 7 g; Eiweiß: 1 g; Ballaststoffe: 2 g; Natrium: 195 mg

Karottengemüse mit Kreuzkümmel

PORTIONEN: 4
ZUBEREITUNGSZEIT: 10 Minuten
GARZEIT: 5 Minuten

½ TL Kreuzkümmelsamen

2 EL natives Olivenöl extra

1 TL fein gehackter frischer Ingwer

280 g Karotten, geschält, in 5 mm dicken Scheiben

½ TL Meersalz

2 EL Wasser

1 TL frisch gepresster Zitronensaft

1 TL Ahornsirup

frisch gehackte Petersilie, zum Garnieren

Durch das Rösten werden im Kreuzkümmel aromatische ätherische Öle freigesetzt, die nicht nur köstlich schmecken, sondern auch gut für die Gesundheit sind. Wenn die Samen in der Pfanne zu springen beginnen, sind sie fertig.

Die Kreuzkümmelsamen in einer beschichteten Pfanne ohne Fettzugabe bei mittlerer Hitze rösten, bis sie zu duften und zu springen beginnen. Dabei häufig an der Pfanne rütteln. Sofort Olivenöl und Ingwer zufügen und 1 Minute garen. Karotten und Salz untermischen. Die Hitze auf niedrige bis mittlere Stufe reduzieren. Das Wasser zufügen und den Deckel aufsetzen. Etwa 2 Minuten dünsten, bis die Karotten knackig gar sind. Zitronensaft und Ahornsirup unterrühren. Mit Petersilie garnieren und sofort servieren.

AUFBEWAHRUNG: In einem luftdichten Behälter bis zu 3 Tage im Kühlschrank.

NÄHRWERTE PRO PORTION: Kalorien: 85; Fett: 7,2 g (1 g gesättigte, 5,1 g einfach ungesättigte Fettsäuren); Kohlenhydrate: 6 g; Eiweiß: 0 g; Ballaststoffe: 1 g; Natrium: 180 mg

Warmer Krautsalat

Als ich ein Kind war, war Krautsalat eine öde Angelegenheit: kalter Kohl ertränkt in Mayo mit ein paar Karottenstreifen für etwas Farbe. Mittlerweile wurden Krautsalate generalüberholt und es gibt Tausende von Varianten. Die Zubereitung hier ist warm, süß und passt wunderbar zu Lachs, Hühnchen, Tofu oder auch Tempeh. Zwiebeln, Kohl und Karotten werden durch das kurze Anbraten mit Reisessig, Tamari und Ingwer bekömmlicher und die Aromen intensiviert.

PORTIONEN: 4

ZUBEREITUNGSZEIT: 10 Minuten

GARZEIT: 10 Minuten

2 EL Reisessig

2 EL Tamari (japanische Sojasauce)

1 TL Ahornsirup

1 EL frisch geriebener Ingwer

1 EL helles Sesamöl

120 g rote Zwiebeln, in feinen Streifen

Meersalz

200 g Chinakohl, in feinen Streifen

100 g Rotkohl, gehobelt

130 g Karotten, geschält, geraspelt

4 EL frische Korianderblätter

Essig, Tamari, Ahornsirup und Ingwer in einer Schüssel verrühren.

Das Sesamöl in einer großen Pfanne erhitzen. Die Zwiebeln mit einer Prise Salz darin bei mittlerer Hitze etwa 3 Minuten glasig andünsten. China- und Rotkohl, Karotten und eine Prise Salz zufügen und etwa 2 Minuten braten, bis der Kohl leicht zusammengefallen ist. Die Essigmischung zufügen und unter Rühren garen, bis die Flüssigkeit auf die Hälfte eingekocht ist. In eine Schüssel geben und den Koriander unterheben.

VARIANTE: Für eine Portion Protein heben Sie 2 Handvoll gegartes Hähnchenfleisch in Stücken, Tofu oder Tempeh mit der Essigmischung unter den Kohl. So wird eine vollwertige Mahlzeit daraus.

HINWEIS: Um den Kohl in feine Streifen geschnitten zu bekommen, legen Sie ihn auf ein Schneidebrett und halbieren ihn mit einem scharfen Kochmesser. Schneiden Sie die Hälften noch mal durch und lösen Sie den harten Strunk heraus. Rotkohl können Sie entweder von Hand mit einem Messer oder mit einem Hobel schneiden; Chinakohl wird besser von Hand geschnitten.

AUFBEWAHRUNG: In einem luftdichten Behälter im Kühlschrank bis zu 5 Tage.

NÄHRWERTE PRO PORTION: Kalorien: 85; Fett: 3,7 g (0,5 g gesättigte, 1,5 g einfach ungesättigte Fettsäuren); Kohlenhydrate: 11 g; Eiweiß: 2 g; Ballaststoffe: 2 g; Natrium: 610 mg

KAPITEL 4

Proteinreiche Mahlzeiten

Proteine sind die »unglaublichen Hulks« unter den Nährstoffen und unabdingbar für alle körpereigenen Reparaturprozesse. Besonders wichtig sind sie für Menschen in Behandlung: Chemo- und andere Krebstherapien zerstören auch gesunde Zellen und intaktes Gewebe, weshalb der Körper 50 bis 70 Prozent mehr Protein braucht, um wieder ins Gleichgewicht zu finden. Glücklicherweise kann Protein leicht über die Nahrung zugeführt werden: Eier, Fisch, Geflügel, Hülsen- und Meeresfrüchte liefern eine Menge davon und spielen die Hauptrollen in diesem Kapitel.

Huhn und Ei gelten als »komplette« Proteinlieferanten, da sie alle neun essenziellen Aminosäuren, die Bausteine der Proteine, in ausreichenden Mengen enthalten. Sie sind wie Superbenzin für Ihr Auto. Pflanzliche Proteinquellen – Hülsenfrüchte, Nüsse und Saaten – liefern essenzielle Aminosäuren in anderen Mengen und Kombinationen. Damit sie zu Proteinen zusammengesetzt werden können, müssen sie kombiniert werden (essen Sie beispielsweise mittags ein paar Nüsse und abends Kichererbsenbratlinge). Protein aus Fisch, insbesondere aus Kabeljau, erhöht beim Menschen die Insulinsensibilität. Das ist hilfreich für Patienten, die eine Chemotherapie und/oder eine Steroidtherapie erhalten, die den Blutzuckerspiegel erhöhen und die Insulinresistenz fördern können.

Da die leckeren Mahlzeiten in diesem Kapitel sehr proteinreich sind, müssen Sie gar nicht viel davon essen, um sich mit essenziellen Aminosäuren zu versorgen. 120 Gramm Fisch oder Geflügel liefern 29 bis 39 Gramm Protein, fast die Hälfte des täglichen Bedarfs einer 60 Kilogramm schweren, gesunden Frau. Hähnchen und Fisch werden in den meisten meiner Rezepte mariniert bzw. sanft gegart. So intensiviert sich ihr Aroma und gleichzeitig werden die Proteine aufgespalten, was sie leichter verdaulich macht. Durch das Marinieren wird das Fleisch außerdem saftiger, angenehm für Patienten mit trockenem Mund oder Schluckbeschwerden.

Wichtig ist, dass Sie nur hochwertige Proteine aus Wildfisch sowie Bioeiern und -geflügel zu sich nehmen. Ich weiß, dass diese Produkte oft teurer sind, aber ihr Nährstoffprofil ist viel besser als das von konventionell angebauten Produkten. Hähnchenfleisch aus industrieller Mast ist zudem oft mit Antibiotika belastet, Rindfleisch mit Hormonen »verseucht« und das ist das Letzte, was Sie brauchen.

Einfache Eier im Förmchen

PORTIONEN: 4

ZUBEREITUNGSZEIT: 10 Minuten

GARZEIT: 20 Minuten

1 EL natives Olivenöl extra

1 mittelgroße rote Zwiebel, fein gewürfelt

1 TL fein gehackter Knoblauch

280 g Babyspinat

Meersalz

1 Prise frisch geriebene Muskatnuss

4 EL zerkrümelter Feta (optional)

4 Eier

1 Prise frisch gemahlener Pfeffer

Ob roh, gekocht, pochiert oder gebraten – Eier werden seit Menschengedenken gegessen. In diesem Rezept backt man sie über etwas Spinat mit Feta und Muskatnuss im Ofen. Das sieht nicht nur appetitlich aus, sondern schmeckt auch wunderbar. Damit werden selbst die zurückhaltendsten Esser an den Tisch gelockt. Um den Lecker-Faktor noch zu erhöhen, können Sie die Eier mit Basilikum-Zitronen-Sauce (siehe Seite 187) beträufeln.

Den Backofen auf 190 °C vorheizen.

Das Olivenöl in einer Pfanne erhitzen. Die Zwiebel darin bei mittlerer Hitze etwa 3 Minuten glasig andünsten. Den Knoblauch zufügen und 30 Sekunden mitgaren. Den Spinat mit einer Prise Salz in die Pfanne geben und etwa 30 Sekunden unter Rühren zusammenfallen lassen. Die Pfanne vom Herd nehmen und die Muskatnuss untermischen.

Vier Ramequinförmchen mit Olivenöl einfetten und den Spinat gleichmäßig darin verteilen. Falls verwendet, mit je 1 Esslöffel Feta bestreuen. Die Eier aufschlagen und in die Förmchen geben. Mit Pfeffer und je einer Prise Salz würzen.

Im vorgeheizten Ofen 12 bis 14 Minuten backen, bis das Eiweiß gestockt ist.

Die Eier 3 Minuten abkühlen lassen. Dann mit einem Messer am Rand der Förmchen entlangfahren, um die Eier zu lösen. Aus den Förmchen heben und auf Servierteller setzen. Sofort servieren.

HINWEIS: Damit der Spinat nicht zu wässrig wird, sollte er nach dem Waschen sorgfältig abtropfen. Er gibt beim Garen genug Flüssigkeit ab, weshalb keine Wasserzugabe notwendig ist. Besonders gründlich lässt sich Spinat in einer Salatschleuder trocknen.

AUFBEWAHRUNG: In einem luftdichten Behälter bis zu 2 Tage im Kühlschrank.

NÄHRWERTE PRO PORTION: Kalorien: 120; Fett: 8,5 g (2,1 g gesättigte, 4,4 g einfach ungesättigte Fettsäuren); Kohlenhydrate: 5 g; Eiweiß: 7 g; Ballaststoffe: 1 g; Natrium: 185 mg

Einfaches Rührei mit Grünkohl

Sie kennen das: Es ist schon spät, Sie hatten einen langen Tag und sind hungrig, haben aber überhaupt keine Lust, noch lang in der Küche zu stehen. Was geht schnell, einfach, schmeckt lecker und ist gesund? Rührei! Eier sind eine tolle Grundlage für alle möglichen Zutaten. Hier nehme ich Grünkohl, aber gehackte Kräuter oder Blattgemüse wie Mangold, Spinat oder Rucola funktionieren genauso gut. Das Wichtige dabei ist: die Eier langsam bei niedriger Hitze stocken zu lassen. So gelingen sie perfekt! (Viel Spaß mit Ihrem Gummirührei, wenn Sie diesen Tipp ignorieren.) Ich erhitze zuerst die Pfanne, gebe etwas Öl oder Butter hinein, verringere die Hitze dann und fülle die Eier ein. Auf diese Weise wird das Rührei herrlich cremig weich.

PORTIONEN: 2

ZUBEREITUNGSZEIT: 10 Minuten

GARZEIT: 5 Minuten

4 Eier

¼ TL Meersalz

1 TL Kurkumapulver (optional)

¼ TL frisch gemahlener Pfeffer

1 EL Wasser

2 TL Olivenöl

150 g Grünkohlblätter, gehackt

Die Eier in eine mittlere Schüssel schlagen. Salz, Kurkuma, Pfeffer und Wasser zufügen und mit einem Schneebesen oder einer Gabel verquirlen, bis die Masse schaumig ist.

Eine Pfanne (24 Zentimeter Durchmesser) bei mittlerer Hitze auf den Herd setzen. Dann das Olivenöl zugeben. Wenn das Olivenöl zu glänzen beginnt, die Hitze auf niedrige Stufe reduzieren. Die Eiermasse hineingeben und unter häufigem Rühren mit einem Holzlöffel 1 bis 2 Minuten rühren. Wenn die Masse zu stocken beginnt, den Grünkohl zufügen und weiterrühren, bis das Ei fest, aber noch nicht trocken ist. Sofort servieren.

HINWEIS: Wenn Sie das Rührei in der Pfanne servieren wollen, sollten Sie berücksichtigen, dass das Rührei in der heißen Pfanne weitergart. Nehmen Sie sie also schon 30 Sekunden vorher vom Herd.

AUFBEWAHRUNG: –

NÄHRWERTE PRO PORTION: Kalorien: 132; Fett: 10 g (2,25 g gesättigte, 5,2 g einfach ungesättigte Fettsäuren); Kohlenhydrate: 5,25 g; Eiweiß: 8,2 g; Ballaststoffe: 0,1 g; Natrium: 300 mg)

Nanas Eiersalat

PORTIONEN: 2

ZUBEREITUNGSZEIT: 5 Minuten

GARZEIT: –

2 Eier, hart gekocht

1 TL (vegane) Mayonnaise

¼ TL Dijonsenf

$^1/_8$ TL Meersalz

$^1/_8$ TL Paprikapulver

1 Prise Cayennepfeffer

¼ TL frisch gepresster Zitronensaft

Krebspatienten in Behandlung wollen oft nur das essen, was sie kennen, und da kommt der gute alte Eiersalat ins Spiel. Ich habe meinen Salat so konzipiert, dass das tolle Protein leicht verwertbar ist. Anstelle eines klassischen stückigen Salats habe ich mich für eine leichtere, cremigere Textur entschieden, die wunderbar zu Crackern, in einem Fladenbrot, einem Wrap oder Salatblatt schmeckt. Mit einer Prise Cayennepfeffer und etwas Zitrone kann die ganze Angelegenheit noch aufgepeppt werden. Nana würde es gefallen.

Die Eier schälen und im Blitzhacker fein zerkleinern. Alternativ in eine Schüssel geben und mit einer Gabel grob zerdrücken. Mayonnaise, Senf, Salz, Paprikapulver, Cayennepfeffer und Zitronensaft zugeben und einarbeiten. Eventuell mit weiterem Salz und Zitronensaft abschmecken. Sofort servieren.

HINWEISE: Frisches Basilikum ist eine wunderbare Ergänzung; mischen Sie etwa 1 Esslöffel davon fein gehackt unter.

Von meiner Mutter habe ich gelernt, wie man Eier perfekt hart kocht. Meine Mutter wiederum hat es von der Heldin meiner Kindheit, der amerikanischen Kochbuchautorin und (Fernseh-)Köchin Julia Child, gelernt: Die Eier in einen eher hohen als breiten Topf mit 1 Liter kaltem Wasser geben. Den Deckel aufsetzen und das Wasser zum Kochen bringen, dann den Topf sofort vom Herd nehmen. Wenn das Wasser nach etwa 15 Minuten so weit abgekühlt ist, dass man die Finger hineintauchen kann, sind die Eier perfekt gegart.

AUFBEWAHRUNG: In einem luftdichten Behälter bis zu 3 Tage im Kühlschrank.

NÄHRWERTE PRO PORTION: Kalorien: 80; Fett: 5,5 g (1,6 g gesättigte, 2 g einfach ungesättigte Fettsäuren); Kohlenhydrate: 1 g; Eiweiß: 6 g; Ballaststoffe: 0 g; Natrium: 240 mg

Pochierte Eier mit Basilikum-Zitronen-Sauce

Eine kleine Geschichte über pochierte Eier: Ira Gershwin, der Bruder des Komponisten George Gershwin, sagte einmal, dass seine berufliche Laufbahn als Liedtexter erst enden konnte, als er seine geliebten pochierten Eier in einem Lied verewigt hatte: »I'm a poached egg, without a piece of toast; Yorkshire pudding, without a beef to roast …« (aus dem Film »Kiss me Stupid« von 1964). Ich vermute, dass es vielen wie Ira geht: Manchmal ist das einfachste Gericht auch das beste. In diesem Fall habe ich den Lecker-Faktor noch durch eine Basilikum-Zitronen-Sauce erhöht, deren Aromen sich im ganzen Gaumen ausbreiten … Hmmm.

PORTIONEN: 4

ZUBEREITUNGSZEIT: 2 Minuten

GARZEIT: 5 Minuten

1 EL Essig

4 Eier

Meersalz

Basilikum-Zitronen-Sauce (siehe Seite 187), zum Servieren

Wasser etwa 15 Zentimeter hoch in einen großen Topf füllen und bei mittlerer Hitze bis knapp unter den Siedepunkt erhitzen. Dann den Essig einrühren. Die Eier einzeln in Tassen aufschlagen. Einen kleinen Strudel im Wasser erzeugen und die Eier vorsichtig hineingleiten lassen. Die Wassertemperatur konstant knapp unter dem Siedepunkt halten. Etwa 3 Minuten pochieren, bis das Eiweiß fest, das Eigelb aber noch weich ist. Mit einem Schaumlöffel herausnehmen und auf Küchenpapier abtropfen lassen.

Mit einer Prise Meersalz bestreuen und mit je 2 Teelöffeln Basilikum-Zitronen-Sauce beträufeln. Sofort servieren.

HINWEISE: Sie mögen das Eigelb fester? Dann pochieren Sie die Eier 30 bis 60 Sekunden länger.

Mit diesen pochierten Eiern können Sie auch Eier Benedict zubereiten. Es lohnt sich. Dafür 4 Scheiben Vollkorntoast auf ein Schneidebrett legen und mit einer Tasse oder Ähnlichem 4 große Kreise ausstechen. Die Kreise toasten, mit etwas Olivenöl beträufeln und leicht mit Meersalz bestreuen. Je ein pochiertes Ei daraufsetzen und mit je 2 Teelöffeln Basilikum-Zitronen-Sauce beträufeln.

AUFBEWAHRUNG: –

NÄHRWERTE PRO PORTION: Kalorien: 70; Fett: 5 g (1,6 g gesättigte, 1,9 g einfach ungesättigte Fettsäuren); Kohlenhydrate: 0 g; Eiweiß: 6 g; Ballaststoffe: 0 g; Natrium: 145 mg

Hähnchensalat mit Curry

PORTIONEN: 6
ZUBEREITUNGSZEIT: 15 Minuten
GARZEIT: –

750 g gegartes Hähnchenfleisch

1 Apfel, klein gewürfelt

25 g Rosinen

25 g Frühlingszwiebeln (nur der grüne Teil), gehackt

2 Stangen Bleichsellerie, klein gewürfelt

120 g griechischer Naturjoghurt

4 EL Mayonnaise

1 EL frisch gepresster Limettensaft

1 EL Currypulver

½ TL gemahlener Ingwer

½ TL Meersalz

6 Blätter Kopfsalat, gewaschen und getrocknet

4 EL geröstete Mandelstifte, zum Garnieren

4 EL frisch gehackter Koriander, zum Garnieren (optional)

Zu diesem Salat habe ich mich von den großartigen Bollywoodfilmen inspirieren lassen, die immer ein Feuerwerk aus Gesang, Tanz und Romanze sind. Ich liebe indisches Essen, es war meine erste Begegnung überhaupt mit Curry. Erst viel später habe ich erfahren, dass Kurkuma, der Hauptbestandteil jeden Currypulvers, für die gelbe Farbe verantwortlich ist und tolle krebsbekämpfende, entzündungshemmende Eigenschaften hat. Aber natürlich mag ich auch seinen Geschmack. Bei diesem Rezept habe ich mit ein paar indischen Aromen experimentiert. Hähnchenfleisch ist eine gute Basis dafür, weil es sich mit vielen weiteren Zutaten kombinieren lässt – hier sind es Apfel, Rosinen und Curry.

Das Hähnchenfleisch in 1 Zentimeter große Würfel schneiden und in eine Schüssel geben. Mit Apfel, Rosinen, Frühlingszwiebeln und Sellerie vermengen. Joghurt, Mayonnaise, Limettensaft, Currypulver, Ingwer und Salz in einer Schale verrühren und unter die Hähnchenfleischmischung heben. Die Mischung auf die Salatblätter setzen und mit Mandeln und Koriander garnieren.

VARIANTE: Ein Pitabrot-Sandwich mit diesem Salat ist eine tolle Möglichkeit, sich mit wichtigen Nährstoffen zu versorgen und den Bauch zu füllen, wenn man unterwegs ist oder Besorgungen macht. Dafür das Pitabrot tief einschneiden und mit klein geschnittenen Salatblättern füllen. Dann 80 Gramm Hähnchensalat hineingeben.

HINWEIS: Für den Salat können Sie fertig gebratenes Hähnchenfleisch in der Metzgerei oder einem Imbiss kaufen oder, besser noch, Sie verwerten die Reste des Brathähnchens mit Orange und Ingwer (siehe Seite 121).

AUFBEWAHRUNG: In einem dicht schließenden Behälter bis zu 3 Tage im Kühlschrank.

NÄHRWERTE PRO PORTION: Kalorien: 300; Fett: 11,3 g (3,1 g gesättigte, 3,8 g einfach ungesättigte Fettsäuren); Kohlenhydrate: 15 g; Eiweiß: 34 g; Ballaststoffe: 2 g; Natrium: 375 mg

Rührgebratenes Hähnchen mit Brokkoli und Cashews

PORTIONEN: 6

ZUBEREITUNGSZEIT: 25 Minuten

GARZEIT: 10 Minuten

Saft von 1 Limette

½ TL Meersalz

4 Hähnchenkeulen, entbeint und in mundgerechten Stücken

2 TL Kudzupulver

4 EL kaltes Wasser

2 EL Sesam- oder Traubenkernöl

250 g Brokkoli, in kleinen Röschen

60 g Cashewkerne, geröstet

SAUCE

4 EL Tamari (japanische Sojasauce)

2 EL Wasser

1 EL Ahornsirup

2 EL frisch gepresster Limettensaft

1 EL Reisessig

2 TL fein gehackter Knoblauch

2 TL frisch geriebener Ingwer

1 Prise Cayennepfeffer

Bei gebratenem Hähnchen mit Brokkoli denkt man sofort an chinesisches Fastfood. Aber das Rezept hier ist eine gesündere, schmackhaftere Version des Standardrezepts. Das dunklere Fleisch von Biohähnchen hat einen höheren Fettanteil und macht das Gericht aromatisch und saftig. Deshalb haben auch Menschen mit Speiseröhren- und Mundproblemen keine Schwierigkeiten, es zu kauen und zu schlucken. Die Sauce wird mit Kudzu angedickt, einer Wurzelknolle mit phänomenalen antikarzinogenen Eigenschaften und viel besser als Speisestärke, mit der die meisten Take-away-Gerichte sonst gebunden werden. Die Sauce besteht aus Tamari, Limettensaft, Ingwer und Ahornsirup und ist so lecker, dass Sie die Telefonnummer des China-Imbisses getrost wegwerfen können.

Limettensaft und Salz in einer Schüssel verrühren. Das Hähnchenfleisch darin wenden und 20 Minuten im Kühlschrank marinieren.

Das Kudzupulver mit 2 Esslöffeln kaltem Wasser in einer Schale klümpchenfrei verrühren. Für die Sauce alle Zutaten in einer kleinen Schüssel verrühren. Das Hähnchenfleisch mit Küchenpapier trocken tupfen.

Einen Wok oder eine große, schwere Pfanne auf den Herd setzen und 2 Minuten stark erhitzen. Das Öl hineingeben und durch Schwenken darin verteilen. Das Hähnchenfleisch hinzufügen und 2 Minuten unter Rühren anbraten. Den Brokkoli zugeben und etwa 2 Minuten unter Rühren mitbraten. Das Kudzupulver hinzufügen und rühren. Die Sauce zugießen und unter Rühren weitere 30 Sekunden garen und eindicken lassen.

Mit Cashewkernen garnieren und sofort servieren.

HINWEIS: Für eine vegetarische Variante ersetzen Sie das Hähnchenfleisch durch Tofu oder Tempeh.

AUFBEWAHRUNG: In einem dicht schließenden Behälter bis zu 4 Tage im Kühlschrank.

NÄHRWERTE PRO PORTION: Kalorien: 250; Fett: 12,8 g (2,3 g gesättigte, 6 g einfach ungesättigte Fettsäuren); Kohlenhydrate: 20 g; Eiweiß: 13 g; Ballaststoffe: 1 g; Natrium: 415 mg

Herrliches Hähnchen mit Reis

Dieses Gericht war schon immer mein Wohlfühlessen. Ich bereite es aus Resten des Brathähnchens vom Wochenende zu. Einmal stand währenddessen eine Freundin bei mir in der Küche und löcherte mich mit Fragen wie »Wie viel gehackte Schalotten nimmst du?«, »War das eine halbe Tasse Oliven?« usw. Ich war so mit Kochen beschäftigt, dass ich nicht bemerkte, dass sie sich meine Antworten notierte. Sie begann, das Rezept für Freunde zuzubereiten, und gab es weiter. Aber das ist okay. Es schmeckt ja wirklich lecker und ich hoffe, Sie mögen es genauso gern wie ich.

PORTIONEN: 4

ZUBEREITUNGSZEIT: 15 Minuten

GARZEIT: 30 Minuten

560 ml Magische Hühnerbrühe (siehe Seite 62) oder Biobrühe (Glas)

¼ TL fein gehackte Safranfäden

1 EL natives Olivenöl extra

2 EL fein gehackte Zwiebel

Meersalz

1 EL fein gehackte Schalotte

200 g Jasminreis, abgespült

2 Handvoll Brathähnchen, in mundgerechten Stücken

3 EL gehackte Oliven

1–2 EL gehackte Kirschpaprika

1 Spritzer Zitronensaft

25 g glatte Petersilie, frisch gehackt, zum Garnieren

Die Brühe in einem großen Topf zum Kochen bringen. (Falls sie eingefroren war, noch einen Spritzer Zitronensaft zugeben.) In eine hitzebeständige Schüssel füllen, den Safran zufügen und ziehen lassen. Nun das Olivenöl erhitzen. Die Zwiebel darin mit einer Prise Salz bei mittlerer bis starker Hitze etwa 2 Minuten andünsten. Schalotte und ¼ Teelöffel Salz zufügen und etwa 1 Minute mitgaren. Den Reis etwa 1 Minute unterrühren, bis er glasig ist.

Die Brühe mit ¼ Teelöffel Salz zugießen und kurz umrühren. Zum Kochen bringen, dann die Hitze reduzieren und den Reis bei aufgesetztem Deckel 12 Minuten köcheln lassen.

Hähnchenfleisch, Oliven, Paprika und Zitronensaft untermischen. Den Deckel aufsetzen, den Topf vom Herd nehmen und 12 Minuten stehen lassen. Den Reis mit einer Gabel auflockern und mit Petersilie garnieren.

VARIANTE: Für eine fleischlose Version lassen Sie das Hähnchenfleisch weg und ersetzen die Hühnerbrühe durch Magische Gemüsebrühe (siehe Seite 61).

HINWEISE: Um Zeit zu sparen, können Sie auch Brathähnchen in einem Imbiss kaufen.

Am liebsten verwende ich für das Gericht Oliven einer italienischen Sorte namens Cerignola. Sie sind buttriger als viele andere Sorten. Alternativ können Sie Kalamata-Oliven hernehmen.

AUFBEWAHRUNG: In einem dicht schließenden Behälter bis zu 5 Tage im Kühlschrank.

NÄHRWERTE PRO PORTION: Kalorien: 225; Fett: 6,2 g (1,2 g gesättigte, 3,7 g einfach ungesättigte Fettsäuren); Kohlenhydrate: 26 g; Eiweiß: 16 g; Ballaststoffe: 2 g; Natrium: 320 mg

Brathähnchen mit Orange und Ingwer

Brathähnchen kommt bei vielen Leuten häufig auf den Tisch, schmeckt aber oft fad und ist total trocken. Doch keine Angst! Hier sorgen der Rub aus Ingwer, Orangenschale und Zimt sowie der Orangensaft dafür, dass das Fleisch herrlich aromatisch und saftig wird. Servieren Sie den Braten mit Marokkanischem Pesto (siehe Seite 198) oder geben Sie einen Klecks Aprikosen-Birnen-Chutney (siehe Seite 184) drauf.

PORTIONEN: 6

ZUBEREITUNGSZEIT: 20 Minuten

GARZEIT: 1 Stunde

2–2,5 kg Brathähnchen

1 TL Paprikapulver

¼ TL gemahlener Koriander

¼ TL Zimtpulver

1½ TL Meersalz

Saft und fein abgeriebene Schale von 1 Orange

1 TL frisch geriebener Ingwer + fingergroßes Stück ungeschälter Ingwer, längs halbiert

3 Knoblauchzehen

2 Zimtstangen

Den Backofen auf 200 °C vorheizen.

Das Hähnchen mit Küchenpapier trocken tupfen. Paprikapulver, Koriander und Zimtpulver in einer Schale mischen. Die Hälfte der Mischung in eine zweite Schale geben und 1 Teelöffel Salz dazugeben. Das Hähnchen außen mit der salzigen Mischung einreiben. Mit dem restlichen Salz das Hähnchen innen würzen.

An der Halsöffnung drei Finger unter die Haut schieben und diese vorsichtig vom Fleisch lösen. Die ungesalzene Gewürzmischung, etwas Orangenschale und den geriebenen Ingwer unter die Haut schieben und leicht in das Brustfleisch massieren. Knoblauchzehen, Zimtstangen, Ingwerstifte und die Reste der Orangenschale mit der Hälfte des Orangensafts in den Bauchraum geben.

Das Hähnchen mit der Brustseite nach oben in eine Bratform setzen. Ein Fleischthermometer in die Brust stechen und im vorgeheizten Ofen etwa 1 Stunde braten, bis das Thermometer 71 °C anzeigt und der Saft klar ist, wenn man das Fleisch an der dicksten Stelle einsticht.

Das Hähnchen aus dem Ofen nehmen und vor dem Tranchieren mindestens 10 Minuten ruhen lassen. Direkt vor dem Servieren mit dem restlichen Orangensaft übergießen.

HINWEIS: Noch Fleisch übrig? Prima, Sie können es für alle Rezepte mit gegartem oder zerkleinertem Hähnchenfleisch verwenden, etwa für Hähnchensalat mit Curry (siehe Seite 116), Herrliches Hähnchen mit Reis (siehe Seite 119), Griechische Hühnersuppe mit Zitrone (siehe Seite 65) oder die Thai-Hühnersuppe (siehe Seite 70).

AUFBEWAHRUNG: In einem dicht schließenden Behälter bis zu 5 Tage im Kühlschrank.

NÄHRWERTE PRO PORTION: Kalorien: 215; Fett: 5,1 g (1,3 g gesättigte, 1,5 g einfach ungesättigte Fettsäuren); Kohlenhydrate: 4 g; Eiweiß: 35 g; Ballaststoffe: 1 g; Natrium: 715 mg

Das Lieblingshähnchen meiner Familie

PORTIONEN: 4

ZUBEREITUNGSZEIT: 20 Minuten (plus 30 Minuten fürs Marinieren)

GARZEIT: 15 Minuten

---

4 Hähnchenbrustfilets

2 EL frisch gepresster Zitronensaft

1 EL natives Olivenöl extra

¼ TL Meersalz

¼ TL rote Chiliflocken

3 Knoblauchzehen, fein gehackt

1 EL fein abgeriebene Zitronenschale

1 EL frisch gehackter oder ¼ TL getrockneter Thymian

4 EL frisch gehackte Petersilie, zum Garnieren

Petersilien-Basilikum-Öl (siehe Seite 199), zum Garnieren (optional)

Meine Oma Doris war einfach großartig. Sie hatte Klasse … und eine Küchenallergie. Wann immer mein Bruder Jeff und ich bei ihr zu Besuch waren, ging sie schick mit uns essen. Besonders mochte sie ein französisches Restaurant, wo sie immer Hähnchenpaillard mit einem Püree aus Kartoffeln bestellte. Es hörte sich so ungewöhnlich und elegant an, dass Jeff und ich es auch immer essen wollten. Erst viele Jahre später an der Kochschule habe ich gelernt, dass sich nichts anderes als Hähnchenschnitzel mit Kartoffelbrei hinter dem schicken Namen verbirgt. Dafür muss man die Franzosen lieben! Nach wie vor ist es mein Lieblingshähnchengericht, es eignet sich auch prima für Menschen mit Schwierigkeiten beim Essen. Durch das Plattieren gart das Hähnchenfleisch sehr schnell und ist leicht zu kauen.

Die Hähnchenfilets zwischen mehrere Lagen Wachspapier legen und mit einem Fleischklopfer gleichmäßig etwa 6 Millimeter dick plattieren.

Zitronensaft, Olivenöl, Salz, Chiliflocken, Knoblauch, Zitronenschale und Thymian in einer flachen Form verrühren. Die Hähnchenschnitzel darin wenden und 30 Minuten im Kühlschrank marinieren.

Eine Grill- oder Bratpfanne stark erhitzen. Die Hähnchenschnitzel aus der Marinade nehmen und mit Küchenpapier trocken tupfen. In der heißen Pfanne 1 bis 2 Minuten von jeder Seite gar braten. Mit Petersilie bestreuen und mit Petersilien-Basilikum-Öl beträufeln.

HINWEIS: Wie Schneeflocken sind auch Fleischstücke immer ganz unterschiedlich. Manche sind dicker und müssen daher etwas länger flach geklopft werden. Hauen Sie aber trotzdem nicht wie wild auf dem Fleisch herum, da es sonst reißen kann bzw. matschig wird. Fragen Sie am besten Ihren Metzger, ob er die Fleischstücke gleich für Sie plattieren kann.

AUFBEWAHRUNG: In einem dicht schließenden Behälter bis zu 2 Tage im Kühlschrank.

NÄHRWERTE PRO PORTION: Kalorien: 170; Fett: 5 g (0,9 g gesättigte, 2,9 g einfach ungesättigte Fettsäuren); Kohlenhydrate: 2 g; Eiweiß: 28 g; Ballaststoffe: 0 g; Natrium: 225 mg

Toskanischer Farro-Bohnen-Salat

Hier ist ein tolles Beispiel dafür, was ich »kulinarische Baukunst« nenne. In diesem Fall ist es ein Gericht aus dem Nahen Osten: Taboulé, dieser wunderbare Salat mit fantastisch frischem Geschmack, der unglaublich einfach zubereitet wird (man kann nix falsch machen). Konstruiert ist Taboulé aus Getreide, Zitronensaft, Petersilie und Minze. Dazu kommt noch etwas Zierwerk, das Form und Funktion der Konstruktion betont. Die Bohnen stellen Proteine zur Verfügung, Paprika sorgt für einen gefälligen Crunch und eine Reihe von Antioxidantien, Oliven verhelfen zu einem gesunden, herzhaft-salzigen Aroma. Wie bei jedem schönen Bauwerk ist es die Mischung aus Schlichtheit und geschmackvoller Eleganz, die diesen Salat so besonders macht.

PORTIONEN: 6
ZUBEREITUNGSZEIT: 15 Minuten
GARZEIT: –

- 240 g gegarte Cannellini-Bohnen
- 360 g Einfacher toskanischer Farro (siehe Seite 159)
- 40 g roter Paprika, klein gewürfelt
- 3 EL entsteinte Kalamata-Oliven in Ringen
- 50 g frische glatte Petersilie, fein gehackt
- 50 g frische Minze, fein gehackt
- fein abgeriebene Schale von 1 Zitrone
- 4 EL frisch gepresster Zitronensaft
- 4 EL natives Olivenöl extra
- ½ TL Meersalz
- 60 g Feta, zerkrümelt (optional)

Bohnen, Farro, Paprika, Oliven, Petersilie, Minze, Zitronenschale, Zitronensaft, Olivenöl und Salz in einer großen Schüssel sorgfältig vermengen und 1 Stunde im Kühlschrank ziehen lassen. Vor dem Servieren eventuell mit einer Prise Salz oder einem Spritzer Zitronensaft abschmecken. Falls gewünscht, mit dem Feta bestreuen.

HINWEISE: Dieses vegetarische Gericht ist nicht nur eine perfekte Proteinquelle, sondern versorgt Sie auch mit vielen Ballaststoffen und ist zudem fettarm. Daher ist es besonders geeignet für Brust- und Prostatakrebspatienten.

Bei den Bohnen können Sie auch Dosenware verwenden. Dafür die Bohnen abspülen und abtropfen lassen. Mit einem Spritzer Zitronensaft und einer Prise Meersalz vermengen.

AUFBEWAHRUNG: In einem dicht schließenden Behälter bis zu 5 Tage im Kühlschrank.

NÄHRWERTE PRO PORTION: Kalorien: 255; Fett: 11,1 g (1,6 g gesättigte, 7,9 g einfach ungesättigte Fettsäuren); Kohlenhydrate: 32 g; Eiweiß: 8 g; Ballaststoffe: 6 g; Natrium: 580 mg

Orientalische Kichererbsenbratlinge

ERGIBT: 17 Bratlinge

ZUBEREITUNGSZEIT: 15 Minuten

GARZEIT: 25 Minuten

- 400 g gegarte getrocknete Kichererbsen oder aus der Dose, abgespült und abgetropft, gemischt mit 1 Spritzer Zitronensaft und 1 Prise Salz
- ½ TL Meersalz
- ½ TL Kurkumapulver
- ½ TL Paprikapulver
- ¼ TL gemahlener Kreuzkümmel
- ¼ TL gemahlener Koriander
- ⅛ TL Zimtpulver
- 2 TL fein gehackter Knoblauch
- 1 TL frisch geriebener Ingwer
- 1 Ei, verquirlt
- 3 EL natives Olivenöl extra
- 2 EL frisch gepresster Zitronensaft
- 450 g gegarter brauner Basmatireis
- 3 EL fein gewürfelter roter Paprika
- 4 EL frisch gehackte glatte Petersilie

Diese orientalischen Bratlinge sind den allseits bekannten Falafel zwar ähnlich, aber doch irgendwie anders als das vorgeformte Zeug, das in Imbissbuden in ungesundem Fett ausgebacken wird. Das ist zudem ein kulinarisches Verbrechen, denn Falafel sind eigentlich fettarm und sehr nährstoffreich. Das Geheimnis dieses Rezepts liegt im Basmatireis, der für die nötige Bindung der Kichererbsenmischung sorgt und eine gute Proteinquelle ist. Die Bratlinge stecken voller gesunder Nährstoffe, insbesondere zusammen mit einem Klecks Tomaten-Minze-Chutney (siehe Seite 185). Sie können in der Pfanne oder im Ofen zubereitet werden.

Den Backofen auf 190 °C vorheizen. Ein Backblech mit Backpapier belegen.

Die Kichererbsen mit Salz, Kurkuma, Paprikapulver, Kreuzkümmel, Koriander, Zimt, Knoblauch, Ingwer, Ei, Olivenöl und Zitronensaft im Mixer oder Blitzhacker fein zerkleinern. Die Masse in eine Schüssel füllen und Reis, Paprikawürfel und Petersilie untermengen.

Die Masse mit angefeuchteten Händen zu 1 Zentimeter dicken und 6,5 Zentimeter großen Bratlingen formen. Aufs Blech setzen und im vorgeheizten Ofen 22 bis 25 Minuten backen, bis die Bratlinge außen trocken und knusprig sind. Sie werden beim Abkühlen fester.

VARIANTEN: Für knusprigere Bratlinge 2 Teelöffel Olivenöl in einer Pfanne erhitzen und die Bratlinge darin portionsweise etwa 3 Minuten von jeder Seite goldbraun und knusprig braten.

Für eine vegane Variante das Ei durch 1 Esslöffel Tahini ersetzen.

HINWEIS: Wollen Sie nur ein paar Bratlinge zubereiten, garen Sie sie im Toasterofen (falls vorhanden). Die Bratlinge lassen sich roh oder gegart einfrieren. Stapeln Sie sie, jeweils durch ein Stück Backpapier getrennt, schlagen Sie sie in Frischhalte- und dann in Alufolie ein. Durch die Trennung mit Backpapier lassen sie sich einzeln entnehmen. Nach dem Auftauen gegarte Bratlinge 15 Minuten im 180 °C heißen Ofen aufwärmen; rohe Bratlinge 22 bis 25 Minuten bei 190 °C garen.

AUFBEWAHRUNG: In einem dicht schließenden Behälter bis zu 5 Tage im Kühlschrank und bis zu 2 Monate im Gefrierfach (siehe Hinweis).

NÄHRWERTE PRO PORTION: Kalorien: 100; Fett: 3,5 g (0,5 g gesättigte, 2 g einfach ungesättigte Fettsäuren); Kohlenhydrate: 15 g; Eiweiß: 3 g; Ballaststoffe: 3 g; Natrium: 223 mg

Lachssalat mit Zitrone und Senf

Lachs ist nicht gleich Lachs. Für dieses Rezept verwende ich wilden Rotlachs aus Alaska. Wildlachs enthält einen viel höheren Anteil an Omega-3-Fettsäuren als Fisch aus Aquakultur. Omega-3-Fettsäuren werden diverse krebsbekämpfende Eigenschaften zugeschrieben. Sie müssen jetzt aber nicht selber angeln gehen. Es gibt Wildlachs heutzutage schon in Dosen. Oder Sie bereiten den Salat mit Lachsresten vom Vortag zu. So oder so: Alles, was Sie für diesen Salat brauchen, sind ein paar wenige Zutaten, die schnell gemischt sind, und schon haben Sie eine sättigende Mahlzeit, die reich an Proteinen ist, lecker schmeckt und vielseitig verwendbar ist, ob in einem Brötchen, im Wrap oder im Salatschiffchen.

PORTIONEN: 2

ZUBEREITUNGSZEIT: 5 Minuten

GARZEIT: –

1 Dose Wildlachsfilet (200 g), abgetropft, oder Reste vom Pochierten Lachs mit marokkanischem Pesto (siehe Seite 128)

3 TL Dijonsenf

2 TL frisch gepresster Zitronensaft

2 TL natives Olivenöl extra

1 Prise Cayennepfeffer

1 Prise Meersalz

3 EL fein gehackter Bleichsellerie

2 EL fein gehackte glatte Petersilie

Den Lachs in eine Schüssel geben und mit einer Gabel in kleine Stücke brechen. Mit Senf, Zitronensaft, Olivenöl, Cayennepfeffer, Salz, Sellerie und Petersilie vermengen. Eventuell mit weiterem Zitronensaft und einer Prise Salz abschmecken.

VARIANTEN: Mischen Sie ein paar Kapern oder Radieschenscheiben unter den Salat.

Kombinieren Sie nur Lachs und Sellerie mit 2 Esslöffeln Basilikum-Zitronen-Sauce (siehe Seite 187) oder 1 Esslöffel Marokkanischem Pesto (siehe Seite 198). Beides sind tolle Dressings, die hervorragend zu Lachs passen.

AUFBEWAHRUNG: In einem dicht schließenden Behälter bis zu 2 Tage im Kühlschrank.

NÄHRWERTE PRO PORTION: Kalorien: 180; Fett: 8,5 g (0,7 g gesättigte, 3,4 g einfach ungesättigte Fettsäuren); Kohlenhydrate: 1 g; Eiweiß: 27 g; Ballaststoffe: 0 g; Natrium: 670 mg

Pochierter Lachs mit marokkanischem Pesto

PORTIONEN: 4

ZUBEREITUNGSZEIT: 10 Minuten

GARZEIT: 20 Minuten (plus 20 Minuten fürs Marinieren)

- Saft von 1 Zitrone
- ½ TL Meersalz
- 4 Lachsfilets à 120 g
- 1 l Magische Gemüsebrühe (siehe Seite 61)
- Marokkanisches Pesto (siehe Seite 198), zum Servieren

Ich brate oder grille Lachs sehr gern. Wer aber keine Brat- und Fettgerüche in der Küche haben will, sollte es mit Pochieren versuchen. Die meisten Leute denken bei Pochieren zunächst an Eier – das Prinzip ist ja auch das gleiche. Durch das kurze Eintauchen in siedende Flüssigkeit bleibt das Lachsfilet zart und saftig. Aber: Pochieren ist nicht gleich kochen! Denn langes Auslaugen in kochendem Wasser wäre bestens dafür geeignet, dem Fisch die Konsistenz eines Eishockeypucks zu verleihen. Hier wird in Gemüsebrühe pochiert, die den Lachs mit weiteren Nährstoffen und Geschmack versorgt. Marokkanisches Pesto ist ein elegantes Topping für den Fisch.

Zitronensaft und Salz in einer flachen Form verrühren. Die Lachsfilets darin wenden und 20 Minuten im Kühlschrank marinieren.

Die Brühe in einer großen, hohen Pfanne oder einem breiten, flachen Topf (die Filets sollten nebeneinander Platz finden) bei mittlerer Hitze zum Sieden bringen. Die Lachsfilets in die Brühe gleiten lassen und 7 bis 9 Minuten gar ziehen lassen. Zur Probe ein Fleischthermometer einstechen, die Kerntemperatur sollte 53 °C erreichen.

Die Lachsfilets mit einem Schaumlöffel herausnehmen, abtropfen lassen und sofort mit einem Klecks marokkanischem Pesto servieren.

VARIANTEN: Viele Saucen und Toppings passen zu pochiertem Lachs, wie Basilikum-Zitronen-Sauce (siehe Seite 187), Oliven-Kapern-Relish (siehe Seite 197) oder Petersilie-Basilikum-Öl (siehe Seite 199).

HINWEIS: Frischer Fisch sollte möglichst am Tag des Einkaufs zubereitet werden. Allerdings macht einem der Alltag manchmal einen Strich durch die Rechnung. Wenn Sie Fisch länger aufbewahren müssen, geben Sie ihn in einem wiederverschließbaren Plastikbeutel ins kälteste Fach im Kühlschrank (üblicherweise ganz unten). Hier sollte er sich zwei weitere Tage halten. Kleben Sie am besten einen Zettel auf die Kühlschranktür, um ihn nicht zu vergessen.

AUFBEWAHRUNG: In einem dicht schließenden Behälter bis zu 2 Tage im Kühlschrank.

NÄHRWERTE PRO PORTION: Kalorien: 245; Fett: 10,9 g (1,7 g gesättigte, 4,9 g einfach ungesättigte Fettsäuren); Kohlenhydrate: 12 g; Eiweiß: 24 g; Ballaststoffe: 2 g; Natrium: 530 mg

Schwarzer Zackenbarsch mit Zitrone und Ingwer

Schwarzer Zackenbarsch enthält viele entzündungshemmende Omega-3-Fettsäuren. Deshalb bleibt er beim Garen auch so schön saftig. Würde dieser Fisch in einer Band spielen, wäre er der Bassgitarrist: zuverlässig, eher im Hintergrund. Er profitiert von ein paar Gastsolisten und mag vor allem den Swing von Zitrusnoten – davon finden Sie einige in diesem Gericht. Sie können ihn auch durch Lachs, Heilbutt oder Wolfsbarsch ersetzen.

PORTIONEN: 4

ZUBEREITUNGSZEIT: 15 Minuten

GARZEIT: 20 Minuten (plus 30 Minuten fürs Marinieren)

125 ml frisch gepresster Orangensaft

2 EL frisch gepresster Limettensaft

2 EL frisch gepresster Zitronensaft

1 EL natives Olivenöl extra

fein abgeriebene Schale von 1 Orange

fein abgeriebene Schale von 1 Zitrone

½ TL frisch geriebener Ingwer

1 Prise Cayennepfeffer

4 Zackenbarschfilets à 100 g

½ TL Meersalz

1 TL Dijonsenf

4 EL frisch gehackte glatte Petersilie oder Minze

Orangen-, Limetten- und Zitronensaft in einer Schüssel mit Olivenöl, Orangen- und Zitronenschale, Ingwer und Cayennepfeffer verrühren. Die Fischfilets in eine flache Form legen und jeweils mit 1/8 Teelöffel Salz bestreuen. Die Hälfte der Saftmischung zugießen und die Filets darin wenden. Abgedeckt 30 Minuten im Kühlschrank marinieren.

Den Backofen auf 200 °C vorheizen.

Die Form aus dem Kühlschrank nehmen und 2 Esslöffel Wasser unter die Marinade rühren. Im vorgeheizten Ofen je nach Dicke der Fischfilets 10 bis 15 Minuten gar braten. Zur Garprobe ein Fleischthermometer einstechen; die Kerntemperatur sollte 57 °C erreichen.

Inzwischen die restliche Orangensaftmischung in einem kleinen Topf mit dem Senf verrühren und bei mittlerer Hitze auf die Hälfte einköcheln lassen. Die Fischfilets damit überziehen. Mit Petersilie bestreuen und sofort servieren.

HINWEIS: Fisch kaufen ist eine heikle Angelegenheit. Die Tiere scheinen einen anzustarren und zu fragen: »Mann, wie konnte ich nur hier landen?« Wenn Sie dem Fisch und auch sich selbst gerecht werden wollen, greifen Sie zu frischer Ware. Achten Sie darauf, dass der Fisch prall und glänzend ist und keine eingesunkenen Augen hat. Wenn er matt aussieht, einen fischigen oder ammoniakartigen Geruch und trockene Ränder hat, lassen Sie die Finger davon. Fragen Sie den Verkäufer ruhig, woher der Fisch kommt und ob er aufgetaut wurde – und an welchem Wochentag die frische Ware kommt.

AUFBEWAHRUNG: In einem dicht schließenden Behälter bis zu 2 Tage im Kühlschrank.

NÄHRWERTE PRO PORTION: Kalorien: 130; Fett: 4.3 g (0,7 g gesättigte, 2,6 g einfach ungesättigte Fettsäuren); Kohlenhydrate: 5 g; Eiweiß: 18 g; Ballaststoffe: 0 g; Natrium: 370 mg

Ofenheilbutt mit Signoras Tomatensauce

PORTIONEN: 4

ZUBEREITUNGSZEIT: 25 Minuten (Marinieren inklusive)

GARZEIT: 15 Minuten

2 EL frisch gepresster Zitronensaft

¼ TL Meersalz

4 Heilbuttfilets à 180 g

1 TL natives Olivenöl extra

230 ml Signoras Tomatensauce (siehe Seite 201)

4 EL Oliven-Kapern-Relish (siehe Seite 197)

Manchmal ist die Entwicklung eines Rezepts wie der Versuch, den Zauberwürfel zu bezwingen. Man dreht in die eine und in die andere Richtung, kommt der Lösung nahe, um dann zu merken, dass es doch nicht klappt. So war es auch in diesem Fall. Heilbutt ist ein toller, gesunder Fisch, aber an und für sich eher langweilig. Deshalb habe ich herumexperimentiert und, bis ich endlich zufrieden war, mehr Fisch gegessen als eine Robbe in einem ganzen Jahr. Wenn Ihnen gerade nicht nach dieser süditalienischen Version ist, probieren Sie einfach die unten stehende Variante.

Den Backofen auf 200 °C vorheizen. Eine flache Ofenform, die so groß ist, dass alle Filets nebeneinander Platz finden, dünn mit Öl einfetten.

Zitronensaft und Salz in einer flachen Form verrühren. Die Fischfilets darin wenden und im Kühlschrank 15 Minuten ziehen lassen.

Die Filets mit Küchenpapier trocken tupfen und in die vorbereitete Ofenform legen. Mit je ¼ Teelöffel Olivenöl bestreichen und mit der Tomatensauce überziehen.

Im vorgeheizten Ofen 12 bis 15 Minuten gar backen. Zur Garprobe mit einer Küchengabel einstechen; das Fleisch sollte weiß sein und sich leicht lösen lassen. Wenn sich die Gabel ohne Widerstand durchstechen lässt, ist der Fisch gar, falls nicht, noch einige weitere Minuten im Ofen lassen.

Mit je 1 Esslöffel Oliven-Kapern-Relish garnieren, sofort servieren.

VARIANTE: Für ein völlig anderes Geschmackserlebnis den Heilbutt 30 Minuten in Koriander-Limetten-Vinaigrette (siehe Seite 192) marinieren. Den Fisch mit Küchenpapier trocken tupfen. Mit je einer Prise Salz und Cayennepfeffer bestreuen und wie oben angegeben im Ofen garen.

AUFBEWAHRUNG: In einem dicht schließenden Behälter bis zu 2 Tage im Kühlschrank.

NÄHRWERTE PRO PORTION: Kalorien: 380; Fett: 28 g (4,7 g gesättigte, 17,4 g einfach ungesättigte Fettsäuren); Kohlenhydrate: 5 g; Eiweiß: 26 g; Ballaststoffe: 1 g; Natrium: 450 mg

Putenfrikadellchen mit Apfel und Rucola

Sie können diese Frikadellen formen, wie Sie wollen, ideal sind aber kleine, mundgerechte Portionen. Für all die Menschen, die den ganzen Tag über nach Protein lechzen, sind sie die perfekte Mahlzeit. Äpfel sorgen dabei für eine gefällige, aber nicht zu dominante süß-säuerliche Note. Die Frikadellchen sind schnell zubereitet und lassen sich zudem super einfrieren.

PORTIONEN: 6

ZUBEREITUNGSZEIT: 15 Minuten

GARZEIT: 10 Minuten

750 g durch den Fleischwolf gedrehtes dunkles Putenfleisch

60 g Rucola oder Spinatblätter, fein gehackt

150 g geschälte Äpfel, gewürfelt

1 mittelgroße rote Zwiebel, fein gehackt

1 TL zerstoßene Fenchelsamen

½ TL gemahlener Kreuzkümmel

½ TL Meersalz

½ TL frisch gemahlener Pfeffer

1 Spritzer frischer Zitronensaft

Olivenöl, zum Braten oder Grillen

Das Putenhackfleisch mit Rucola, Äpfeln, Zwiebel, Fenchelsamen, Kreuzkümmel, Salz, Pfeffer und Zitronensaft in eine große Schüssel geben und sorgfältig vermengen. In der gewünschten Größe zu Frikadellen oder Bällchen formen.

Eine Grillpfanne mit Öl bestreichen und die Frikadellen bei mittlerer Hitze von beiden Seiten gar braten. Alternativ den Boden einer Bratpfanne mit einer dünnen Ölschicht bedecken und bei mittlerer Hitze etwa 4 Minuten von jeder Seite braun anbraten. 1 Esslöffel Wasser zufügen und bei aufgesetztem Deckel gar dämpfen.

VARIANTE: In einem Vollkornbrötchen als Burger servieren.

HINWEIS: Vermengen Sie das Putenfleisch möglichst locker mit den anderen Zutaten. Wenn es zu sehr zerdrückt wird, können die Frikadellen zäh werden.

AUFBEWAHRUNG: In einem dicht schließenden Behälter bis zu 3 Tage im Kühlschrank oder einzeln eingeschlagen bis zu 3 Monate im Gefrierfach.

NÄHRWERTE PRO PORTION: Kalorien: 160; Fett: 3 g (1 g gesättigte, 2 g einfach ungesättigte Fettsäuren); Kohlenhydrate: 3 g; Eiweiß: 23 g; Ballaststoffe: 0 g; Natrium: 245 mg

Kapitel 5

Für zwischendurch und unterwegs

Auch wenn Menschen normalerweise ganz regelmäßig essen: Durch eine Krebserkrankung kann dieses Uhrwerk aus dem Takt geraten. Die Krankheit und/oder eine Therapie können den Appetit bremsen, indem sie die Nahrungszufuhr und/oder die Verdauung erschweren oder weil das Hungerzentrum im Gehirn beeinträchtigt ist. Zudem sorgen Chemotherapien und Steroide dafür, dass der Blutzuckerspiegel Achterbahn fährt. Oft können die drei Hauptmahlzeiten aufrechterhalten werden, aber genauso häufig muss man essen, wann immer man Hunger hat, egal, wie spät es ist oder ob die letzte Mahlzeit erst vor einer halben Stunde eingenommen wurde.

Deshalb sind kleine Mahlzeiten für zwischendurch so wichtig: Wann immer der Magen grummelt, sind diese leckeren Häppchen schnell zubereitet – zudem haben sie eine hohe Nährstoffdichte. Im Idealfall sollten Sie sechs kleine Mahlzeiten am Tag zu sich nehmen. Das gelingt am besten, wenn Sie eher darauf achten, *wie oft* Sie essen, und nicht so sehr darauf, *wie viel.* Das Ziel ist es, den ganzen Tag über gut mit Nährstoffen versorgt zu sein. Die kleinen Gerichte lassen sich gut aufbewahren, einfach mitnehmen und schmecken natürlich lecker.

Unter all diesen Zwischenmahlzeiten finden Sie hoffentlich auch ein paar, die Sie an Ihren Lieblingssnack erinnern. Dips, Salate, Wraps – sie alle liefern mit jedem Bissen anhaltende Energie. Geröstete Nüsse beispielsweise sind ein Klassiker, ein leckeres Knabbervergnügen, das nur wenig Zubereitung erfordert. Sie können die Nüsse pur essen, Salate, Müslis und andere Gerichte damit garnieren oder sie als Snack für unterwegs einpacken. Apropos, am Kapitelende finden Sie weitere Rezepte aus der Kategorie »Einpacken und mitnehmen« – einfach und schnell zubereitet und voller wertvoller Proteine für unterwegs.

So wie Leistungssportler oder Bergsteiger sich zur Steigerung ihrer Energiereserven mit Powersnacks versorgen, erhalten Sie mit den Rezepten aus diesem Kapitel Anregungen für kleine Gerichte, die – über den Tag verteilt gegessen – dafür sorgen, dass Ihr Körper immer genügend Nährstoffe erhält, um stark zu bleiben.

Frucht-Nuss-Riegel

Man weiß ja nie, wann der Hunger zuschlägt. Doch wenn es so weit ist, sollten Sie eine gesunde Zwischenmahlzeit parat haben. Das ist die Idee, die hinter diesen Riegeln steckt. Meine Patienten nehmen sie oft zur Chemobehandlung mit. Viele wollen nämlich währenddessen gern etwas essen und diese Riegel sind leckere, gesunde Alternativen zu dem Süßkram, der häufig in Behandlungszentren rumsteht. Sie können die Zutaten nach Lust und Laune variieren: Beispielsweise teilen Sie die Masse und bereiten die eine Hälfte mit Rosinen und Cranberrys und die andere Hälfte mit Walnüssen oder was immer Sie mögen zu. Die Zutaten sind schnell in der Küchenmaschine gemixt; alternativ lassen sich Trockenfrüchte und Nüsse auch von Hand hacken.

ERGIBT: 25 Riegel
ZUBEREITUNGSZEIT: 15 Minuten
GARZEIT: 30 Minuten

120 g Pekannusskerne

150 g Mandeln

4 EL braunes Reismehl oder anderes glutenfreies Mehl

2 EL fein gemahlene Leinsamen

¼ TL Meersalz

⅛ TL Backpulver

⅛ TL Backnatron

4 EL Haferflocken

180 g entsteinte Datteln (vorzugsweise Medjool), geviertelt

180 g ungeschwefelte getrocknete Aprikosen, halbiert

1 Ei

5 EL Ahornsirup

1 TL Vanillearoma

Den Backofen auf 180 °C vorheizen. Ein Backblech mit Backpapier belegen. Eine quadratische Backform (22 Zentimeter Seitenlänge) leicht einfetten.

Die Pekannüsse auf dem Backblech verteilen und 7 bis 10 Minuten im vorgeheizten Ofen rösten, bis sie duften und leicht gebräunt sind. Nicht aus den Augen lassen, da sie sehr schnell verbrennen können. Die Ofentemperatur auf 160 °C reduzieren.

Mehl, Leinsamen, Salz, Backpulver und Natron im Mixer kurz vermengen. Pekannüsse und Mandeln zufügen und die Pulse-Taste 5-mal betätigen, bis die Nüsse grob gehackt sind. Haferflocken, Datteln und Aprikosen zufügen und 10- bis 15-mal mit der Pulse-Funktion einarbeiten, bis eine grob gehackte Masse entstanden ist.

Ei, Ahornsirup und Vanillearoma in einer Schüssel sorgfältig verquirlen. Die Nussmasse zugeben und von Hand sorgfältig zu einer klumpenfreien Masse verarbeiten. In die vorbereitete Backform streichen und im vorgeheizten Ofen 25 bis 30 Minuten goldbraun backen. Nicht zu lang im Ofen lassen, sonst werden die Riegel trocken. 5 Minuten abkühlen lassen, dann in 25 Stücke schneiden und vollständig in der Form erkalten lassen.

Fortsetzung auf Seite 138

Frucht-Nuss-Riegel, *Fortsetzung*

VARIANTEN: Bei den Zutaten sind Ihrer Fantasie keine Grenzen gesetzt. Hier einige Vorschläge:

- Verwenden Sie Walnüsse statt Pekannüsse.
- Geben Sie 4 Esslöffel getrocknete Cranberrys, Kirschen, Blaubeeren oder Rosinen in die gemixte Masse.
- Geben Sie 1 Esslöffel fein abgeriebene Orangenschale in die fertig gemixte Masse.
- Geben Sie 2 Esslöffel Sesamsaat in die fertig gemixte Masse.
- Geben Sie 4 Esslöffel Kokosraspel in die fertig gemixte Masse.

HINWEIS: Hafer ist eigentlich glutenfrei. Konventionelle Haferprodukte können aber mit Gerste und Weizen verunreinigt sein. Wenn Sie also sensibel auf Gluten reagieren, sollten Sie zu Haferprodukten speziell für Zöliakiebetroffene greifen, die nicht kontaminiert sind.

AUFBEWAHRUNG: In einem dicht schließenden Behälter bis zu 7 Tage bei Raumtemperatur und bis zu 2 Monate im Gefrierfach.

NÄHRWERTE PRO PORTION: Kalorien: 120; Fett: 6,5 g (0,6 g gesättigte, 3,7 g einfach ungesättigte Fettsäuren); Kohlenhydrate: 14 g; Eiweiß: 2 g; Ballaststoffe: 2 g; Natrium: 35 mg

Überirdisch leckeres Maisbrot

Vor allem in den Südstaaten der USA ist Maisbrot sehr beliebt. Nicht selten kommt es bei diesem Thema allerdings zu leidenschaftlichen Debatten, denn jeder ist überzeugt davon, dass seine Mutter oder Großmutter das beste Maisbrot der Welt zubereitet. Wie beim Barbecue hat auch hier jede Region ihre eigene Variante, meine Version ist kalifornisch geprägt und wird mit gesunden Zutaten zubereitet: mit etwas Dinkelmehl, Ahornsirup als Süßungsmittel und nativem Olivenöl anstelle von Butter. Nicht zuletzt die Zitronenschale sorgt dafür, dass dieses Brot überirdisch lecker schmeckt! Es ist übrigens auch eine super Beilage zur Schwarze-Bohnen-Suppe (siehe Seite 75).

ERGIBT: 16 Stücke
ZUBEREITUNGSZEIT: 10 Minuten
GARZEIT: 30 Minuten

---

170 g Maisgrieß

60 g Dinkelmehl

60 g Weizenvollkornmehl

2 TL Backpulver

½ TL Backnatron

½ TL Meersalz

1 Ei

250 ml Buttermilch

4 EL Ahornsirup

4 EL natives Olivenöl extra

1 EL fein abgeriebene Zitronenschale

Den Backofen auf 200 °C vorheizen. Eine quadratische Backform (20 Zentimeter Seitenlänge) einfetten.

Maisgrieß, beide Mehlsorten, Backpulver, Natron und Salz in einer großen Schüssel sorgfältig mischen.

In einer zweiten Schüssel Ei, Buttermilch, Ahornsirup, Olivenöl und Zitronenschale verquirlen. Zu den Trockenzutaten gießen und rasch zu einem klümpchenfreien Teig verarbeiten. Nicht zu lang rühren, sonst wird das Brot nicht luftig und trocken.

Den Teig in die vorbereitete Form füllen und im vorgeheizten Ofen 20 bis 25 Minuten goldgelb backen.

Das Maisbrot etwa 10 Minuten abkühlen lassen, dann in 16 Quadrate schneiden und warm servieren.

HINWEIS: Maisbrot schmeckt am besten warm. Wenn es eingefroren wurde, sollte es nach dem Auftauen im Ofen oder Toasterofen aufgewärmt werden.

AUFBEWAHRUNG: Fest in Alufolie eingeschlagen bis zu 4 Tage im Kühlschrank und bis zu 2 Monate im Gefrierfach.

NÄHRWERTE PRO PORTION: Kalorien: 115; Fett: 5 g (1 g gesättigte, 3 g einfach ungesättigte Fettsäuren); Kohlenhydrate: 16 g; Eiweiß: 3 g; Ballaststoffe: 2 g; Natrium: 200 mg

Weltbester Haferbrei

PORTIONEN: 2

ZUBEREITUNGSZEIT: 5 Minuten (mit über Nacht eingeweichten Haferflocken)

GARZEIT: 15 Minuten

---

75 g Haferflocken

1½ EL frisch gepresster Zitronensaft

¼ TL Meersalz

½ TL Zimtpulver

¼ gemahlener oder 1 TL frisch geriebener Ingwer

⅛ TL gemahlener Kardamom

1 TL Ahornsirup

4 EL Mandelmilch (optional)

Gehackte geröstete Mandeln oder Walnüsse (siehe Seite 150), zum Garnieren (optional)

Kompott aus Trockenfrüchten (siehe Seite 195), Blaubeerkompott (siehe Seite 194) oder frisches Fruchtkompott (siehe Seite 196), zum Servieren (optional)

So mancher Getreidebrei hat eine Konsistenz irgendwo zwischen Tapetenkleister und Grütze. Häufig wird dann versucht, diese Pampe durch die Zugabe von reichlich Butter und Zucker zu retten. Dabei ist das ganz überflüssig, da Haferbrei bei der Zubereitung nur ein kleines bisschen Aufmerksamkeit braucht, um sich in ein wärmendes, nahrhaftes Essen zu verwandeln. Die besten Ergebnisse entstehen durch eine Mischung aus solider Zubereitung und kreativen Gewürzen. Dazu gehört auch, den Hafer über Nacht quellen zu lassen. Zusammen mit Fruchtkompott oder Nüssen entsteht auf diese Weise ein Haferbrei, der süchtig machen könnte.

Die Haferflocken mit dem Zitronensaft in einen Topf oder eine Schüssel geben. Mit reichlich Wasser bedecken und über Nacht quellen lassen.

Die Haferflocken abgießen und unter fließendem kalten Wasser abspülen. Mit 500 Millilitern Wasser und Salz in einen Topf geben und bei mittlerer bis starker Hitze zum Kochen bringen. Die Hitze reduzieren und die Gewürze unterrühren. Bei aufgesetztem Deckel unter gelegentlichem Rühren 10 Minuten garen. Die Haferflocken werden sehr cremig. Für einen trockeneren Brei den Deckel während der letzten 3 bis 4 Minuten abnehmen. Ahornsirup und, falls gewünscht, Mandelmilch unterrühren. Nach Belieben mit gerösteten Nüssen garnieren und mit etwas Kompott servieren.

HINWEIS: Unsere Vorfahren machten es richtig. Bevor sie Hafergrütze kochten, weichten sie sie über Nacht in einer Schüssel Wasser mit Zitronensaft ein. Warum Zitronensaft? Die Säure hilft, die äußere Getreidehülle aufzubrechen. Dadurch sind die Nährstoffe besser verwertbar und auch die Textur wird cremiger. Für besten Geschmack und hohe Nährwerte sollten Sie zu Biohaferflocken oder -grütze greifen. Für zusätzliche gesunde Kalorien geben Sie 1 Esslöffel natives Kokosfett oder Nussmus dazu.

AUFBEWAHRUNG: In einem dicht schließenden Behälter bis zu 3 Tage im Kühlschrank.

NÄHRWERTE PRO PORTION: Kalorien: 220; Fett: 2,7 g (0 g gesättigte, 0 g einfach ungesättigte Fettsäuren); Kohlenhydrate: 42 g; Eiweiß: 7 g; Ballaststoffe: 5 g; Natrium: 295 mg

Hummus aus schwarzen Bohnen
Dip aus Bohnen und getrockneten Tomaten
Bohnendip mit Oliven
Hummus mit Curry
Edamame-Avocado-Dip mit Wasabi

Edamame-Avocado-Dip mit Wasabi

Wasabi ist reich an Vitalstoffen, die – so legen Forschungsergebnisse nahe – die Vermehrung bestimmter Krebszellen verhindern können. Die Kombination aus Wasabi und Ingwer mag für Personen mit Schluckbeschwerden vielleicht etwas heftig sein. Aber für alle anderen ist die tolle cremige Mischung ein perfekter Dip zu Reiscrackern oder Rohkost.

PORTIONEN: 6

ZUBEREITUNGSZEIT: 10 Minuten

GARZEIT: –

150 g geschälte frische oder TK-Edamame, gemischt mit 1 Spritzer frischem Limettensaft und 1 Prise Meersalz

2 Avocados, geschält, entkernt und mit etwas frischem Limettensaft beträufelt sowie mit Meersalz bestreut

1 EL frisch geriebener Ingwer

½ TL fein gehackter Knoblauch

4 EL Wasser

4 EL frisch gepresster Limettensaft

1 EL natives Olivenöl extra

¾ TL Salz

2 TL Wasabipulver

1 EL frisch gehackte Minze

Alle Zutaten in den Mixer geben und zu einer glatten Creme verarbeiten. Eventuell mit weiterem Limettensaft oder Salz abschmecken.

HINWEIS: Wenn Sie es vertragen, können Sie die Creme noch schärfer machen und zusätzlich ¼ Teelöffel Wasabipulver einarbeiten. Diese Creme ist vielseitig verwendbar, ob als Würzmittel, Dip oder Brotaufstrich. Einfach nur lecker!

AUFBEWAHRUNG: In einem dicht schließenden Behälter bis zu 2 Tage im Kühlschrank.

NÄHRWERTE PRO PORTION: Kalorien: 130; Fett: 10,3 g (1,3 g gesättigte, 6,1 g einfach ungesättigte Fettsäuren); Kohlenhydrate: 8 g; Eiweiß: 4 g; Ballaststoffe: 5 g; Natrium: 115 mg

Bohnendip mit Oliven

Die cremigen weißen Cannellini-Bohnen sind eine nährreiche Grundlage für diese Creme. Sie sind sehr proteinreich und können den Körper in Behandlungsphasen unterstützen. Wunderbar ergänzt werden sie durch Kalamata-Oliven.

PORTIONEN: 6

ZUBEREITUNGSZEIT: 10 Minuten

GARZEIT: –

240 g frisch gegarte Cannellini-Bohnen oder 1 kleine Dose (420 g), abgespült und abgetropft, gemischt mit 1 Spritzer frischem Zitronensaft und 1 Prise Meersalz

½ TL fein gehackter Knoblauch

3 EL natives Olivenöl extra

2 EL Wasser

2 EL frisch gepresster Zitronensaft

½ TL Meersalz

1 Prise Cayennepfeffer

40 g entsteinte Kalamata-Oliven, abgespült

4 EL frisch gehacktes Basilikum

Alle Zutaten in den Mixer geben und zu einer glatten Creme verarbeiten. Einen FASS-Check machen und gegebenenfalls 1 bis 2 Prisen Salz einarbeiten, um die Säure der Zitrone auszugleichen.

AUFBEWAHRUNG: In einem dicht schließenden Behälter bis zu 5 Tage im Kühlschrank.

NÄHRWERTE PRO PORTION: Kalorien: 195; Fett: 8,5 g (1,2 g gesättigte, 6,1 g einfach ungesättigte Fettsäuren); Kohlenhydrate: 22 g; Eiweiß: 8 g; Ballaststoffe: 6 g; Natrium: 715 mg

PORTIONEN: 6
ZUBEREITUNGSZEIT: 10 Minuten
GARZEIT: –

240 g gegarte weiße Perlbohnen (oder andere weiße Bohnen) oder 1 kleine Dose (420 g), abgespült und abgetropft, gemischt mit 1 Spritzer Zitronensaft und 1 Prise Salz

50 g getrocknete Tomaten in Öl, abgetupft

4 EL frisch gehackte Petersilie

½ TL fein gehackter Knoblauch

3 EL natives Olivenöl extra

2 EL frisch gepresster Zitronensaft

2 EL Wasser

½ TL Meersalz

Dip aus Bohnen und getrockneten Tomaten

Wegen ihrer Cremigkeit sind weiße Perlbohnen eine gute Basis für Aufstriche und Dips. Ich habe sie hier durch getrocknete Tomaten ergänzt. Sie können diese Creme als Brotaufstrich verwenden oder als Beilage zu Gemüsegerichten servieren.

Alle Zutaten im Mixer zu einer glatten Creme verarbeiten. Den FASS-Check machen und gegebenenfalls Zitronensaft oder Salz einarbeiten.

AUFBEWAHRUNG: In einem dicht schließenden Behälter im Kühlschrank bis zu 7 Tage.

NÄHRWERTE PRO PORTION: Kalorien: 195; Fett: 8,2 g (1,1 g gesättigte, 5,5 g einfach ungesättigte Fettsäuren); Kohlenhydrate: 24 g; Eiweiß: 8 g; Ballaststoffe: 9 g; Natrium: 635 mg

PORTIONEN: 6
ZUBEREITUNGSZEIT: 10 Minuten
GARZEIT: –

240 g gegarte schwarze Bohnen oder 1 kleine Dose (420 g), abgespült und abgetropft, gemischt mit 1 Spritzer Zitronensaft und 1 Prise Salz

½ TL gehackter Knoblauch

2 EL Wasser

1 EL Tahini

1 EL frisch gepresster Zitronensaft

½ TL gemahlener Kreuzkümmel

¼ TL Meersalz

¼ TL Paprikapulver

⅛ TL Cayennepfeffer

⅛ TL Zimtpulver

1 EL natives Olivenöl extra

4 EL frisch gehackter Koriander (optional)

Hummus aus schwarzen Bohnen

Ich verwende für dieses Rezept schwarze Bohnen, weil sie einen tollen Geschmack und ein super Nährstoffprofil (viele Antioxidantien) haben. Püriert verursachen die Bohnen auch kein Rumoren im Bauch.

Die Bohnen mit Knoblauch, Wasser, Tahini, Zitronensaft, Kreuzkümmel, Salz, Paprikapulver, Cayennepfeffer und Zimt im Mixer zu einer glatten Masse verarbeiten. Das Olivenöl einarbeiten. Den FASS-Check machen und bei Bedarf einen Spritzer Zitronensaft oder eine Prise Salz einarbeiten. Nach Belieben mit dem Koriander bestreuen.

HINWEIS: Wenn Sie noch eins draufsetzen wollen, geben Sie einen Klecks Avocadocreme (siehe Seite 189) auf diesen Hummus oder, wenn es schneller gehen soll, ein paar Scheiben Avocado.

AUFBEWAHRUNG: In einem dicht schließenden Behälter bis zu 5 Tage im Kühlschrank.

NÄHRWERTE PRO PORTION: Kalorien: 145; Fett: 4 g (1 g gesättigte, 3 g einfach ungesättigte Fettsäuren); Kohlenhydrate: 21 g; Eiweiß: 7 g; Ballaststoffe: 9 g; Natrium: 525 mg

Hummus mit Curry

Manchmal kommt es mir so vor, als würden sich die Vereinten Nationen in meiner Küche versammeln. Bei diesem Rezept sind es die Vertreter von Indien und Libanon. Das hört sich exotisch an, aber letztlich handelt es sich um einen feinen, schlichten Hummus (der libanesische Beitrag), der mit würzigem Currypulver aufgepeppt wird (Gruß aus Indien). Kichererbsen sind reich an Proteinen und essenziellen Aminosäuren, die den Körper kräftigen, während das Tahini, eine Paste aus gemahlenem Sesam, voller antikarzinogener sekundärer Pflanzenstoffe steckt.

PORTIONEN: 6

ZUBEREITUNGSZEIT: 10 Minuten

GARZEIT: –

50 g Rosinen

240 g gegarte Kichererbsen oder 1 kleine Dose (420 g), abgespült und abgetropft, gemischt mit 1 Spritzer Zitronensaft und 1 Prise Salz

2 El Wasser

2 EL frisch gepresster Zitronensaft

1 EL Tahini

1 EL natives Olivenöl extra

1 TL Currypulver

1 TL gemahlener Ingwer

½ TL Meersalz

Die Rosinen in eine kleine Schüssel geben, mit heißem Wasser bedecken und quellen lassen. Die Kichererbsen mit Wasser, Zitronensaft, Tahini, Olivenöl, Currypulver, Ingwer und Salz in den Mixer geben und zu einer glatten Masse verarbeiten. Einen FASS-Check machen und gegebenenfalls einen Spritzer Zitronensaft unterrühren.

Vor dem Servieren die Rosinen abtropfen lassen und unter den Hummus ziehen.

HINWEIS: Um Zeit zu sparen, können Sie im Bioladen fertigen Hummus kaufen und ihn, wie oben beschrieben, mit Currypulver, Ingwer, Zitronensaft und Rosinen verfeinern.

AUFBEWAHRUNG: In einem dicht schließenden Behälter bis zu 7 Tage im Kühlschrank.

NÄHRWERTE PRO PORTION: Kalorien: 180; Fett: 5,7 g (0,7 g gesättigte, 2.6 g einfach ungesättigte Fettsäuren); Kohlenhydrate: 27 g; Eiweiß: 7 g; Ballaststoffe: 7 g; Natrium: 630 mg

Cremige Polenta

PORTIONEN: 6

ZUBEREITUNGSZEIT: 5 Minuten

GARZEIT: 15 Minuten

1 l Magische Gemüsebrühe (siehe Seite 61), Magische Hühnerbrühe (siehe Seite 62) oder Biobrühe (Glas)

½ TL Meersalz

frisch gepresster Zitronensaft

170 g Polenta (Maisgrieß)

2 EL natives Olivenöl extra

4 EL frisch geriebener Parmesan (optional)

Polenta ist quasi der Vielflieger unter den Maisprodukten. In jedem Land, in dem es eine Landebahn gibt, wird man vermutlich auf irgendeine Zubereitung aus Maisgrieß treffen. Die Ungarn nennen sie *puliszka*, die Serben *katschamak* und die Amerikaner *grits*. Polenta ist äußerst vielseitig. Ich habe sie mit Tomatensauce, verschiedenen Käsesorten, diversen Ölen, grünem Gemüse und Knoblauch gesehen. Diese Version ist einem Haferbrei ähnlich – zubereitet mit Magischer Gemüsebrühe, die für Geschmack und viele Nährstoffe sorgt.

Die Brühe in einem großen Topf zum Kochen bringen. Salz und Zitronensaft unterrühren. Die Polenta unter ständigem Rühren langsam einstreuen. Die Hitze auf niedrige Stufe reduzieren und mit einem Holzlöffel glatt rühren. Das Olivenöl einarbeiten und den Brei 15 Minuten ständig rühren und eindicken lassen. Nach Belieben den Käse unterziehen. Sofort servieren.

VARIANTEN: Servieren Sie die Polenta mit Grünem Gemüse mit Orange (siehe Seite 90), Signoras Tomatensauce (siehe Seite 201), zu Pochierten Eiern (siehe Seite 115) oder einfach nur mit Basilikum-Zitronen-Sauce (siehe Seite 187) beträufelt.

Polenta macht sich auch gut als Frühstücksbrei. Verwenden Sie Wasser statt Brühe, lassen Sie den Käse weg und ziehen Sie stattdessen gegen Ende der Garzeit ½ Teelöffel Ahornsirup unter. Servieren Sie dazu Blaubeerkompott (siehe Seite 194) und Glasierte Walnüsse (Seite 149).

Eine weitere Variante sind Polentataler. Dafür die Polenta in eine flache Form füllen, erkalten und fest werden lassen. Dann mit einem Glas Kreise ausstechen. Die Taler können als Ersatz für Toast für pochierte Eier verwendet oder mit Ihrem Lieblingsdip serviert werden.

HINWEIS: Verwenden Sie zum Reinigen des Kochgeschirrs kaltes Wasser, da die Polenta mit warmem bzw. heißem Wasser eine klebrige Pampe bildet.

AUFBEWAHRUNG: In einem dicht schließenden Behälter bis zu 4 Tage im Kühlschrank, Polentataler getrennt mit Backpapierstreifen in einem Gefrierbeutel bis zu 1 Monat im Gefrierfach.

NÄHRWERTE PRO PORTION: Kalorien: 190; Fett: 7 g (1,4 g gesättigte, 3,3 g einfach ungesättigte Fettsäuren); Kohlenhydrate: 28 g; Eiweiß: 4 g; Ballaststoffe: 3 g; Natrium: 535 mg

Kokosreis mit Ingwer und Limette

Das American Institute for Cancer Research hält große Stücke auf Naturreis und führt ihn als wichtiges Pseudogetreide zur Krebsbekämpfung an. Aber mal ehrlich: Naturreis braucht schon ein wenig mehr Zuwendung, um auch die Geschmackssinne zu begeistern. In diesem Rezept gebe ich ihm ein paar tolle Akteure an die Seite. Ingwer und Limette sorgen für super Aroma und stellen hochwirksame entzündungshemmende Wirkstoffe zur Verfügung, während Kokosmilch die Reisaromen unterstreicht. Kokosmilch enthält die antivirale Fettsäure Laurinsäure, die auch in Muttermilch zu finden ist, und ist reich an Selen, einem Spurenelement, das Nebenwirkungen einer Chemotherapie wie Haarausfall und Bauchschmerzen lindert.

PORTIONEN: 6
ZUBEREITUNGSZEIT: 5 Minuten
GARZEIT: 20–25 Minuten

430 ml Kokosmilch

300 ml Wasser

½ TL Meersalz

2,5-cm-Stück frischer Ingwer, in feinen Scheiben

200 g brauner Jasmin- oder Basmatireis, abgespült

2 TL frisch gepresster Limettensaft

4 EL frisch gehackter Koriander oder Minze

Kokosmilch, Wasser und Salz in einen Topf mit dicht schließendem Deckel füllen. Die Ingwerscheiben mit der flachen Messerseite andrücken und in den Topf geben. Bei mittlerer Hitze sprudelnd aufkochen. Den Reis zufügen und sorgfältig rühren. Erneut zum Kochen bringen, den Deckel aufsetzen. Die Hitze auf niedrige Stufe reduzieren und den Reis 20 bis 25 Minuten sanft köcheln lassen, bis die ganze Flüssigkeit absorbiert ist. Die Ingwerstücke entfernen. Limettensaft und Kräuter zugeben und mit einer Gabel locker unter den Reis ziehen. Eventuell mit weiterem Limettensaft oder einer Prise Salz abschmecken.

HINWEISE: Wenn der Reis besonders leicht verdaulich sein soll, die Körner 8 Stunden oder über Nacht in kaltem Wasser, gemischt mit dem Saft einer halben Zitrone, quellen lassen. Dadurch werden die Nährstoffe leichter absorbierbar und die Garzeit wird reduziert. Alternativ dazu weitere 4 Esslöffel Wasser zufügen und den Reis 15 Minuten länger garen.

Dieses Rezept funktioniert auch im Schnellkochtopf oder Reiskocher. Sie können auch die doppelte Menge zubereiten, um die Reste für andere Zwecke zu verwenden. Doch auch dann nur 430 Milliliter Kokosmilch verwenden und die Wassermenge und die restlichen Zutatenmengen entsprechend berechnen.

AUFBEWAHRUNG: In einem dicht schließenden Behälter bis zu 3 Tage im Kühlschrank.

NÄHRWERTE PRO PORTION: Kalorien: 165; Fett: 6 g (5 g gesättigte, 0 g einfach ungesättigte Fettsäuren); Kohlenhydrate: 24 g; Eiweiß: 3 g; Ballaststoffe: 1 g; Natrium: 396 mg

Würzig geröstete
Mandeln
Glasierte Walnüsse

Glasierte Walnüsse

Im keltischen Baumkreis stehen der Walnussbaum und seine Früchte für Unbeugsamkeit, Treue und Ehrgeiz. Vielleicht bin ich deshalb so verrückt nach diesen Walnüssen oder es liegt einfach nur daran, dass ich Knabbereien, die nach Ahornsirup schmecken, so liebe. Jemand meinte mal im Scherz zu mir, dass diese leckeren Walnüsse wie Krokant seien, nur ohne pappsüßen Karamell. Alle, die gern knuspern und knabbern, werden diesen Nuss-Snack lieben. Abgesehen davon enthalten Walnüsse viele Omega-3-Fettsäuren und sind gut für Herz und Gedächtnis. Essen Sie die Nüsse pur oder verwenden Sie sie für Müslis, Salate oder für alles, das mehr Aroma und Biss kriegen soll.

PORTIONEN: 2

ZUBEREITUNGSZEIT: 5 Minuten

GARZEIT: 10 Minuten

60 g Walnusskerne

2 TL Ahornsirup

1 Prise Salz

1 Prise Cayennepfeffer

Den Backofen auf 180 °C vorheizen. Ein Backblech mit Backpapier belegen.

Die Walnüsse in einer Schüssel sorgfältig mit Ahornsirup, Salz und Cayennepfeffer vermengen. Auf dem vorbereiteten Backblech verteilen und im vorgeheizten Ofen 7 bis 10 Minuten rösten, bis sie aromatisch duften und leicht gebräunt sind. Abkühlen lassen, dann mit einem Pfannenwender vom Blech lösen.

VARIANTEN: Für zusätzlichen Kick mischen Sie etwas Ingwer und ¼ Teelöffel fein abgeriebene Orangenschale unter die Nüsse.

Für eine herzhafte Variante den Ahornsirup durch ¼ Teelöffel Olivenöl ersetzen.

Wenn Sie nicht so auf Walnüsse stehen, verwenden Sie einfach Mandeln oder Pekannüsse.

AUFBEWAHRUNG: In einem dicht schließenden Behälter bis zu 2 Wochen im Kühlschrank oder bis zu 2 Monate im Gefrierfach.

NÄHRWERTE PRO PORTION: Kalorien: 90; Fett: 8,2 g (0,8 g gesättigte, 1,1 g einfach ungesättigte Fettsäuren); Kohlenhydrate: 4 g; Eiweiß: 2 g; Ballaststoffe: 1 g; Natrium: 75 mg

Würzige geröstete Mandeln

PORTIONEN: 10

ZUBEREITUNGSZEIT: 5 Minuten

GARZEIT: 10 Minuten

300 g Mandeln

1 TL natives Olivenöl extra

½ TL Ahornsirup

¼ TL Meersalz

1 TL Zimtpulver

¼ TL gemahlener Ingwer

Wenn Autos nicht mit Benzin, sondern mit Mandeln laufen würden, bräuchte man nicht viel mehr als eine Handvoll, um von München bis nach Berlin zu kommen. Ja, in Mandeln steckt viel Energie! Schon 20 Stück reichen aus, um einen Hungerast zu beseitigen, und sie haben eine so hohe Nährstoffdichte, dass jede einzelne Kalorie gut investiert ist. Diese gewürzten Nüsse sind einfach zuzubereiten; man braucht nur ein bisschen Olivenöl, ein paar Gewürze und wenige Minuten im Ofen. Ich schlage meinen Patienten immer vor, kleine Schalen mit diesen Mandeln im ganzen Haus aufzustellen, damit sie überall und immer was Gesundes zum Knabbern finden.

Den Backofen auf 180 °C vorheizen. Ein Backblech mit Backpapier belegen.

Die Mandeln in einer Schüssel mit den restlichen Zutaten sorgfältig vermengen und auf dem Backblech verteilen. Im vorgeheizten Ofen 7 bis 10 Minuten rösten, bis die Mandeln aromatisch duften und leicht gebräunt sind. Abkühlen lassen, damit sie knusprig werden.

VARIANTEN: Als ich in der Küche des Commonweal Retreat Center gearbeitet habe, habe ich die folgende Mischung entwickelt, die bei allen sehr gut ankam: Die Mandeln mit 1 Esslöffel dunklen Schokoladentröpfchen, 50 Gramm getrockneten Kirschen und 40 Gramm Kürbiskernen vermengen. Dann wie beschrieben rösten.

Für eine herzhaftere Version Zimt und Ingwer durch je ¼ Teelöffel getrockneten Rosmarin, Salbei und Thymian ersetzen.

HINWEIS: Lassen Sie die Nüsse keinesfalls zu lang im Ofen; sie rösten auch noch etwas nach, wenn sie aus dem Ofen genommen werden.

AUFBEWAHRUNG: In einem dicht schließenden Behälter bis zu 2 Wochen im Kühlschrank oder 2 Monate im Gefrierfach.

NÄHRWERTE PRO PORTION: Kalorien: 105; Fett: 9,1 g (0,7 g gesättigte, 5,7 g einfach ungesättigte Fettsäuren); Kohlenhydrate: 4 g; Eiweiß: 4 g; Ballaststoffe: 2 g; Natrium: 40 mg

Grünkohlchips mit Curry

Schon komisch … Als ich den Leuten vor über 12 Jahren zum ersten Mal Grünkohlchips unter die Nase gehalten habe, schauten sie mich an, als wäre ich aus einem Raumschiff gestiegen. »Grünkohl? Chips? Machst du Witze?«, war die häufigste Reaktion auf die unbekannte Knabberei. Und jetzt? Bekommt man die Chips überall im Supermarkt für kleines Geld. Diese hier schmecken aber besser. Der bittere Geschmack des Grünkohls verschwindet durch Olivenöl und das Trocknen im Ofen, während das Currypulver tut, was es am besten kann: Es macht die Chips unwiderstehlich, sodass man sie knabbern möchte, schon bevor sie aus dem Ofen kommen. Umfassende Studien zu Kurkumin, einem Aktivstoff in Kurkuma, das die Grundzutat von Currypulver ist, weisen darauf hin, dass es vor Krankheiten aus entzündlichen Prozessen, wie Krebs, zu schützen scheint.

PORTIONEN: 4

ZUBEREITUNGSZEIT: 5 Minuten

GARZEIT: 10 Minuten

1 Bund Grünkohl, dicke Blattrippen herausgeschnitten, Blätter in mundgerechten Stücken

1 EL natives Olivenöl extra

½ TL Meersalz

½ TL Currypulver

Den Backofen auf 150 °C vorheizen. Ein Backblech mit Backpapier belegen.

Den Grünkohl in einer großen Schüssel sorgfältig mit Olivenöl, Salz und Currypulver vermengen und auf dem Backblech verteilen.

Im vorgeheizten Ofen 10 Minuten trocknen, bis die Grünkohlstücke knusprig sind.

Aus dem Ofen nehmen und 5 Minuten auf dem Blech abkühlen lassen.

HINWEIS: Wenn die Grünkohlchips nach 10 Minuten noch nicht knusprig sind, in weiteren 5-Minuten-Intervallen backen und immer wieder prüfen, bis alle Chips knusprig sind.

AUFBEWAHRUNG: In einem dicht schließenden Behälter bis zu 3 Tage.

NÄHRWERTE PRO PORTION: Kalorien: 81; Fett: 4,25 g (0,6 g gesättigte, 2,8 g einfach ungesättigte Fettsäuren); Kohlenhydrate: 10,2 g; Eiweiß: 3,35 g; Ballaststoffe: 2,1 g; Natrium: 243 mg

Quinoa mit Orangen und Pistazien

Quinoa ist ein eigenes kleines Ökosystem. Sie hält wertvolle Nährstoffe bereit, die der Mensch für körpereigene Reparaturprozesse braucht. Ihr mild-nussiger Geschmack ist die perfekte Grundlage für dieses aromatische Gericht zum Mitnehmen, bei dem Olivenöl, Zitrusaromen, Pistazien und Rosinen auf der Zunge tanzen und Kräuter wie Koriander und Minze wunderbare Aromen und krebsbekämpfende Vitalstoffe liefern.

PORTIONEN: 6

ZUBEREITUNGSZEIT: 15 Minuten

GARZEIT: 15 Minuten

75 g Pistazienkerne

300 g Quinoa

625 ml Magische Gemüsebrühe (siehe Seite 61) oder Wasser

1 TL Meersalz

1 TL Kreuzkümmel

½ TL Koriander

⅛ TL frisch gemahlener Pfeffer

25 g frisch gehackte Minze

2 Frühlingszwiebeln, fein gehackt

2 EL frisch gepresster Orangensaft

fein abgeriebene Schale von 1 Orange

1½ EL Olivenöl

1½ EL frisch gepresster Zitronensaft

100 g Rosinen

Den Backofen auf 160 °C vorheizen.

Die Pistazien auf einem Backblech verteilen und im vorgeheizten Ofen 7 bis 10 Minuten backen, bis sie aromatisch duften und leicht gebräunt sind. Abkühlen lassen.

Die Quinoa in ein Haarsieb geben und sorgfältig unter fließendem kalten Wasser abspülen.

Die Brühe mit einem Teelöffel Salz in einem Topf zum Kochen bringen. Die Quinoa einstreuen und den Deckel aufsetzen. Die Hitze reduzieren und die Quinoa 15 Minuten köcheln lassen. Den Topf vom Herd nehmen und die Quinoa mit einer Gabel auflockern. Auf einem Blech verteilen und gelegentlich eine Gabel durchziehen, bis die Quinoa erkaltet ist.

Die Quinoa in eine große Schüssel füllen. Kreuzkümmel, Koriander, Salz und Pfeffer untermischen. Minze, Frühlingszwiebeln, Orangensaft und -schale, Olivenöl, Zitronensaft, geröstete Pistazien und Rosinen unterziehen. Eventuell mit einer Prise Salz, einem Spritzer Zitronensaft oder Olivenöl abschmecken.

VARIANTE: Machen Sie eine vollwertige Mahlzeit daraus, indem Sie 170 Gramm gegarte Kichererbsen untermischen.

HINWEISE: Quinoa ist mit einem Pflanzenstoff überzogen, der leicht bitter schmeckt. Deshalb sollten Sie die Körner in einer Schüssel kaltem Wasser waschen und durch ein feines Haarsieb abgießen.

Quinoa ist glutenfrei, botanisch betrachtet also kein Getreide. Sie gehört wie Spinat oder Rüben zu den Fuchsschwanzgewächsen.

AUFBEWAHRUNG: In einem dicht schließenden Behälter bis zu 4 Tage im Kühlschrank.

NÄHRWERTE PRO PORTION: Kalorien: 265; Fett: 10,3 g (1,3 g gesättigte, 5,9 g einfach ungesättigte Fettsäuren); Kohlenhydrate: 40 g; Eiweiß: 7 g; Ballaststoffe: 6 g; Natrium: 435 mg

Quinoabrei mit Walnusscreme

PORTIONEN: 6

ZUBEREITUNGSZEIT: 10 Minuten

GARZEIT: 20 Minuten (mit über Nacht eingeweichten Walnüssen)

WALNUSSCREME

120 g Walnusskerne

250 ml Wasser

1 TL frisch gepresster Zitronensaft

1 TL Ahornsirup (wenn die Creme süßer werden soll, etwas mehr verwenden)

½ TL Meersalz

QUINOA

200 g Quinoa

500 ml Wasser

¼ TL Meersalz

2 EL frisch gepresster Orangensaft

1 EL Ahornsirup

1 TL Zimtpulver

½ TL gemahlener Ingwer

⅛ TL frisch geriebene Muskatnuss

375–500 g frische Blaubeeren, Brombeeren und/oder Himbeeren

80 g Walnusskerne, grob gehackt

Proteine sind wirklich wichtig, um während und nach einer Behandlung bei Kräften zu bleiben, und Quinoa ist eine ausgezeichnete pflanzliche Proteinquelle. Wenn Sie Hafer, Hirse oder Buchweizen mögen, werden Sie auch den leicht nussigen Geschmack und die knackige Textur von Quinoa schätzen. Sie ist vielseitig und lässt sich gut portionsweise im Kühlschrank aufbewahren. Hier profitiert sie vom Fett aus der Walnusscreme, die diesen aromatischen Brei herrlich verfeinert. Mit Zimt, Muskat und frischen Beeren (Blaubeeren, Brombeeren oder Himbeeren, ganz, wie Sie wollen) hat dieser Brei das Potenzial zum Lieblingsverwöhngericht.

Für die Walnusscreme die Walnüsse in einer Schüssel mit Wasser bedecken und über Nacht stehen lassen. Am nächsten Tag den Ofen auf 180 °C vorheizen. Die Walnüsse gut abtropfen lassen und auf einem Backblech verteilen. Im vorgeheizten Ofen 8 bis 10 Minuten rösten, bis sie leicht gebräunt und aromatisch sind, dann auf einem Teller vollständig erkalten lassen.

Die Walnüsse mit Wasser, Zitronensaft, Ahornsirup und Salz im Mixer oder mit dem Pürierstab 1 bis 2 Minuten zu einer glatten, cremigen Masse verarbeiten. In ein Schraubglas oder eine Schale füllen.

Die Quinoa in ein Haarsieb geben und sorgfältig unter fließendem kalten Wasser abspülen, dann abtropfen lassen. Mit dem Wasser und Salz in einem mittleren Topf bei starker Hitze zum Kochen bringen. Die Hitze dann auf niedrige Stufe reduzieren und die Quinoa bei aufgesetztem Deckel etwa 15 Minuten köcheln lassen, bis das Wasser absorbiert ist. Den Topf vom Herd nehmen und die Quinoa einige Minuten ausdampfen lassen, dann mit einer Gabel auflockern.

Vor dem Servieren 125 Milliliter Walnusscreme, Orangensaft, Ahornsirup, Zimt, Ingwer und Muskatnuss unter die gegarte Quinoa ziehen. In Servierschalen füllen und mit einem Klecks Walnusscreme, Beeren und Walnüssen garnieren.

AUFBEWAHRUNG: In einem dicht schließenden Behälter bis zu 4 Tage im Kühlschrank.

NÄHRWERTE PRO PORTION: Kalorien: 370; Fett: 24 g (2,5 g gesättigte, 3,5 g einfach ungesättigte Fettsäuren); Kohlenhydrate: 33 g; Eiweiß: 10 g; Ballaststoffe: 5 g; Natrium: 240 mg

»Ciao Bella«-Chiapudding nach Kathie Swift

Chiasamen sind so etwas wie die lateinamerikanischen Verwandten von Leinsamen. Beide enthalten große Mengen an entzündungshemmenden Omega-3-Fettsäuren und reichlich Ballaststoffe für eine bessere Blutzuckerregulierung. Chiasamen haben die tolle Eigenschaft, dass sie – wenn sie über Nacht in Wasser eingeweicht werden – stark aufquellen und eindicken. Ich habe mir ein Rezept meiner Freundin, der hervorragenden ganzheitlichen Ernährungsberaterin Kathie Madonna Swift, ausgeliehen. Sie gibt etwas Kokosmilch, Vanille und einige Gewürze zu den Chiasamen und heraus kommt – tatatata! – ein toller Pudding. Hier folge ich Kathies Empfehlung, ihn auch mal mit Kefir zuzubereiten, der für eine intakte Darmflora sorgt. Chiapudding ist ein tolles Frühstück oder eine schnelle Zwischenmahlzeit, die Ihnen Schwung und Energie gibt.

PORTIONEN: 2

ZUBEREITUNGSZEIT: 5 Minuten (mit über Nacht im Kühlschrank gequollenen Samen)

GARZEIT: –

250 ml Kefir aus Kuh- oder Pflanzenmilch

4 EL Chiasamen

2 TL Ahornsirup

1 TL Vanillearoma

1 TL Zimtpulver

125 g frische oder TK-Blaubeeren

1 EL Mandelstifte

Den Kefir mit Chiasamen, Ahornsirup, Vanillearoma und Zimt in ein 1-Liter-Schraubglas füllen, verschließen und kräftig schütteln, bis die Zutaten gut gemischt sind. Im Kühlschrank mindestens 3 Stunden, am besten aber über Nacht kühlen und quellen lassen.

Mit Blaubeeren und Mandelstiften garniert servieren.

VARIANTE: Schoko-Zimt-Chiapudding – ½ Teelöffel Zimtpulver und ½ Teelöffel Kakaopulver mit den anderen Zutaten ins Glas geben. Mit gehackten Walnusskernen und Bananenscheiben servieren.

HINWEIS: Ich schichte den Pudding gern mit frischen Blaubeeren in ein Glas und garniere ihn mit Mandelstiften. Wenn der Pudding zu fest wird, rühre ich etwas Mandelmilch unter.

AUFBEWAHRUNG: In einem dicht schließenden Behälter bis zu 3 Tage im Kühlschrank.

NÄHRWERTE PRO PORTION: Kalorien 203; Fett: 10,6 g (0,7 g gesättigte, 0,5 g einfach ungesättigte Fettsäuren); Kohlenhydrate: 20 g; Eiweiß: 7,4 g; Ballaststoffe: 8 g; Natrium: 58 mg

Mediterraner Linsensalat

PORTIONEN: 6

ZUBEREITUNGSZEIT: 10 Minuten

GARZEIT: 25 Minuten

200 g Linsen, vorzugsweise grüne Le-Puy-Linsen, gut abgespült

1 Knoblauchzehe, abgezogen und zerdrückt

½ TL getrockneter Oregano

Meersalz

2 Lorbeerblätter

1 Zimtstange oder ¼ TL Zimtpulver

4 EL natives Olivenöl extra

2 EL frisch gepresster Zitronensaft

1 TL fein abgeriebene Zitronenschale

½ TL gemahlener Kreuzkümmel

1 roter Paprika, klein gewürfelt

1 kleine Salatgurke, entkernt und klein gewürfelt

40 g entsteinte Kalamata-Oliven, abgespült, in Ringen

3 EL frisch gehackte Minze

3 EL frisch gehackte glatte Petersilie

frisch gemahlener schwarzer Pfeffer

60 g Feta, zerkrümelt (optional)

Bei diesem Salat läuft alles anders herum als sonst. Das Dressing wird nicht am Schluss drübergegossen, sondern man lässt die Linsen in einer Mischung aus Olivenöl, Zitrone und Kreuzkümmel abkühlen und im Kühlschrank ziehen. Dabei nehmen die Hülsenfrüchte deren wundervolle Aromen auf, die durch die Zugabe von rotem Paprika, Oliven, Petersilie und Minze noch unterstrichen werden. Dieser mediterrane Hochgenuss ist wie ein Kreta-Urlaub am heimischen Esstisch. Le-Puy-Linsen behalten ihre Form auch nach dem Garen. Deshalb sind sie perfekt für Salate.

Die Linsen mit Knoblauch, Oregano, ¼ Teelöffel Salz, Lorbeerblättern und Zimtstange in einem Topf mischen und so viel Wasser zugießen, dass die Linsen 5 Zentimeter hoch bedeckt sind. Zum Kochen bringen, dann abdecken, die Hitze reduzieren und 20 bis 25 Minuten köcheln lassen, bis die Linsen weich sind. Das Wasser abgießen. Die Linsen gut abtropfen und etwas abkühlen lassen. Die ganzen Gewürze entfernen.

In einer Schüssel Olivenöl, Zitronensaft, Zitronenschale, Kreuzkümmel und ¼ Teelöffel Salz verrühren. Die Linsen darin wenden und 20 Minuten im Kühlschrank ziehen lassen.

Paprika, Gurke, Oliven, Minze und Petersilie unterheben. Eventuell mit etwas Salz, Pfeffer oder Zitronensaft nachwürzen. Nach Belieben mit Feta bestreut servieren.

AUFBEWAHRUNG: In einem dicht schließenden Behälter bis zu 5 Tage im Kühlschrank.

NÄHRWERTE PRO PORTION: Kalorien: 210; Fett: 11,6 g (1,5 g gesättigte, 7,8 g einfach ungesättigte Fettsäuren); Kohlenhydrate: 21 g; Eiweiß: 7 g; Ballaststoffe: 5 g; Natrium: 195 mg

Schwarzer Reissalat

PORTIONEN: 4

ZUBEREITUNGSZEIT: 5 Minuten (mit über Nacht eingeweichtem Reis)

GARZEIT: 35 Minuten

---

500 ml Wasser

2 Scheiben Ingwer (à 1 cm) + 1 TL frisch geriebener Ingwer

2 Stücke Sternanis (optional)

Meersalz

200 g schwarzer Reis, über Nacht in Wasser eingeweicht und abgespült

1 EL frisch gepresster Limettensaft

1 EL Reisessig

2 EL fein gehackter Koriander, Basilikum oder Minze

2 EL fein gewürfelter roter Paprika

Dieses Rezept ist wie einer dieser wunderbaren amerikanischen Quilts, bei denen jeder bunte Farbflicken – oder in diesem Fall jede Zutat – eine Bedeutung hat. Schwarzer Reis wurde früher auch »das verbotene Korn des Kaisers« genannt, da einst nur der chinesische Kaiser davon essen durfte. Wie bei vielen Getreide- und Gemüsesorten ist die intensive Farbe des schwarzen Reises ein Hinweis auf große Mengen an Antioxidantien und sekundären Pflanzenstoffen. Sternanis hat ebenfalls antikarzinogene Eigenschaften und sorgt für ein angenehmes Aroma.

Das Wasser mit Ingwerscheiben, Sternanis und ¼ Teelöffel Salz in einem Topf zum Kochen bringen, dann den Reis unterrühren. Den Deckel aufsetzen, die Hitze reduzieren und 30 Minuten köcheln lassen, bis die Flüssigkeit absorbiert ist. Dann prüfen, ob der Reis gar ist.

Limettensaft, Essig, geriebenen Ingwer und eine Prise Salz in einer Schüssel verrühren. Den Reis mit dem Dressing vermengen. Koriander und Paprika unterheben. Sofort servieren.

AUFBEWAHRUNG: In einem dicht schließenden Behälter bis zu 7 Tage im Kühlschrank.

NÄHRWERTE PRO PORTION: Kalorien: 185; Fett: 1,9 g (0,5 g gesättigte, 0,6 g einfach ungesättigte Fettsäuren); Kohlenhydrate: 40 g; Eiweiß: 5 g; Ballaststoffe: 4 g; Natrium: 150 mg

Einfacher toskanischer Farro

Man muss kein Anhänger der Paleo-Diät sein, um Farro zu mögen. Farro ist die italienische Bezeichnung für Emmer, eine der ältesten kultivierten Getreidearten. Archäologische Grabungen haben ans Licht gebracht, dass er im Nahen Osten bereits vor 10 000 Jahren angebaut wurde. Auch die Römer wussten Farro zu schätzen, sättigte er doch die Legionäre auf ihren kräftezehrenden Märschen. Ich mag an Farro, dass er ernährungsphysiologisch wesentlich wertvoller ist als Weizen. Auch Menschen, die empfindlich auf Weizen reagieren, vertragen Farro eventuell, weil er weniger Gluten enthält.

PORTIONEN: 6

ZUBEREITUNGSZEIT: 5 Minuten (mit über Nacht eingeweichtem Farro)

GARZEIT: 30 Minuten

400 g Farro

1,5 l Wasser

Saft von 1 Zitrone

1,5 l Magische Gemüsebrühe (siehe Seite 61) oder Wasser

Meersalz

2 TL natives Olivenöl extra

1 EL frisch gepresster Zitronensaft

Den Farro mit Wasser und Zitronensaft in eine Schüssel geben und mindestens 8 Stunden oder über Nacht quellen lassen.

Das Wasser abgießen, den Farro abspülen und abtropfen lassen. Die Brühe mit einer Prise Salz in einem großen Topf zum Kochen bringen. Den Farro einstreuen und erneut zum Kochen bringen. Dann die Hitze reduzieren, den Deckel aufsetzen und 20 bis 30 Minuten köcheln lassen, bis der Farro gar ist. Das Olivenöl und 1 Esslöffel Zitronensaft unterziehen.

HINWEIS: Wenn der Farro zu Ihrer Zufriedenheit gegart ist, können Sie die restliche Brühe problemlos abgießen. Die Textur von gegartem Farro gleicht der von Rollgerste. Gegarter Farro lässt sich gut einfrieren und etwa als Suppeneinlage verwenden.

AUFBEWAHRUNG: In einem dicht schließenden Behälter bis zu 2 Tage im Kühlschrank und bis zu 2 Monate im Gefrierfach.

NÄHRWERTE PRO PORTION: Kalorien: 275; Fett: 1,7 g (0,3 g gesättigte, 1,1 g einfach ungesättigte Fettsäuren); Kohlenhydrate: 56 g; Eiweiß: 11 g; Ballaststoffe: 6 g; Natrium: 230 mg

Reispapierrollen Moo-Shu

PORTIONEN: 6

ZUBEREITUNGSZEIT: 10 Minuten

GARZEIT: –

6 runde Reispapierblätter (20 cm Durchmesser)

2 EL Edamame-Avocado-Dip mit Wasabi (siehe Seite 143)

180 g Warmer Krautsalat (siehe Seite 109)

180 g zerkleinertes gegartes Hähnchenfleisch

12 frische Minzeblätter

Eine meiner Lieblingsmethoden, Menschen dazu zu bringen, Gemüse zu essen, ist, das Grünzeug einfach in Reispapier zu wickeln. Wenn Sie schon mal vietnamesische Frühlingsrollen gegessen haben, wissen Sie, wovon ich rede. Reispapierblätter findet man mittlerweile in jedem gut sortierten Supermarkt oder im asiatischen Lebensmittelgeschäft. Sie sehen aus wie gefrostetes Glas, aber nach einem kurzen Bad in warmem Wasser werden sie weich und faltbar. Breiten Sie sie auf der Arbeitsfläche aus, belegen Sie sie und rollen Sie sie dann wie einen kleinen Burrito auf. Nach zwei bis drei Rollen haben Sie die Technik raus (ich habe es auch Kindern beigebracht). Das Resultat ist einfach köstlich; die Rollen sind einfach zu schlucken und zu verdauen.

Eine breite Schüssel mit warmem Wasser füllen. Die Reisblätter nacheinander etwa 30 bis 60 Sekunden darin wenden, bis sie weich und faltbar sind. Auf einer sauberen Arbeitsfläche ausbreiten und das untere Drittel mit je 1 Teelöffel Edamame-Dip bestreichen, dabei einen 5 Zentimeter breiten Rand lassen. Je ein Sechstel Salat und Hähnchenfleisch darauf verteilen. Mit je 2 Minzeblättern belegen. Die beiden Seiten einschlagen und die Füllung leicht andrücken. Nun den unteren Rand darüberschlagen.

Das restliche Reisblatt mit den Fingern mit warmem Wasser befeuchten. Das Blatt fest um die Füllung aufrollen. Die Rollen mit einem scharfen Messer diagonal halbieren.

HINWEIS: Wenn Sie die Rollen für unterwegs mitnehmen wollen, sollten Sie sie ganz lassen und fest in Wachspapier einschlagen.

AUFBEWAHRUNG: In einem dicht schließenden Behälter bis zu 3 Tage im Kühlschrank.

NÄHRWERTE PRO PORTION: Kalorien: 140; Fett: 4,7 g (1 g gesättigte, 1,8 g einfach ungesättigte Fettsäuren); Kohlenhydrate: 11 g; Eiweiß: 12 g; Ballaststoffe: 1 g; Natrium: 250 mg

Tortilla-Rädchen mit Gemüse und Hummus

Diese Wraps sind eine schnelle, gesunde Stärkung für zwischendurch. Curry ist eines meiner Lieblingsgewürze, insbesondere wenn ich mit Krebspatienten arbeite. Kurkuma, Gelbwurz, bildet die Grundlage jeder Currymischung und enthält den Pflanzenstoff Kurkumin, der krebsbekämpfende und appetitanregende Eigenschaften hat. Hier würze ich Hummus mit Curry, weil die Kichererbsencreme eine gute Grundlage für Gewürze und Gemüse ist. In Scheiben geschnitten sind die aufgerollten Tortillas ein tolles Fingerfood, das einfach zuzubereiten und zu essen ist und sich auch gut mitnehmen lässt. Wenn Sie sich fragen, was die Mango hier zu suchen hat, dann probieren Sie doch einfach mal ein Rädchen – oder zwei oder drei …

PORTIONEN: 4

ZUBEREITUNGSZEIT: 10 Minuten

GARZEIT: –

4 Dinkel- oder Weizenvollkorntortillas oder glutenfreie Tortillas (20 cm Durchmesser)

220 g Hummus mit Curry (siehe Seite 145)

120 g Babyspinat

100 g Karotten, geschält und geraspelt

100 g Gurke, geschält, entkernt und geraspelt

75 g Mango, in feinen Streifen (optional)

Eine Tortilla auf die Arbeitsfläche legen. Mit einem Viertel des Hummus bestreichen, dabei einen 2 Zentimeter breiten Rand lassen. Je ein Viertel von Spinat, Karotten, Gurke und, falls gewünscht, Mango darauf verteilen. Fest aufrollen. Die Kante mit einem Klecks Hummus zusammenkleben. Mit den restlichen Zutaten wiederholen. Die Enden begradigen, dann die Rolle diagonal halbieren oder in 2 Zentimeter breite Scheiben schneiden.

AUFBEWAHRUNG: In einem dicht schließenden Behälter bis zu 3 Tage im Kühlschrank.

NÄHRWERTE PRO PORTION: Kalorien: 340; Fett: 8,8 g (0,8 g gesättigte, 2,6 g einfach ungesättigte Fettsäuren); Kohlenhydrate: 53 g; Eiweiß: 12 g; Ballaststoffe: 10 g; Natrium: 835 mg

Kapitel 6

Stärkende Getränke

Ob man gerade Sport getrieben, den Garten auf Vordermann gebracht hat oder einfach nur in der Sonne sitzt – ein gekühltes Getränk löscht den Durst, erfrischt und macht zufrieden. Und wenn die Temperaturen sinken? Dann sorgt ein schönes Glas heißer Tee, vielleicht mit einer Zimtstange darin, oder eine heiße Schokolade dafür, dass einem warm ums Herz wird.

Das richtige Getränk voller wertvoller Nährstoffe kann insbesondere für Menschen mit Kopf-, Hals- oder Mundbeschwerden, die sich durch bestimmte Krebsarten und deren Therapie ergeben, eine wahre Wohltat sein. Ich habe das bei meinem Vater erlebt, der mit Kehlkopfkrebs kämpfte. Die Bestrahlungen machten seine Kehle so wund, dass er keine festen Speisen zu sich nehmen konnte. Die einzige Möglichkeit, an Nährstoffe zu kommen, waren für ihn diverse Smoothies, die seine Schmerzen linderten und seinem Körper wichtige Vitalstoffe zuführten.

Die leckeren Smoothies, die Sie in diesem Buch finden, sind wegen ihrer hohen Nährstoffdichte eine ausgezeichnete Flüssignahrung und jeder, der mit Gewichtsverlust kämpft, kann schon von ein paar Schlucken profitieren. Sie sind mit Kräutern sowie Gewürzen wie Ingwer (super bei Bauchschmerzen) und Zimt (ideal zur Blutzuckerregulierung) verfeinert und enthalten sogar gemahlene Leinsamen, die oft bei Krebstherapien empfohlen werden.

Smoothies sind aber auch bei Dehydration, einer häufigen, aber oft unterschätzten Nebenwirkung der Therapie, Gold wert. Die meisten Menschen denken, es reicht, Wasser zu trinken. Nicht unbedingt. Wasser ohne Elektrolyt- und Mineralzusätze schwemmt dringend benötigte Nährstoffe aus. Und Patienten, die einen metallischen Geschmack im Mund haben, finden sogar Leitungswasser ungenießbar. Wenn Sie jemals destilliertes Wasser probiert haben, wissen Sie, was ich meine.

Die Getränke und Erfrischungen in diesem Kapitel versorgen Sie nicht nur mit Flüssigkeit, sondern können auch Übelkeit vorbeugen, Nährstoffverluste durch Durchfall kompensieren und Verstopfungen durch Schmerzmittel wie Opioide entgegenwirken. Ganz abgesehen davon, sind sie wahlweise extrem erfrischend und belebend oder wärmend. Wenn Ihr Arzt Ihnen rät, gekühlte Getränke zu meiden, kein Problem: Die Smoothies schmecken auch, wenn sie zimmerwarm sind.

Masala-Chai mit Kurkuma und Zimt

PORTIONEN: 1

ZUBEREITUNGSZEIT: 5 Minuten

GARZEIT: 10 Minuten

30 ml Wasser

250 ml Mandelmilch

½ TL Kurkuma

¼ TL Zimtpulver

35 g frischer Ingwer, geschält, in feinen Scheiben

1 Prise frisch gemahlener Pfeffer

2 TL reiner Ahornsirup

Masalas sind indische Gewürzmischungen, die in unterschiedlicher Zusammensetzung für die verschiedensten Gerichte, aber auch für Tee (Chai) verwendet werden. Dieser wunderbare Chai ist unglaublich wohltuend für Körper und Geist. Die verwendeten Gewürze, insbesondere Kurkuma und Zimt, haben ausgezeichnete entzündungshemmende Eigenschaften. Ich empfehle diesen Chai allen mit schwachem Appetit oder mit Verdauungsstörungen. Zusätzlicher Pluspunkt: Die Mandelmilch schmeckt nicht nur toll, sondern ist auch geeignet für Menschen mit Lactoseintoleranz.

Das Wasser mit Mandelmilch, Kurkuma, Zimt, Ingwer und Pfeffer in einen kleinen Topf füllen. Bei niedriger bis mittlerer Hitze etwa 2 Minuten erhitzen, bis die Mischung aufwallt. Den Deckel aufsetzen und weitere 3 Minuten köcheln lassen. Den Herd ausschalten, Ahornsirup unterrühren und 5 Minuten ziehen lassen. In ein Glas abseihen.

AUFBEWAHRUNG: –

NÄHRWERTE PRO PORTION: Kalorien 99; Fett: 2,75 g (0,5 g gesättigte, 0,2 g einfach ungesättigte Fettsäuren); Kohlenhydrate: 18 g; Eiweiß: 1,3 g; Ballaststoffe: 1,1 g; Natrium: 149 mg

Annemaries beruhigendes Kudzu-Elixier

ERGIBT: 1 Tasse

ZUBEREITUNGSZEIT: 3 Minuten

GARZEIT: 5 Minuten

1½ EL Kudzupulver

250 ml kalter naturtrüber Apfelsaft

⅛ TL frisch geriebener Ingwer (optional)

1 TL Vanillearoma

¼ TL Zimtpulver

Meine Mentorin Annemarie Colbin ist die Gründerin der Kochschule, die ich besucht habe, das Natural Gourmet Institute for Health and Culinary Arts, und die Autorin von *Food and Healing,* der Bibel für alle Köche, die an die gesundheitsfördernde Wirkung von Essen glauben. Dieses Rezept stammt aus ihrem Buch; es ist ein stresslinderndes Heilmittel mit Kudzupulver, das aus den Knollen einer Kletterpflanze aus der Familie der Hülsenfrüchte gewonnen wird und wirkungsvoll bei Übelkeit und nervösem Magen ist. Ich gebe lediglich noch etwas Ingwer und Zimt dazu. An Tagen, an denen man am liebsten in den Arm genommen werden möchte, aber gerade niemand da ist, ist dieses Gebräu genau der richtige Tröster.

Das Kudzupulver in einem kleinen Topf in den Apfelsaft streuen und rühren, bis es sich aufgelöst hat. Ingwer, Vanillearoma und Zimt unterrühren und bei niedriger bis mittlerer Hitze unter ständigem Rühren aufkochen, bis die Flüssigkeit leicht eindickt und wieder klar wird. Heiß oder kalt servieren.

VARIANTEN: Für eine herrlich beruhigende Creme folgen Sie Annemaries Originalrezept: Ingwer und Zimt weglassen und den Apfelsaft mit 2 Esslöffeln Kudzupulver eindicken.

Für eine nährstoffreiche Creme mit Extraprotein rühren Sie 1 Esslöffel Tahini in die Mischung, sobald sie eindickt.

HINWEIS: Kudzu ist ein wunderbares Verdickungsmittel, das Sie überall statt Speisestärke einsetzen können. Das Kudzupulver sollte erst mit 1 Esslöffel kaltem Wasser klümpchenfrei angerührt werden, bevor es weiterverwendet wird.

AUFBEWAHRUNG: –

NÄHRWERTE PRO PORTION: Kalorien: 170; Fett: 0 g; Kohlenhydrate: 39 g; Eiweiß: 0 g; Ballaststoffe: 0 g; Natrium: 30 mg

Commonweals Wundertee

Sie kennen ja den Spruch, dass man viele Frösche küssen muss, bevor man einen Prinzen findet. So ähnlich ging es mir auch mit diesem Rezept; man muss viele ausprobieren, bis man das beste findet, nämlich dieses. Es wurde vor Jahren von den genialen Mitarbeitern des Commonweal Cancer Help Program, einem Zentrum für Krebspatienten und pflegende Angehörige, entwickelt. Ich habe die Erlaubnis, Ihnen das Rezept zu verraten. Wenn ich im Commonweal koche, bereite ich jeden Tag sechs Liter davon zu, damit ich jedem, der durch die Tür kommt, gleich eine Tasse einschenken kann. Ja, so beliebt ist dieser Tee. Die Mischung aus Ingwer, Gewürznelken, Zimt und Kardamom fühlt sich an wie eine wohltuende Rückenmassage und schmeckt so lecker, dass ich glatt darin eintauchen könnte.

ERGIBT: 8 Tassen

ZUBEREITUNGSZEIT: 5 Minuten

GARZEIT: 55 Minuten

- 35 g frischer Ingwer, geschält und in 5 mm dicken Scheiben
- 2,5 l Wasser
- 3 EL Koriandersamen
- 1½ EL Kardamomkapseln
- 4 Zimtstangen
- 5 Gewürznelken
- 375 ml Reis- oder Mandelmilch
- 1–3 EL Ahornsirup
- 1 TL Vanillearoma

Ingwer und Wasser in einen Topf geben und zum Kochen bringen. Die Hitze reduzieren und bei aufgesetztem Deckel 30 Minuten köcheln lassen.

Koriander, Kardamom, Zimtstangen und Gewürznelken zufügen und weitere 20 Minuten köcheln lassen.

Den Tee durch ein Haarsieb in einen sauberen Topf abseihen (die Gewürze aufbewahren; siehe Hinweis). Reismilch und Ahornsirup zugießen und 2 bis 3 Minuten sanft erhitzen, aber nicht kochen. Das Vanillearoma unterrühren und abschmecken. Gegebenenfalls noch etwas Reismilch oder Ahornsirup zufügen. Heiß oder kalt servieren.

HINWEIS: Die Gewürze können nach dem Abseihen für eine kleinere Portion wiederverwendet werden. Sie halten sich 4 bis 5 Tage im Kühlschrank. Für einen zweiten Aufguss bringen Sie die Gewürze mit 2 Litern Wasser zum Kochen und lassen sie dann 30 Minuten köcheln. Dann wird der Tee wie oben beschrieben abgeseiht, mit Milch und Süßungsmittel 2 bis 3 Minuten erhitzt und mit Vanille aromatisiert. Die Gewürze sollten nun entsorgt werden.

AUFBEWAHRUNG: In einem dicht schließenden Behälter bis zu 1 Woche im Kühlschrank. Ohne Milch und Süßungsmittel bis zu 2 Wochen im Kühlschrank.

NÄHRWERTE PRO PORTION: Kalorien: 40; Fett: 0,9 g (0 g gesättigte, 0,6 g einfach ungesättigte Fettsäuren); Kohlenhydrate: 8 g; Eiweiß: 0 g; Ballaststoffe: 1 g; Natrium: 15 mg

Grüner Tee mit Ingwer und Minze

ERGIBT: 4 Tassen

ZUBEREITUNGSZEIT: 3 Minuten

GARZEIT: 25 Minuten

1 l Wasser

4 Scheiben geschälter frischer Ingwer à 5 mm

1 Beutel grüner Tee

1 Beutel Pfefferminztee

1 EL frisch gepresster Zitronensaft

1 TL Honig

Dieser Tee ist wie die sanft kreisende Massage einer Mutter bei einem Kind mit Bauchschmerzen, denn Minze und Ingwer helfen dabei, dass die Muskulatur im Bauchraum entspannt.

Das Wasser mit Ingwer in einem Topf zum Kochen bringen. Dann die Hitze reduzieren und bei aufgesetztem Deckel 10 Minuten köcheln lassen. Den Topf vom Herd nehmen. Grün- und Pfefferminzteebeutel hineingeben und 10 Minuten ziehen lassen.

Teebeutel und Ingwer entfernen. Zitronensaft und Honig einrühren. Heiß servieren oder erkalten lassen und auf Eis servieren.

AUFBEWAHRUNG: In einem dicht schließenden Behälter bis zu 5 Tage im Kühlschrank.

NÄHRWERTE PRO PORTION: Kalorien: 10; Fett: 0 g; Kohlenhydrate: 2 g; Eiweiß: 0 g; Ballaststoffe: 0 g; Natrium: 0 mg

Limonade aus Grüntee und Ingwer

ERGIBT: 4 Tassen

ZUBEREITUNGSZEIT: 3 Minuten

GARZEIT: 25 Minuten (plus 1 Stunde fürs Abkühlen)

1 l Wasser

4 Scheiben geschälter frischer Ingwer à 5 mm

2 Beutel grüner Tee

1 El frisch gepresster Zitronensaft

2 TL Honig

Grüner Tee ist gut für Sie, denn vielen seiner Inhaltsstoffe wird eine antikarzinogene Wirkung zugesprochen. Ich liebe grünen Tee, weiß aber wohl, dass ihn manche bitter finden. Um den bitteren Geschmack zu überdecken, habe ich einfach Ingwer und Zitrone mit etwas Honig dazugemogelt. Das Ergebnis ist eine erfrischende Limonade, die viel gesünder ist als vergleichbares Zeug aus dem Supermarkt. Möchten Sie die Süße noch weiter betonen, geben Sie den Saft von frisch gepressten Orangen dazu.

Das Wasser mit dem Ingwer in einem Topf zum Kochen bringen, dann die Hitze reduzieren und bei aufgesetztem Deckel 10 Minuten köcheln lassen. Den Topf vom Herd nehmen, die Teebeutel hineingeben und 10 Minuten ziehen lassen.

Teebeutel und Ingwer herausnehmen. Zitronensaft und Honig unterrühren. Erkalten und mindestens 1 Stunde im Kühlschrank ziehen lassen, dann auf Eis servieren.

AUFBEWAHRUNG: In einem dicht schließenden Behälter bis zu 7 Tage im Kühlschrank.

NÄHRWERTE PRO PORTION: Kalorien: 15; Fett: 0 g; Kohlenhydrate: 3 g; Eiweiß: 0 g; Ballaststoffe: 0 g; Natrium: 0 mg

Zimt-Ingwer-Tee

Ich experimentiere schon seit Jahren mit Ingwer in unterschiedlichsten Formen. In der ayurvedischen Medizin, der traditionellen indischen Heilkunde, heizt Ingwer die Verdauung an und fördert dadurch den Stoffwechsel in Magen und Darm. Hier habe ich Ingwer mit dem warmen, süßen Aroma von Zimt kombiniert, um eine Art Chai mit gesundheitsfördernder Wirkung zu erhalten. Zimt reguliert den Blutzucker und beeinflusst wie Ingwer entzündliche Prozesse. Dieser Tee ist eine tolle Möglichkeit, Geschmackssinn und Magen anzuregen.

ERGIBT: 4 Tassen
ZUBEREITUNGSZEIT: 3 Minuten
GARZEIT: 15 Minuten

1 l Wasser

4 Scheiben geschälter frischer Ingwer à 5 mm

1 Zimtstange

2 TL Honig

Das Wasser mit Ingwer und Zimtstange in einem Topf zum Kochen bringen. Dann die Hitze reduzieren und bei aufgesetztem Deckel 10 Minuten köcheln lassen. Ingwer und Zimtstange entfernen. Den Honig unterrühren und sofort servieren.

AUFBEWAHRUNG: In einem dicht schließenden Behälter bis zu 5 Tage im Kühlschrank.

NÄHRWERTE PRO PORTION: Kalorien: 13; Fett: 0 g; Kohlenhydrate: 3 g; Eiweiß: 0 g; Ballaststoffe: 0 g; Natrium: 0 mg

Spritziger Ingwertee

Dieses erfrischende und kühlende Getränk schmeckt wunderbar und hilft außerdem bei Übelkeit.

ERGIBT: 1 Tasse Sirup
ZUBEREITUNGSZEIT: 3 Minuten
GARZEIT: 20 Minuten

3 Beutel Ingwertee

500 ml kochend heißes Wasser

¼ TL Honig

¼ TL frisch gepresster Zitronensaft

Mineralwasser mit Kohlensäure

Die Teebeutel in einen kleinen Topf geben, das Wasser zugießen und 15 Minuten ziehen lassen.

Den Topf bei mittlerer Hitze auf den Herd setzen und den Tee auf die Hälfte einkochen lassen. Honig und Zitronensaft unterrühren, dann zimmerwarm abkühlen lassen.

Pro Person 2 Esslöffel Ingwersirup in ein Glas füllen und mit Mineralwasser auffüllen.

HINWEIS: Sie können den Sirup auch mal mit Kamille- oder Kamille-Ingwer-Teebeuteln (falls zu finden) zubereiten.

AUFBEWAHRUNG: Sirup in einer dicht schließenden Flasche bis zu 5 Tage im Kühlschrank.

NÄHRWERTE PRO PORTION: Kalorien: 0; Fett: 0 g; Kohlenhydrate: 0 g; Eiweiß: 0 g; Ballaststoffe: 0 g; Natrium: 0 mg

Erfrischende Wassermelonen-Granita

Nachdem ich diese Granita zum ersten Mal ausprobiert hatte, roch mein ganzer Gefrierschrank nach süßer Wassermelone. Ich hatte die flüssige Masse in einer flachen Form in den Gefrierschrank gestellt. Als ich die Gefrierschrankschublade Minuten später wieder rauszog (ich dachte nicht mehr an die Granita), schwappte eine Welle roter Flüssigkeit heraus – nicht ganz so schlimm wie aus der Aufzugtür in *Shining*, aber trotzdem eine Riesensauerei. Ich musste den ganzen Schrank auswischen und alles wieder reinräumen. Dumm gelaufen. Ich bereitete eine zweite Portion Granita zu, gab sie wieder in den Gefrierschrank und ging hinaus. Nach ein paar Minuten ging mein Mann Gregg in die Küche. Pause. »Beccaaa!!« Sie ahnen, was passiert war ... Als ich Gregg und den Gefrierschrank (in dieser Reihenfolge) wieder sauber hatte, machte ich eine dritte Portion – und endlich klappte es!

PORTIONEN: 6

ZUBEREITUNGSZEIT: 8 Minuten

GARZEIT: 2 Stunden im Kühlschrank

450 g Melonenfruchtfleisch, gehackt

2½ EL frisch gepresster Limettensaft

2 TL Honig

Die Wassermelone im Mixer oder mit dem Pürierstab glatt pürieren.

Limettensaft und Honig einarbeiten. In eine gefriergeeignete Form (20 x 25 Zentimeter) mit mindestens 5 Zentimeter hohem Rand füllen und 1 Stunde gefrieren.

Mit einer Gabel gefrorene Stellen in kleine Kristalle brechen und Richtung Mitte ziehen. Die Granita wieder in den Gefrierschrank stellen und zwei weitere Male alle 30 Minuten mit der Gabel wie beschrieben bearbeiten, bis die Masse fest ist.

VARIANTE: Eine lustige Granita-Variante ist Wassereis mit Fruchtkern. Dazu das Fruchtpüree in einen Eiswürfelträger füllen und jeweils ein paar Blaubeeren hineingeben. Wenn die Masse etwas angezogen hat, einen Zahnstocher oder Lollistiel in die Mitte stechen. So können Sie Granita als Eis am Stiel genießen oder Sie lassen die Stiele weg und verwenden die Granitawürfel als Eiswürfel. So oder so, die Fruchteiswürfel sind ein Fest für die Augen und sehr gut geeignet für Menschen mit wunden Stellen im Mund.

AUFBEWAHRUNG: In einem dicht schließenden Behälter bis zu 3 Wochen im Gefrierfach.

NÄHRWERTE PRO PORTION: Kalorien: 20; Fett: 0 g; Kohlenhydrate: 7 g; Eiweiß: 0 g; Ballaststoffe: 0 g; Natrium: 0 mg

Melonen-Granita mit Minze

PORTIONEN: 10

ZUBEREITUNGSZEIT: 30 Minuten

GARZEIT: 2 Stunden im Kühlschrank

4 EL kochend heißes Wasser

50 g frische Minzeblätter + 10 frische Blätter, fein gehackt

1 kg Cantaloupe-Melonenfruchtfleisch, gehackt

2 TL Honig

2 EL frisch gepresster Limettensaft

Wenn eine Krebstherapie den Körper austrocknet, was relativ häufig vorkommt, sind Granitas eine große Hilfe. Sie haben die Konsistenz von Wassereis und sind auch großartig für Menschen mit wunden Stellen im Mund. Melonen enthalten eine Menge Wasser, liefern aber auch viele Nährstoffe. Eine Einschränkung gibt es: Melonen sollten nicht mit anderen Speisen kombiniert werden, weil sie dann einiges Rumoren hervorrufen können. Allein verzehrt, gelangen sie zügig in den Dünndarm, wo die Nährstoffe schnell absorbiert werden. Cantaloupe-Melonen, die für dieses Rezept verwendet werden, sind übrigens nach der italienischen Stadt Cantalupo benannt, was »Wolfsgeheul« bedeutet. Wundern Sie sich also nicht, wenn die Melonen in der Zeit um Vollmond schnell ausverkauft sind.

Das Wasser über die Minzeblätter gießen und abgedeckt 30 Minuten ziehen lassen. Abseihen und die Minzeblätter entsorgen.

Das Melonenfruchtfleisch im Mixer oder mit dem Pürierstab glatt pürieren.

Honig, Limettensaft, Minzesud und gehackte Minze einarbeiten. In eine gefriergeeignete Form (20 x 25 Zentimeter) mit mindestens 5 Zentimeter hohem Rand füllen und 1 Stunde gefrieren.

Mit einer Gabel gefrorene Stellen in kleine Kristalle brechen und Richtung Mitte ziehen. Die Granita wieder in den Gefrierschrank stellen und zwei weitere Male alle 30 Minuten wie beschrieben mit der Gabel bearbeiten, bis die Masse fest ist.

HINWEISE: Für Eis am Stiel siehe Variante Seite 173.

Ziehen Sie die Gefrierfach- oder -schrankschublade sehr vorsichtig heraus, solange die Granita noch nicht fest ist. Schließlich soll das fruchtige Vergnügen in Ihrem Magen und nicht im Schubfach landen.

AUFBEWAHRUNG: In einem dicht schließenden Behälter 3 Wochen im Gefrierfach.

NÄHRWERTE PRO PORTION: Kalorien: 95; Fett: 0,3 g (0,1 g gesättigte, 0 g einfach ungesättigte Fettsäuren); Kohlenhydrate: 20 g; Eiweiß: 1 g; Ballaststoffe: 2 g; Natrium: 25 mg

Ginger-Ale mit gefrorenen Trauben

Während einer Chemotherapie ist Ingwer einer Ihrer besten Verbündeten. Er kann sogar die müdesten Geschmacksrezeptoren wach küssen, während er gleichzeitig Übelkeit bekämpft und den Magen beruhigt. Viele Leute glauben, dass in Ginger-Ale, also Ingwerbier, aus dem Supermarkt viel Ingwer steckt, aber der Gehalt ist minimal. Und wer braucht schon unnötige Zutaten wie Zucker oder Maissirup? Bei diesem Rezept mit selbst gemachtem Ingwersirup haben *Sie* die Fäden in der Hand. Der Gag an diesem Getränk sind die gefrorenen Trauben, die als Eiswürfel dienen und gleichzeitig ein paar gesunde Mineralien und sekundäre Pflanzenstoffe liefern.

ERGIBT: 2 Tassen Sirup

ZUBEREITUNGSZEIT: 5 Minuten

GARZEIT: 1,5 Stunden

1 l Wasser

200 g ungeschälter frischer Ingwer, in Scheiben

2 EL frisch gepresster Zitronensaft

2 EL Honig

gefrorene kernlose weiße Trauben

Mineralwasser mit Kohlensäure

Minzestängel, zum Garnieren

Das Wasser mit dem Ingwer in einem Topf zum Kochen bringen. Die Hitze reduzieren und bei aufgesetztem Deckel 1 Stunde köcheln lassen. Dann den Deckel abnehmen und noch weitere 30 Minuten köcheln lassen.

Den Sud durch ein Passiertuch gießen und den Ingwer entsorgen. Zitronensaft und Honig unterrühren und abkühlen lassen.

Pro Person 4 Esslöffel Ingwersirup in ein Glas füllen und mit Mineralwasser auffüllen. Mit ein paar gefrorenen Trauben und, falls gewünscht, Minze garnieren.

HINWEIS: Sie können mit dem Ingwersirup auch ein Heißgetränk zubereiten. Rühren Sie einfach 3 Esslöffel Sirup in eine Tasse heißes Wasser. Nach Belieben können Sie noch weiteren Honig oder Zitronensaft zufügen.

AUFBEWAHRUNG: Ingwersirup in einer dicht schließenden Flasche bis zu 7 Tage im Kühlschrank. Trauben in einem Gefrierbeutel bis zu 3 Monate im Gefrierfach.

NÄHRWERTE PRO PORTION: Kalorien: 50; Fett: 0,2 g (0,1 g gesättigte, 0 g einfach ungesättigte Fettsäuren); Kohlenhydrate: 12 g; Eiweiß: 0 g; Ballaststoffe: 1 g; Natrium: 5 mg

Pfirsich-Ingwer-Smoothie

ERGIBT: 5 Gläser

ZUBEREITUNGSZEIT: 5 Minuten

GARZEIT: –

---

325 ml Pfirsichnektar

180 g Naturjoghurt

1 TL frisch geriebener Ingwer

750 g gewürfelte Pfirsiche

1 EL fein gemahlene Leinsamen

1½ TL Ahornsirup

½ TL Vanillearoma

½ TL frisch gepresster Limettensaft

Als ich ein Kind war, gab es nichts Schöneres als das Klingeln des Eismanns. Um dieses Gefühl wieder aufleben zu lassen und etwas zu kreieren, das auch Kinder mögen, habe ich dieses Rezept entwickelt. Eine Anmerkung: Wenn Sie einen sensiblen Mundbereich oder Rachenprobleme haben, lassen Sie den Ingwer weg, um Irritationen zu vermeiden.

Pfirsichnektar, Joghurt, Ingwer und die Hälfte der Pfirsiche im Mixer glatt pürieren. Die restlichen Pfirsichstücke mit Leinsamen, Ahornsirup, Vanillearoma und Limettensaft zufügen und glatt und cremig mixen. Sofort servieren.

VARIANTEN: Für gesundes Fett und Kalorien geben Sie 1 Esslöffel natives Kokosfett dazu.

Für mehr Protein arbeiten Sie 1 Löffel Molkenproteinpulver mit ein.

AUFBEWAHRUNG: In einem dicht schließenden Glasbehälter bis zu 2 Tage im Kühlschrank. Vor dem Servieren gut schütteln.

NÄHRWERTE PRO PORTION: Kalorien: 135; Fett: 2,4 g (1 g gesättigte, 0,6 g einfach ungesättigte Fettsäuren); Kohlenhydrate: 25 g; Eiweiß: 3 g; Ballaststoffe: 1 g; Natrium: 27 mg

Beerensmoothie
Pfirsich-Ingwer-Smoothie

Beerensmoothie

ERGIBT: 4 Gläser

ZUBEREITUNGSZEIT: 5 Minuten

GARZEIT: –

250 g Naturjoghurt

250 ml Wasser

4 EL frisch gepresster Orangensaft

250 g TK-Erdbeeren

375 g TK-Blaubeeren

125 g TK-Himbeeren

1 EL gemahlene Leinsamen

1 TL Ahornsirup

Viele Leute fragen sich, warum der leckere Geschmack eines Smoothies verloren geht, sobald man gesunde Sachen wie Leinsamen dazugibt. Die einfache Antwort ist, dass die Rezepte nicht für die Zugabe von solch nährstoffreichen Zutaten konzipiert sind. Damit es trotzdem schmeckt, wird dann meist eine Tonne Süßungsmittel zugegeben, was ich natürlich nicht gutheißen kann, insbesondere bei Rezepten für Krebspatienten. Deshalb habe ich diesen Beerensmoothie so entwickelt, dass er gut mit gesunden Leinsamen und Molke funktioniert. Die vielen Antioxidantien machen ihn zu einem echten Gesundheitsdrink.

Den Joghurt mit Wasser und Orangensaft kurz im Mixer mischen. Die Erdbeeren zufügen und gut einarbeiten, dann die Blaubeeren, Himbeeren, Leinsamen und Ahornsirup zufügen und glatt pürieren. Sofort servieren.

VARIANTEN: Für gesundes Fett und Kalorien geben Sie 1 Esslöffel natives Kokosfett dazu.

Für mehr Protein arbeiten Sie 1 Löffel Molkenproteinpulver mit ein.

AUFBEWAHRUNG: In einem dicht schließenden Glasbehälter bis zu 2 Tage im Kühlschrank. Vor dem Servieren gut schütteln.

NÄHRWERTE PRO PORTION: Kalorien: 145; Fett: 4,6 g (1,8 g gesättigte, 1 g einfach ungesättigte Fettsäuren); Kohlenhydrate: 24 g; Eiweiß: 4 g; Ballaststoffe: 5 g; Natrium: 40 mg

Schoko-Bananen-Smoothie

In meiner Heimatstadt Baltimore gab es dieses alte Restaurant namens »Fields«. Jede amerikanische Stadt hat – oder hatte – einen Ort wie diesen, mit Softdrink-Getränkespendern, roten Plastikstühlen und einer süß-säuerlichen älteren Bedienung in pinkfarbenen Outfits. Ins »Fields« zu gehen war wie eine Pilgerreise, aber statt Weisheit zu erlangen, wollten wir einfach nur richtig leckere Milchshakes. Ich meine, dass es dieser Smoothie mit den Shakes im »Fields« durchaus aufnehmen kann, auch ohne einen Riesenanteil Zucker. Die Geheimzutat ist Mandelmus, durch die der Smoothie herrlich cremig wird.

ERGIBT: 4 Gläser
ZUBEREITUNGSZEIT: 5 Minuten
GARZEIT: –

- 750 ml ungesüßte Mandel- oder Reismilch
- 2 gefrorene Bananen
- 2 EL Kakaopulver
- 1½ EL Mandelmus
- 1 EL fein gemahlene Leinsamen
- ½ TL Ahornsirup
- ¼ TL Vanillearoma
- 1 Prise Meersalz
- 4 Eiswürfel (optional, siehe Hinweise)
- Zitronensaft (optional)

Alle Zutaten in den Mixer geben und glatt mixen. Einen FASS-Check machen und eventuell ein paar Tropfen Zitronensaft einarbeiten, um die Aromen zu unterstreichen. Sofort servieren.

VARIANTEN: Für einen intensiveren Schokoladengeschmack verwenden Sie zusätzlich ½ Esslöffel Kakaopulver.

Für zusätzliches gesundes Fett und Kalorien geben Sie 1 Esslöffel natives Kokosfett dazu.

Für mehr Protein arbeiten Sie 1 Löffel Molkenproteinpulver ein.

HINWEISE: Die Eiswürfel sorgen dafür, dass der Smoothie dicker wird. Falls eine solch dickere Konsistenz gewünscht ist, arbeiten Sie die Eiswürfel mit ein. Sie können sie aber auch weglassen.

Die Bananen sollten VOR dem Einfrieren geschält werden. Geben Sie sie dann in einem Gefrierbeutel ins Gefrierfach. Sie sind pur ein leckerer Snack und ideal für die Zubereitung von Smoothies und Shakes. Wenn Sie keine gefrorenen Bananen zur Hand haben, verwenden Sie einfach normale Bananen und geben auf jeden Fall Eiswürfel in den Mixer.

AUFBEWAHRUNG: In einem dicht schließenden Glasbehälter bis zu 2 Tage im Kühlschrank. Vor dem Servieren gut schütteln.

NÄHRWERTE PRO PORTION: Kalorien: 165; Fett: 8 g (0,5 g gesättigte, 2,8 g einfach ungesättigte Fettsäuren); Kohlenhydrate: 22 g; Eiweiß: 4 g; Ballaststoffe: 4 g; Natrium: 270 mg

Kapitel 7

Einfach lecker!

Man mag die folgenden Dips, Saucen, Öle und Vinaigrettes lediglich für nette Beigaben halten, ähnlich wie eine hübsche Feder an einem Hut. Pistazienmus? Basilikum-Zitronen-Sauce? Tomaten-Minze-Chutney?!? Auf den ersten Blick klingt das nach Schnickschnack, wenngleich auch leckerer Schnickschnack. Aber hinter diesen Rezepten steckt viel mehr. Sie liefern zusätzliche Aromen und Texturen, die dabei helfen sollen, Krebspatienten, insbesondere solche mit gestörtem Geschmackssinn, an den Esstisch zu locken.

Nehmen Sie Vinaigrettes: Sie spielen nicht nur eine wichtige Rolle bei Salaten, sondern sind auch tolle Marinaden für Fisch und Fleisch. Es gibt kaum etwas Leckereres als Fleisch, das so zart mariniert wurde, dass es auf der Zunge zergeht.

Auch Saucen und Öle haben ihre Funktion. Sie sind wie eine Ouvertüre, ein Eröffnungsstück und sorgen für eine wahre Explosion auf der Zunge, ohne die die feineren Aromen – und zugehörigen Nährstoffe – des Gerichts gar nicht wahrgenommen werden könnten.

Die Zubereitungen in diesem Kapitel sind eine absolute Bereicherung für viele Gerichte: sowohl optisch als auch aromatisch sowie in Sachen Nährstoffe. Sie legen sich über die Zunge und suchen jene Geschmacksrezeptoren, die (noch) in guter Form sind, um ein Maximum an Genuss zu vermitteln. Wenn ich zum Beispiel einen Klecks Tomaten-Minze-Chutney zu einem Gericht wie Orientalische Kichererbsenbratlinge empfehle, können Sie sicher sein, dass es einen Sinn hat.

Die Zubereitungen liefern außerdem zusätzliche Kalorien mit hoher Nährstoffdichte, die so wichtig sind für Menschen, die etwas mehr auf die Rippen kriegen müssen bzw. nicht viel Gewicht verlieren dürfen. Ich habe viele dieser Dips, Saucen und Öle so konzipiert, dass man sie gut kombinieren kann. Das Aprikosen-Birnen-Chutney etwa passt zu fünf Rezepten in diesem Buch, das Oliven-Kapern-Relish ergänzt fünf weitere Speisen. Die Basilikum-Zitronen-Sauce schmeckt zu allen Fischgerichten und Salaten. Mein Tipp? Halten Sie immer ein paar dieser Leckereien bereit. Das sollte kein Problem sein, weil sie sich lang im Kühlschrank halten oder eingefroren werden können. Auf diese Weise werden Ihre Gerichte niemals langweilig.

Aprikosen-Birnen-Chutney

ERGIBT: 1 Liter

ZUBEREITUNGSZEIT: 15 Minuten

GARZEIT: 50 Minuten

---

1 kg Birnen, geschält, entkernt und gewürfelt

250 g ungeschwefelte Aprikosen, gehackt

½ TL fein abgeriebene Zitronenschale

4 EL frisch gepresster Zitronensaft

4 EL Ahornsirup

½ TL fein gehackter Knoblauch

½ TL frisch geriebener Ingwer

½ TL Meersalz

½ TL Zimtpulver

¼ TL gemahlener Piment

¼ TL gemahlener Kardamom

¼ TL Chiliflocken

1 Sternanis (optional)

Chutneys stammen aus Indien und sind eine Art würzige Konfitüre mit süßsauren, pikanten oder auch scharfen Aromen. Hier gleicht die milde Süße der Birnen perfekt die säuerliche Komponente der Aprikosen aus. Diese süßsaure Kombi weckt die Geschmacksrezeptoren, die wie begeisterte Fans nach einer Zugabe rufen. Das Chutney ist auch eine nahrhafte Alternative zu gewöhnlicher Konfitüre oder Gelee. Sie können alle Birnensorten für dieses Rezept verwenden, Hauptsache, sie sind aromatisch.

Alle Zutaten in einen großen Topf geben und zum Kochen bringen. Dann die Hitze so regulieren, dass die Masse sanft köchelt. Bei halb aufgesetztem Deckel 45 bis 50 Minuten unter gelegentlichem Rühren eindicken lassen. Die Birnen sollten weich, aber nicht zerkocht und die Masse sollte konfitüreartig eingedickt sein. Den Sternanis, falls verwendet, entfernen (nach Belieben für die Garnierung weiterverwenden). Warm oder kalt servieren.

PASST ZU: Blumenkohl-Curry-Suppe (siehe Seite 76), Wärmende Süßkartoffelsuppe (siehe Seite 78), Samtige Rote-Linsen-Suppe (siehe Seite 82), Brathähnchen mit Orange und Ingwer (siehe Seite 121), Orientalische Kichererbsenbratlinge (siehe Seite 124).

HINWEIS: Dieses Chutney ist sehr vielseitig. Ein Klecks davon bereichert viele Suppen, es passt auch zu gebratenem Geflügel. Für einen raffinierten Snack bestreichen Sie Knäckebrot mit Ziegenfrischkäse und geben etwas von diesem Chutney darüber.

AUFBEWAHRUNG: In einem dicht schließenden Behälter bis zu 7 Tage im Kühlschrank oder 2 Monate im Gefrierfach.

NÄHRWERTE PRO PORTION: 2 Esslöffel – Kalorien: 20; Fett: 0 g; Kohlenhydrate: 5 g; Eiweiß: 0 g; Ballaststoffe: 1 g; Natrium: 20 mg

Tomaten-Minze-Chutney

Die Aromen dieses wundervollen Chutneys passen wirklich zu fast jedem Gericht.

ERGIBT: 250 ml
ZUBEREITUNGSZEIT: 15 Minuten
GARZEIT: 25 Minuten

- 2 EL natives Olivenöl extra
- 2 Schalotten, fein gewürfelt
- ¼ TL Chiliflocken
- 1 TL Kreuzkümmelsamen
- ¼ TL braune Senfsaat (optional, siehe Hinweis)
- 2 Zimtstangen
- 1,2 kg frische Tomaten, grob gehackt, oder 800 g gehackte Tomaten aus der Dose
- 3 EL Ahornsirup
- ½ TL Meersalz
- 1 TL frisch geriebener Ingwer
- 4 EL frisch gehackte Minzeblätter

Das Olivenöl in einer großen, schweren Pfanne erhitzen. Schalotten, Chiliflocken, Kreuzkümmel, Senfsaat (falls verwendet) und Zimtstangen darin bei niedriger bis mittlerer Hitze etwa 4 Minuten andünsten. Tomaten, Ahornsirup und Salz unterrühren und bei niedriger Hitze 15 bis 20 Minuten garen, bis das Chutney konfitüreartig eingedickt ist.

Ingwer und Minze unterziehen und warm oder kalt servieren.

PASST ZU: Samtige Rote-Linsen-Suppe (siehe Seite 82), Brokkoli mit Basilikum (siehe Seite 87), Das Lieblingshähnchen meiner Familie (siehe Seite 122), Orientalische Kichererbsenbratlinge (siehe Seite 124), Pochierter Lachs (siehe Seite 128), Schwarzer Zackenbarsch mit Zitrone und Ingwer (siehe Seite 131), alle Reis-, Polenta oder Pastagerichte.

HINWEISE: Braune Senfsaat ist im Gewürzregal von gut sortierten Supermärkten erhältlich.

Wenn das Chutney weniger pikant sein soll, geben Sie weniger Ingwer und Chiliflocken hinein.

AUFBEWAHRUNG: In einem dicht schließenden Behälter bis zu 4 Tage im Kühlschrank oder bis zu 2 Monate im Gefrierfach.

NÄHRWERTE PRO PORTION: 2 Esslöffel — Kalorien: 35; Fett: 1,9 g (0,3 g gesättigte, 1,3 g einfach ungesättigte Fettsäuren); Kohlenhydrate: 5 g; Eiweiß: 0 g; Ballaststoffe: 1 g; Natrium: 75 mg

Basilikum-Zitronen-Sauce

Diese Sauce ist so etwas wie das kleine Schwarze unter den Würzmitteln: Sie passt zu fast jedem Anlass. Man muss nur Zitronenschale, Basilikum und Zitronensaft verrühren und schon hat man ein Mittel, das alle Gerichte, auf die es geträufelt wird, aromatisch auffrischt. Ein weiterer Pluspunkt sind die vielen antikarzinogenen Eigenschaften darin, insbesondere die entzündungshemmenden Wirkstoffe im Basilikum und die antioxidativen Vitalstoffe der Zitrone.

ERGIBT: 125 ml

ZUBEREITUNGSZEIT: 5 Minuten

GARZEIT: –

---

50 g frische Basilikumblätter

2 EL frisch gepresster Zitronensaft

1 TL fein abgeriebene Zitronenschale

4 EL natives Olivenöl

1 TL Ahornsirup (optional)

¼ TL Meersalz

Alle Zutaten in den Mixer geben und glatt pürieren.

PASST ZU: Weiße-Bohnen-Suppe italienische Art (siehe Seite 64), Minestrone (siehe Seite 69), Kühlende Gurken-Avocado-Suppe (siehe Seite 74), Suppe aus gerösteten Tomaten (siehe Seite 81), Cremige Brokkoli-Kartoffel-Suppe (siehe Seite 83), Brokkoli mit Basilikum (siehe Seite 87), Einfache Eier im Förmchen (siehe Seite 112), Nanas Eiersalat (siehe Seite 114), Toskanischer Farro-Bohnen-Salat (siehe Seite 123), Lachssalat mit Zitrone und Senf (siehe Seite 127), Mediterraner Linsensalat (siehe Seite 156), Einfacher toskanischer Farro (siehe Seite 159) und, wie man bei dieser Liste schon vermuten kann, zu unzähligen anderen herzhaften Gerichten.

VARIANTE: Für ein festeres, pestoartiges Würzmittel arbeiten Sie 25 Gramm Pekan- oder Walnusskerne ein.

AUFBEWAHRUNG: In einem dicht schließenden Behälter bis zu 10 Tage im Kühlschrank oder bis zu 2 Monate im Gefrierfach.

NÄHRWERTE PRO PORTION: 2 Esslöffel — Kalorien: 125; Fett: 14,1 g (2 g gesättigte, 10 g einfach ungesättigte Fettsäuren); Kohlenhydrate: 1 g; Eiweiß: 0 g; Ballaststoffe: 0 g; Natrium: 150 mg

Avocadodressing

ERGIBT: 250 ml
ZUBEREITUNGSZEIT: 5 Minuten
GARZEIT: –

180 ml Wasser

2 EL natives Olivenöl extra

2 EL frisch gepresster Limettensaft

½ TL Meersalz

½ weiche Avocado

4 EL frisch gehackter Koriander oder Basilikum

1 Knoblauchzehe, zerdrückt

Das ist meine Interpretation eines cremigen Salatdressings. Joghurt, Sahne oder Mayonnaise werden Sie kaum vermissen, denn die Avocado verbindet sich erstklassig mit dem Limettensaft und bildet eine unglaublich cremige Salatsauce. Die Mischung schmeckt zum Niederknien. Ideal für knackige grüne Salate.

Alle Zutaten im Mixer oder mit dem Pürierstab zu einer glatten, cremigen Masse verarbeiten.

PASST ZU: Allen Ihren Lieblingssalaten oder zu Fisch oder Hühnchen.

AUFBEWAHRUNG: In einem dicht schließenden Behälter bis zu 2 Tage im Kühlschrank.

NÄHRWERTE PRO PORTION: 2 Esslöffel – Kalorien: 25; Fett: 2,4 g (0,3 g gesättigte, 1,7 g einfach ungesättigte Fettsäuren); Kohlenhydrate: 1 g; Eiweiß: 0 g; Ballaststoffe: 0 g; Natrium: 75 mg

Avocadocreme

»Avocado« und »Creme« in einem Rezeptnamen ist ja fast doppelt gemoppelt. Wie jeder Guacamole-Liebhaber bestätigen kann, gibt es keine andere Obst- oder Gemüsesorte, die so cremig ist wie Avocados. Zudem haben sie einen unglaublich hohen Anteil an gesunden Fettsäuren, Vitaminen und Mineralstoffen, insbesondere Kalium. Das macht sie zu einem idealen Nahrungsmittel, um Kaliummangel durch Dehydration entgegenzuwirken. Ob als Dip für Cracker oder als Topping zu einem Gericht: Diese wunderbare Creme sorgt für fantastischen Geschmack und einen Extra-Nährstoffkick.

ERGIBT: 250 ml

ZUBEREITUNGSZEIT: 5 Minuten

GARZEIT: –

1 weiche Avocado, entkernt und geschält

4 EL frische Korianderblätter

1 EL Wasser

1 EL frisch gepresster Limettensaft

¼ TL Meersalz

Alle Zutaten im Mixer oder mit dem Pürierstab zu einer glatten Masse verarbeiten. Eventuell mit weiterem Limettensaft oder einer Prise Salz abschmecken.

PASST ZU: Peppige Schwarze-Bohnen-Suppe (siehe Seite 75), Hummus aus schwarzen Bohnen (siehe Seite 144). Idealer Brotaufstrich und Dip.

HINWEIS: Darf's pikanter sein? Dann arbeiten Sie eine Prise Cayennepfeffer mit ein. Soll's frischer im Geschmack sein? Dann mixen Sie ein paar Esslöffel frisch gehackte Minze unter.

AUFBEWAHRUNG: In einem dicht schließenden Behälter bis zu 3 Tage im Kühlschrank.

NÄHRWERTE PRO PORTION: 2 Esslöffel — Kalorien: 15; Fett: 1,3 g (0,2 g gesättigte, 0,8 g einfach ungesättigte Fettsäuren); Kohlenhydrate: 1 g; Eiweiß: 0 g; Ballaststoffe: 1 g; Natrium: 40 mg

Cashewmus

ERGIBT: rund 700 ml
ZUBEREITUNGSZEIT: 5 Minuten
GARZEIT: –

260 g Cashewkerne

500 ml Wasser

2 TL frisch gepresster Zitronen- oder Orangensaft

½ TL Meersalz

⅛ TL frisch geriebene Muskatnuss

Vielleicht kennen Sie ja noch das Spiel aus der *Sesamstraße:* »Eins von diesen Dingen ist nicht so wie die anderen«? Stellen Sie sich mal ein paar Cashewkerne neben Butter und Margarine vor; vermutlich glauben Sie sofort zu wissen, was nicht passt. Sind Sie ganz sicher? Mit Nussmus, in diesem Fall aus gemahlenen Cashewkernen, habe ich schon viele Menschen überzeugt, die Butter liebten, aber auf milchfreie Ernährung umstellen wollten. Der Geschmack von Cashewmus ist nicht nur äußerst lecker, die Nüsse sind auch viel gesünder als jede Margarine.

Die Cashewkerne im Blitzhacker oder im Reibeeinsatz der Küchenmaschine fein mahlen. Das Wasser mit Zitronensaft, Salz, Muskatnuss und Cashewkernen zufügen und alles einige Minuten zu einer cremigen Masse verarbeiten.

PASST ZU: Grünes Gemüse mit Orange (siehe Seite 90), Karottengemüse mit Kreuzkümmel (siehe Seite 108), Einfacher toskanischer Farro (siehe Seite 159), Pochierte Birnen in Safransirup (siehe Seite 217). Cashewmus ist auch eine leckere, nahrhafte Zutat für alle Smoothies.

VARIANTEN: Ersetzen Sie die Cashewkerne durch andere Nüsse wie Mandeln, Pekannüsse, Pistazien oder Haselnüsse.

Für ein pestoartiges Mus arbeiten Sie 75 Gramm frische Basilikumblätter in die Masse mit ein. Diese Creme schmeckt toll unter Pasta oder Reis gehoben.

Für ein Zitrusaroma mit feinfruchtiger Note arbeiten Sie 1 Teelöffel Zitronen- oder Orangenabrieb ein.

AUFBEWAHRUNG: In einem dicht schließenden Behälter bis zu 2 Wochen im Kühlschrank oder bis zu 2 Monate im Gefrierfach.

NÄHRWERTE PRO PORTION: 1 Esslöffel – Kalorien: 30; Fett: 2,2 g (0,4 g gesättigte, 1,2 g einfach ungesättigte Fettsäuren); Kohlenhydrate: 2 g; Eiweiß: 1 g; Ballaststoffe: 0 g; Natrium: 20 mg

Pistazienmus

Auf der Highschool war meine Lieblingsbeschäftigung, mit meiner besten Freundin Jill auf dem Boden rumzusitzen, einen großen Beutel Pistazien zu knabbern und dabei über die Jungs zu diskutieren, in die wir gerade verliebt waren. Danach saßen wir in einem Meer von Pistazienschalen und fühlten uns in weiblicher Solidarität tief verbunden. Dass das Ganze darüber hinaus auch noch unserer Gesundheit zugutekam, war uns damals natürlich noch nicht klar. Denn Pistazien sind ein ganzes Gesundheitskraftwerk, reich an Kalium (reguliert den Flüssigkeitshaushalt), Magnesium (unterstützt Enzyme, die am Energiehaushalt beteiligt sind), Thiamin (regt den Appetit an) und Vitamin B6 (wichtig für die Proteinabsorption).

ERGIBT: 375 ml

ZUBEREITUNGSZEIT: 5 Minuten

GARZEIT: –

250 ml Wasser

2 TL frisch gepresster Zitronensaft

¼ TL Meersalz

150 g ungesalzene Pistazienkerne

Alle Zutaten im Mixer zu einer glatten Masse verarbeiten.

PASST ZU: Sommerliche Zucchinisuppe (siehe Seite 79), Pochierte Birnen in Safransirup (siehe Seite 217).

AUFBEWAHRUNG: In einem dicht schließenden Behälter bis zu 2 Wochen im Kühlschrank oder bis zu 2 Monate im Gefrierfach.

NÄHRWERTE PRO PORTION: 1 Esslöffel — Kalorien: 30; Fett: 2,4 g (0,3 g gesättigte, 1,2 g einfach ungesättigte Fettsäuren); Kohlenhydrate: 2 g; Eiweiß: 1 g; Ballaststoffe: 1 g; Natrium: 25 mg

Koriander-Limetten-Vinaigrette

ERGIBT: rund 125 ml

ZUBEREITUNGSZEIT: 5 Minuten

GARZEIT: –

3½ EL frisch gepresster Limettensaft

¼ TL Meersalz

¼ TL gemahlener Kreuzkümmel

1 Prise Cayennepfeffer

1 TL Ahornsirup

4 EL natives Olivenöl extra

2 TL fein gehackter frischer Koriander

Vinaigrettes erfüllen einen doppelten Zweck, zumindest wenn man sie so zubereitet wie wir. Zum einen sorgen sie für viel Geschmack in Salaten. Zum anderen dienen sie als Marinaden für Fisch und Fleisch. Und was gibt es Besseres als mariniertes Fleisch, das auf der Zunge zergeht. In der orientalischen Küche wird das Fleisch für manche Gerichte über Tage eingelegt. Nun, so geduldig sind die wenigsten von uns und eigentlich ist das heute auch gar nicht mehr notwendig. Schon ein kurzes Tête-à-tête zwischen einer Vinaigrette und einer anderen Zutat reicht aus, um daraus ein leckeres Gericht entstehen zu lassen. Diese Koriander-Limetten-Vinaigrette mag ich besonders als Marinade für Fisch oder Hähnchen.

Alle Zutaten mit einem Schneebesen sorgfältig verrühren.

PASST ZU: Rucola mit Edamame, Radieschen und Avocado (siehe Seite 101).

AUFBEWAHRUNG: In einem dicht schließenden Behälter bis zu 7 Tage im Kühlschrank.

NÄHRWERTE PRO PORTION: 1 Esslöffel – Kalorien: 65; Fett: 7 g (1 g gesättigte, 5 g einfach ungesättigte Fettsäuren); Kohlenhydrate: 1 g; Eiweiß: 0 g; Ballaststoffe: 0 g; Natrium: 75 mg

Spritzige Zitronen-Fenchel-Vinaigrette

Wie die Koriander-Limetten-Vinaigrette ist auch diese hier ideal für Salate und eine tolle Möglichkeit, Fisch und Fleisch im Handumdrehen geschmacklich aufzupeppen. Der frische Zitronengeschmack ist ein toller Partner für Hühnchenfleisch.

ERGIBT: rund 125 ml

ZUBEREITUNGSZEIT: 5 Minuten

GARZEIT: 1 Minute

- 1 TL Fenchelsamen
- 3 EL frisch gepresster Zitronensaft
- 1 EL Ahornsirup
- ½ TL fein gehackte Schalotten
- ¼ TL Meersalz
- 4 EL natives Olivenöl extra

Die Fenchelsamen in einer kleinen Pfanne bei mittlerer Hitze unter gelegentlichem Pfannenrütteln trocken rösten, bis sie zu duften und leicht zu bräunen beginnen. Darauf achten, dass sie nicht zu dunkel werden. Etwas abkühlen lassen, dann in einer Gewürzmühle oder im Blitzhacker grob mahlen.

In eine kleine Schüssel geben. Zitronensaft, Ahornsirup, Schalotten und Salz unterrühren. Unter ständigem Rühren das Olivenöl in einem dünnen Strahl zugießen. In ein Schraubglas füllen, das Glas schließen und kräftig schütteln. Eventuell mit weiterem Olivenöl oder einer Prise Salz abschmecken.

PASST ZU: Das Lieblingshähnchen meiner Familie (siehe Seite 122) als Marinade. Ebenfalls als Marinade für Fisch geeignet und als Dressing für gebratenen grünen Spargel und anderes Gemüse.

HINWEIS: Lassen Sie das Rösten der Fenchelsamen nicht weg! Es erfordert nicht viel Zeit und sorgt dafür, dass ätherische Öle freigesetzt und so die Aromen und die heilenden Eigenschaften des Gewürzfenchels verstärkt werden.

AUFBEWAHRUNG: In einem dicht schließenden Behälter bis zu 7 Tage im Kühlschrank.

NÄHRWERTE PRO PORTION: 1 Esslöffel — Kalorien: 65; Fett: 7 g (1 g gesättigte, 5 g einfach ungesättigte Fettsäuren); Kohlenhydrate: 1 g; Eiweiß: 0 g; Ballaststoffe: 0 g; Natrium: 75 mg

Blaubeerkompott

ERGIBT: 300 ml

ZUBEREITUNGSZEIT: 5 Minuten

GARZEIT: 10 Minuten

---

375 g TK-Blaubeeren, aufgetaut

1 TL frisch gepresster Orangen- oder Zitronensaft

1 TL fein abgeriebene Orangen- oder Zitronenschale

1 TL Ahornsirup

¼ TL frisch geriebener Ingwer

Blaubeeren enthalten große Mengen an Pektin, das den Magen beruhigt. Ein weiterer ihrer Aktivstoffe, Ellagsäure, kann dazu beitragen, die Versorgungswege von Tumorzellen zu blockieren.

Alle Zutaten in einen kleinen Topf geben und auf mittlerer Stufe 3 bis 4 Minuten unter gelegentlichem Rühren köcheln lassen, bis das Kompott etwas eingedickt ist.

PASST ZU: Weltbester Haferbrei (siehe Seite 140), Quinoabrei mit Walnusscreme (siehe Seite 154).

VARIANTE: Wenn Sie frische Blaubeeren haben, umso besser. Dann aber nur 2 Esslöffel Wasser verwenden.

AUFBEWAHRUNG: In einem dicht schließenden Behälter bis zu 7 Tage im Kühlschrank oder bis zu 2 Monate im Gefrierfach.

NÄHRWERTE PRO PORTION: 1 Esslöffel — Kalorien: 30; Fett: 0,4 g (0 g gesättigte, 0 g einfach ungesättigte Fettsäuren); Kohlenhydrate: 8 g; Eiweiß: 0 g; Ballaststoffe: 2 g; Natrium: 0 mg

Kompott aus Trockenfrüchten

Das ist das ultimative süße Gericht für Menschen, die Schmerzmittel einnehmen. Solche Medikamente, insbesondere Opioide, können die ganze Verdauung lahmlegen. Doch das hier ist keine typische ballaststoffbeladene, fade Pampe. Neben den Backpflaumen, einem traditionellen Mittel bei Verstopfung, enthält dieses Kompott auch getrocknete Aprikosen und Kirschen. Außerdem sind Ingwer und Zimt im Spiel. Das Ergebnis ist ein köstliches Kompott, das schon beim Kochen unglaublich lecker duftet und perfekt zu Haferbrei oder mit Toast schmeckt. Wenn Ihr Verdauungssystem träge ist, können Sie es mit diesem Kompott etwas anschieben. Glauben Sie mir, es funktioniert. Vor der Zubereitung sollten Sie die Trockenfrüchte ein paar Stunden (vorzugsweise über Nacht) in Wasser einweichen. Planen Sie also im Voraus. Das Kompott schmeckt warm oder kalt.

ERGIBT: 1–1,25 l

ZUBEREITUNGSZEIT: 5 Minuten

GARZEIT: 1 Stunde (mit über Nacht eingeweichten Trockenfrüchten)

- 200 g entsteinte Backpflaumen
- 200 g ungeschwefelte getrocknete Aprikosen
- 200 g getrocknete Kirschen oder Rosinen
- 3 Zimtstangen
- 6 Kardamomkapseln oder ¼ TL gemahlener Kardamom
- ½ TL frisch gehackter oder ¼ TL gemahlener Ingwer
- 1 Prise Meersalz
- ¼ TL frisch gepresster Zitronensaft

Alle Trockenfrüchte, Gewürze und Salz in einen Topf geben. Falls möglich, mit Wasser bedecken und einige Stunden, vorzugsweise über Nacht, einweichen.

Die Mischung bei starker Hitze zum Kochen bringen. Dann die Hitze reduzieren und die Früchte etwa 1 Stunde einköcheln lassen, bis sie sehr, sehr weich sind und die Masse kompottartig eingedickt ist. Den Topf vom Herd nehmen, den Zitronensaft unterrühren und die Zimtstangen entfernen.

PASST ZU: Weltbester Haferbrei (siehe Seite 140), Quinoabrei mit Walnusscreme (siehe Seite 154).

HINWEISE: Sie können auch getrocknete Äpfel, Birnen, Feigen oder jede andere Kombination von Trockenfrüchten verwenden, die zusammen 600 Gramm ergibt.

Das Kompott ist vielseitig einsetzbar, sowohl für herzhafte als auch für süße Gerichte. Sie können es in Joghurt rühren, zu Süßkartoffeln reichen oder als Garnierung für Getreidebreie verwenden. Oder Sie streichen es als Konfitüre mit etwas Mandelmus auf ein Toastbrot.

AUFBEWAHRUNG: In einem dicht schließenden Behälter bis zu 7 Tage im Kühlschrank oder bis zu 2 Monate im Gefrierfach.

NÄHRWERTE PRO PORTION: Kalorien: 303; Fett: 0 g; Kohlenhydrate: 70 g; Eiweiß: 3 g; Ballaststoffe: 12 g; Natrium: 85 mg

Frisches Fruchtkompott

ERGIBT: 300 ml
ZUBEREITUNGSZEIT: 10 Minuten
GARZEIT: 15 Minuten

4 große Aprikosen, entsteint und geviertelt

1 TL frisch gepresster Zitronensaft

1 Prise Meersalz

10 Kirschen, entsteint

1 TL Ahornsirup

Ein Bekannter von mir lag mit Leukämie im Krankenhaus, als seine Freundin mich anrief. Er hatte keinen guten Tag, zudem hatten ihm die Ärzte untersagt, seine Lieblingsstärkung, frisches Obst, zu essen. Der Gute konnte nämlich problemlos ein ganzes Pfund Erdbeeren wegfuttern. Man konnte die Ärzte verstehen, denn frisches Obst kann Bakterien enthalten – ein Problem für Leute, die anfällig für Infektionen sind. Aber ich hatte die Lösung. Ich sagte seiner Freundin, sie könnten das Obst doch in Stücke schneiden und gründlich erhitzen, um die Keime abzutöten. Die Ärzte hatten keine Einwände und mein Bekannter bekam ein wunderbar mildes Kompott aus frischem Obst. Ich verwende hier Aprikosen und Kirschen, Sie können aber auch jedes andere saisonal frische Obst verwenden.

Die Aprikosen mit Zitronensaft und Salz in einen kleinen Topf geben und bei niedriger Hitze unter gelegentlichem Rühren etwa 10 Minuten garen, bis die Früchte weich werden. Die Kirschen untermischen und bei aufgesetztem Deckel etwa 5 Minuten unter häufigem Rühren dünsten. Den Topf vom Herd nehmen und den Ahornsirup unterrühren. Warm, kalt oder gekühlt servieren.

VARIANTEN: Bereiten Sie ein Joghurtparfait zu: das Fruchtkompott zimmerwarm abkühlen lassen, 4 Esslöffel Naturjoghurt in ein Glas füllen, 4 Esslöffel Fruchtkompott darauf verteilen. Die Schichten wiederholen. Mit Glasierten Walnüssen (siehe Seite 149) servieren.

Bereiten Sie das Kompott mit der gleichen Menge anderer frischer Obstsorten zu. Zu meinen Lieblingskombinationen gehören Äpfel mit Birnen, Erdbeeren mit Rhabarber oder Nektarinen bzw. Pfirsiche mit Blaubeeren. Das festere Obst sollte immer zuerst gegart und die Garzeit entsprechend angepasst werden.

HINWEIS: Warm ist dieses Fruchtkompott ein echtes Wohlfühlessen und perfekt zu einem warmen Getreidebrei wie dem Weltbesten Haferbrei (siehe Seite 140) oder dem Quinoabrei mit Walnusscreme (siehe Seite 154).

AUFBEWAHRUNG: In einem dicht schließenden Behälter bis zu 5 Tage im Kühlschrank.

NÄHRWERTE PRO PORTION: Kalorien: 30; Fett: 0,2 g (0 g gesättigte, 0 g einfach ungesättigte Fettsäuren); Kohlenhydrate: 7 g; Eiweiß: 1 g; Ballaststoffe: 1 g; Natrium: 75 mg

Oliven-Kapern-Relish

Kapern sind mein Allzweck-Würzmittel, sie eignen sich für die unterschiedlichsten Gerichte – von Eiern bis Polenta. Obwohl die in Salz und Essig eingelegten Blütenknospen des Kapernstrauchs so klein sind, stecken sie voller Aroma. Hier kombiniere ich sie mit gehackten Oliven und Zitronenschale zu einem erfrischend-würzigen Relish.

ERGIBT: 125 ml

ZUBEREITUNGSZEIT: 5 Minuten

GARZEIT: –

50 g entsteinte Kalamata-Oliven, abgespült und fein gehackt

2 TL Kapern, abgespült und fein gehackt

1 TL natives Olivenöl extra

¼ TL frisch gepresster Zitronensaft

⅛ TL fein abgeriebene Zitronenschale

2 EL frisch gehacktes Basilikum

Alle Zutaten in einer Schale verrühren.

PASST ZU: Nanas Eiersalat (siehe Seite 114), Das Lieblingshähnchen meiner Familie (siehe Seite 122), Lachssalat mit Zitrone und Senf (siehe Seite 127), Ofenheilbutt mit Signoras Tomatensauce (siehe Seite 132) und Cremige Polenta (siehe Seite 146). Passt außerdem zu diversen Fisch-, Hähnchen-, Pasta- und Reisgerichten und eignet sich als Brotaufstrich oder Crostini-Belag.

AUFBEWAHRUNG: In einem dicht schließenden Behälter bis zu 7 Tage im Kühlschrank.

NÄHRWERTE PRO PORTION: 1 Esslöffel — Kalorien: 20; Fett: 2 g (0,3 g gesättigte, 1,5 g einfach ungesättigte Fettsäuren); Kohlenhydrate: 1 g; Eiweiß: 0 g; Ballaststoffe: 0 g; Natrium: 110 mg

Marokkanisches Pesto

ERGIBT: 250 ml

ZUBEREITUNGSZEIT: 5 Minuten

GARZEIT: –

50 g frische Petersilienblätter

25 g frische Koriander- oder Basilikumblätter

6 frische Minzeblätter

½ TL gemahlener Kreuzkümmel

½ TL Paprikapulver

1 Knoblauchzehe, fein gehackt

4 EL natives Olivenöl extra

3 EL frisch gepresster Zitronensaft

¼ TL Salz

2 EL Wasser (optional)

Diese herrlich grüne Sauce ist unglaublich vielseitig und lecker.

Alle Zutaten im Mixer oder mit dem Pürierstab zu einem Pesto verarbeiten. Einen FASS-Check machen und eventuell mit einem Spritzer Zitronensaft nachwürzen. Das Wasser nach und nach einarbeiten, um die gewünschte Konsistenz zu erreichen.

PASST ZU: Das Lieblingshähnchen meiner Familie (siehe Seite 122), Orientalische Kichererbsenbratlinge (siehe Seite 124), Pochierter Lachs (siehe Seite 128), Schwarzer Zackenbarsch mit Zitrone und Ingwer (siehe Seite 131).

AUFBEWAHRUNG: In einem dicht schließenden Behälter bis zu 7 Tage im Kühlschrank oder bis zu 2 Monate im Gefrierfach.

NÄHRWERTE PRO PORTION: 1 Esslöffel – Kalorien: 35; Fett: 3,6 g (0,5 g gesättigte, 2,5 g einfach ungesättigte Fettsäuren); Kohlenhydrate: 1 g; Eiweiß: 0 g; Ballaststoffe: 0 g; Natrium: 40 mg

Petersilien-Basilikum-Öl

Öle und Würzsaucen sind besonders hilfreich für Menschen, deren Geschmackssinn durch eine Krebsbehandlung gestört ist. Die Öle sind wie Wunderkerzen: Sie zünden zu jedermanns Genuss auf dem Gaumen und sind leichter als Würzpasten. Die Petersilie wirkt wie ein frischer Wind und sorgt für neue Energie.

ERGIBT: 125 ml

ZUBEREITUNGSZEIT: 5 Minuten

GARZEIT: –

20 g frische Basilikumblätter

30 g frische glatte Petersilienblätter

2 EL frisch gepresster Zitronensaft

1 EL Wasser

¼ TL Meersalz

4 EL natives Olivenöl extra

Basilikum, Petersilie, Zitronensaft, Wasser und Salz im Mixer oder mit dem Pürierstab fein zerkleinern. Bei laufendem Motor das Olivenöl in einem dünnen Strahl dazugießen und ganz glatt mixen. Einen FASS-Check machen. Wenn das Öl zu sauer ist, eine weitere Prise Salz einarbeiten.

PASST ZU: Weiße-Bohnen-Suppe italienische Art (siehe Seite 64), Minestrone (siehe Seite 69), Kühlende Gurken-Avocado-Suppe (siehe Seite 74), Suppe aus gerösteten Tomaten (siehe Seite 81), Cremige Brokkoli-Kartoffel-Suppe (siehe Seite 83), Brokkoli mit Basilikum (siehe Seite 87), Einfache Eier im Förmchen (siehe Seite 112), Nanas Eiersalat (siehe Seite 114), Das Lieblingshähnchen meiner Familie (siehe Seite 122), Toskanischer Farro-Bohnen-Salat (siehe Seite 123), Lachssalat mit Zitrone und Senf (siehe Seite 127), Mediterraner Linsensalat (siehe Seite 156), Einfacher toskanischer Farro (siehe Seite 159). Toll auch zu Pochierten Eiern (siehe Seite 115).

HINWEIS: Wenn das Öl pestoartig cremig werden soll, arbeiten Sie 40 Gramm Pinienkerne oder gehackte Walnüsse mit ein.

AUFBEWAHRUNG: In einem dicht schließenden Behälter bis zu 3 Tage im Kühlschrank; vor dem Servieren gut schütteln.

NÄHRWERTE PRO PORTION: 1 Esslöffel – Kalorien: 60; Fett: 7 g (1 g gesättigte, 5 g einfach ungesättigte Fettsäuren); Kohlenhydrate: 1 g; Eiweiß: 0 g; Ballaststoffe: 0 g; Natrium: 75 mg

Würziger Kräuterjoghurt

ERGIBT: 500 ml

ZUBEREITUNGSZEIT: 20 Minuten

GARZEIT: 15 Minuten im Kühlschrank ziehen lassen

---

20 g frische glatte Petersilie, fein gehackt

20 g frische Korianderblätter, fein gehackt

20 g frische Minzeblätter, fein gehackt

1 EL natives Olivenöl extra

1 TL Ahornsirup

1 TL frisch gepresster Zitronensaft

¼ TL Meersalz

¼ TL gemahlener Kreuzkümmel

⅛ TL Zimtpulver

500 g Naturjoghurt

Joghurt ist in weiten Teilen der Welt zu finden. Bei uns gibt es Naturjoghurt in der stichfesten oder in der cremig gerührten Variante. Er schmeckt als Zwischenmahlzeit, im Müsli oder mit Obst. Drüber hinaus kann man aus ihm viele Dips und Saucen zaubern, etwa indische Raitas oder griechischen Zaziki. Joghurt ist mit seinem frischen, leicht säuerlichen Geschmack die ideale Grundlage für diese Kräutersauce, die toll zu Gurken, Lamm oder orientalischen Kichererbsenbratlingen passt. Als ich diese Mischung zum ersten Mal angeboten habe, schaute eine meiner Testesserinnen auf die lange Zutatenliste und fragte erstaunt: »Und das alles für Joghurt?« Doch dann probierte sie …

Alle Zutaten in einer Schüssel sorgfältig verrühren. Eventuell mit einer weiteren Prise Salz, einem Spritzer Zitronensaft oder Ahornsirup abschmecken.

Gut abdecken und 15 Minuten im Kühlschrank ziehen lassen.

PASST ZU: Orientalische Kichererbsenbratlinge (siehe Seite 124), Pochierter Lachs mit marokkanischem Pesto (siehe Seite 128), Quinoa mit Orangen und Pistazien (siehe Seite 153), Mediterraner Linsensalat (siehe Seite 156).

VARIANTE: Rühren Sie 1½ bis 2 Teelöffel Currypulver unter.

AUFBEWAHRUNG: In einem dicht schließenden Behälter bis zu 5 Tage im Kühlschrank.

NÄHRWERTE PRO PORTION: 2 Esslöffel – Kalorien: 300; Fett: 12,9 g (3,6 g gesättigte, 4,3 g einfach ungesättigte Fettsäuren); Kohlenhydrate: 10 g; Eiweiß: 7 g; Ballaststoffe: 4 g; Natrium: 270 mg

Signoras Tomatensauce

Als ich in Italien lebte, bestand eine verrückte Signora, für die ich kochte, darauf, dass Tomaten für eine Tomatensauce durch eine Passiermühle gedreht werden müssen. Für die Unwissenden: Das Ding ist auch als »flotte Lotte« bekannt und ähnelt einer alten Kaffeemühle, nur mit größerer Kurbel. Dort kommen die gerösteten Tomaten hinein und mit jeder Drehung wird das herrliche Tomatenfruchtfleisch durch die Löcher der Mühle gedrückt. Danach brauchte ich eine Tube Schmerzsalbe für meine Arme, aber das Ergebnis war eine viel leichtere Sauce als das Zeug aus dem Supermarkt. Wem nicht nach Work-out für die Arme ist, kann die Tomaten einfach kurz im Mixer pürieren.

PORTIONEN: 6

ZUBEREITUNGSZEIT: 20 Minuten

GARZEIT: 30 Minuten

2 kg Roma-Tomaten, halbiert

2 EL natives Olivenöl extra

Meersalz

1 Zwiebel, fein gewürfelt

2 Karotten, fein gewürfelt

2 Knoblauchzehen, gehackt

80 g frische Basilikumblätter, gehackt

Backofen auf 200 °C vorheizen. Backblech mit Backpapier belegen.

Die Tomatenhälften von Hand leicht ausdrücken, um die Kerne auszulösen. In eine Schüssel geben und mit 1 Esslöffel Olivenöl und ½ Teelöffel Salz vermengen. Die Tomaten mit der Schnittseite nach unten nebeneinander auf das Blech legen. Im vorgeheizten Ofen 20 bis 30 Minuten garen, bis die Häute bräunen. 5 Minuten abkühlen lassen, dann die Häute mit einer Gabel abziehen.

Inzwischen das restliche Olivenöl in einem großen Topf erhitzen. Die Zwiebel mit einer Prise Salz darin etwa 5 Minuten andünsten. Karotten, Knoblauch und ¼ Teelöffel Salz untermischen und etwa 5 Minuten dünsten, bis die Karotten weich werden.

Die Tomaten samt Saft, der sich auf dem Blech gesammelt hat, in den Mixer geben. Die Karottenmischung mit dem Basilikum hinzufügen und mit der Pulse-Funktion mixen, bis die Masse grob püriert ist.

¼ Teelöffel Salz unterrühren, FASS-Check machen. Wenn die Sauce zu säuerlich ist, noch eine Prise Salz oder Süßungsmittel unterrühren.

PASST ZU: Ofenheilbutt (siehe Seite 132), Cremige Polenta (siehe Seite 146) und vielen Pastagerichten.

VARIANTE: Wenn Sie keine aromatischen frischen Tomaten bekommen, nehmen Sie eine große Dose geschälte Tomaten (samt Saft).

AUFBEWAHRUNG: In einem dicht schließenden Behälter bis zu 5 Tage im Kühlschrank oder bis zu 2 Monate im Gefrierfach.

NÄHRWERTE PRO PORTION: Kalorien: 120; Fett: 5,4 g (0,8 g gesättigte, 3,5 g einfach ungesättigte Fettsäuren); Kohlenhydrate: 17 g; Eiweiß: 4 g; Ballaststoffe: 5 g; Natrium: 230 mg

Kapitel 8

Süßes Vergnügen

»Sweet dreams are made of this, who am I to disagree?« Okay, vielleicht kann ich nicht so gut singen wie Annie Lennox, aber ich stimme ihr auf jeden Fall zu. Ich fand es noch nie gut, Leuten ihren Lieblingsgeschmack vorzuenthalten, unabhängig von ihrem Gesundheitszustand, und das gilt insbesondere für gesunde Süßigkeiten.

Ich weiß, dass ich mich hier auf gefährliches Terrain begebe, aber es ist nun mal meine Meinung: Süß ist die erste Geschmacksrichtung, die wir als Säuglinge kennenlernen (insbesondere, wenn wir gestillt werden). Das ist einer der Gründe dafür, warum wir unser Leben lang so eine große Schwäche für Süßes haben. Ich bin fest davon überzeugt, dass der Entzug bzw. das Verbot von Speisen, die wir besonders lieben – wie Süßspeisen und Süßigkeiten – dazu führt, dass wir insgesamt die Freude am Essen verlieren. Ich habe das schon alles erlebt.

Die Herausforderung ist nun, Süßspeisen zu entwickeln, die nicht voller leerer Kalorien stecken bzw. keine Zutaten enthalten, die man während einer Krebstherapie tunlichst vermeiden sollte, wie Weißmehl oder weißer Zucker.

Ich möchte mich an dieser Stelle herzlich bei meiner fabelhaften Backfreundin Wendy Remer bedanken, die mir bei der Entwicklung von süßen Rezepten, die diesem Anspruch genügen, geholfen hat.

Mein Team und ich haben auch krebsbekämpfende Kräuter und Gewürze in diese süßen Speisen gepackt – der Beweis dafür, dass man quasi jedes Gericht mit gesunden Zutaten zubereiten kann, wenn man sich Gedanken darüber macht. Ein weiterer Pluspunkt ist, dass alle diese Rezepte auch mit milch- und glutenfreien Alternativen zuzubereiten sind.

Wenn Sie also die Lust auf Süßes überkommt, greifen Sie zu diesen köstlichen Häppchen. Sie müssen es nicht bereuen!

Mandelmuffins

In meiner Küche gilt die Maxime: Was weiß ist, ist nicht gut. Denn viele weiße Produkte, insbesondere weißer Zucker und Weißmehl, sind stark bearbeitet. Diese Lebensmittel enthalten leere Kalorien, das heißt Kalorien ohne nennenswerte Mengen an Vitaminen, Mineralien und anderen Mikronährstoffen. Leere Kalorien sind für niemanden gut und definitiv nichts für Menschen, die sowieso schon einen schlechten Appetit haben. Diese Muffins sind nicht die Riesenteile, die man so häufig in Bäckereien sieht; sie sind kleiner und gesünder, aber nicht weniger gut. Das Grundrezept wird mit nährstoffreichem Dinkelmehl und Mandeln zubereitet. Außerdem finden Sie leckere Varianten für Schoko-Orangen- und Ingwer-Zitronen-Muffins. Alle drei Versionen haben eins gemeinsam: Jeder Bissen schmeckt himmlisch und ist gesund.

ERGIBT: 24 Minimuffins

ZUBEREITUNGSZEIT: 7 Minuten

GARZEIT: 15 Minuten (plus Zeit zum Abkühlen)

150 g gemahlene Mandeln

60 g Dinkelvollkornmehl

1 EL Backpulver

1/8 TL Meersalz

80 ml Ahornsirup

1½ Bananen, geschält und zerdrückt

4 EL Kuh-, Mandel- oder Reismilch

2 Eier

4 EL natives Kokosfett, Mandelöl oder neutral schmeckendes Olivenöl

1½ TL Bittermandelaroma

½ TL Vanillearoma

Den Backofen auf 180 °C vorheizen. Ein Minimuffinblech großzügig einfetten.

Mandeln, Dinkelmehl, Backpulver und Salz in einer Schüssel sorgfältig mischen. In einer zweiten Schüssel Ahornsirup, Bananen, Milch, Eier, Öl und die Aromen glatt rühren. Mit einem Teigschaber unter die Trockenzutaten ziehen, bis ein glatter Teig entstanden ist.

Die vorbereiteten Vertiefungen der Muffinform zu drei Vierteln mit Teig füllen und im vorgeheizten Ofen 13 bis 15 Minuten backen, bis der Teig auf Fingerdruck elastisch nachgibt. Die Muffins 15 Minuten in der Form abkühlen lassen, dann mithilfe eines kleinen Messers herauslösen und auf einem Kuchengitter erkalten lassen.

Fortsetzung auf Seite 206

Mandelmuffins, *Fortsetzung*

VARIANTEN: Für Schoko-Orangen-Muffins 4 Esslöffel Dinkelmehl durch die gleiche Menge Kakaopulver ersetzen. Bittermandel- und Vanillearoma weglassen und stattdessen 1 Esslöffel fein abgeriebene Orangenschale oder 1 Teelöffel Orangenöl (oder Orangenaroma) unter die nassen Zutaten rühren. Zusätzlich 60 Gramm gehackte Schokolade oder Schokoladentröpfchen unter den Teig heben.

Für Ingwer-Zitronen-Muffins 1 Teelöffel gemahlenen Ingwer unter die Trockenzutaten mischen. Die Aromen weglassen und stattdessen 3 Esslöffel fein gehackten frischen Ingwer, 2 bis 3 Esslöffel fein abgeriebene Zitronenschale und 1 Esslöffel frisch gepressten Zitronensaft unter die nassen Zutaten rühren.

Für glutenfreie Muffins das Dinkelmehl durch braunes Reismehl oder glutenfreies Allzweckmehl ersetzen.

HINWEISE: Minimuffinformen gibt es in diversen Größen. Ich bevorzuge Formen, deren Vertiefungen etwa 2 Zentimeter breit sind.

Damit die Muffins sich gut aus der Form lösen lassen, sollten die Vertiefungen wirklich gut eingeölt werden. Alternativ können Sie sie mit Papierbackförmchen auskleiden. Nach dem Backen sollten die Muffins erst etwas in der Form abkühlen. So lassen sie sich wesentlich leichter herauslösen.

AUFBEWAHRUNG: In einem dicht schließenden Behälter bei Raumtemperatur bis zu 7 Tage oder bis zu 2 Monate im Gefrierfach.

NÄHRWERTE PRO PORTION: Kalorien: 100; Fett: 6,4 g (2,4 g gesättigte, 0,4 g einfach ungesättigte Fettsäuren); Kohlenhydrate: 8 g; Eiweiß: 3 g; Ballaststoffe: 1 g; Natrium: 75 mg

Backäpfel mit Datteln und Pekannüssen

Als ich meinem Koautor von diesem Gericht erzählt habe, sagte er, es erinnere ihn an ein altes Hausmittel. Wenn er als Kind Bauchschmerzen hatte, schnitt seine russische Großmutter einen Apfel klein und ließ ihn ein paar Minuten auf der Küchenanrichte liegen, bis er braun wurde. Dann sagte sie liebevoll: »Komm, iss, tatellah (jiddisch für ›kleiner Mann‹).« Und siehe da, nach ein paar Minuten fühlte er sich besser. Er glaubte immer, dass da Liebe am Werk war (was auch stimmte). Jahre später erfuhr er aber, dass noch Biochemie dazukam: Wenn Äpfel braun oder, wie in diesem Fall, gebacken werden, geben sie Pektin frei, das den Magen auf natürliche Weise beruhigt. Hier werden die Äpfel noch verfeinert: mit gerösteten Pekannüssen, Datteln, Orangenschale und Zimt. Schon beim Backen riecht es ganz verführerisch.

PORTIONEN: 4

ZUBEREITUNGSZEIT: 20 Minuten

GARZEIT: 60 Minuten

4 EL fein gehackte geröstete Pekannüsse (siehe Seite 150)

4 EL entsteinte und fein gehackte Medjool-Datteln

fein abgeriebene Schale und Saft von 1 Orange

¼ TL Zimtpulver

¼ TL Meersalz

4 Backäpfel

1 EL Butter (optional)

naturtrüber Apfelsaft, zum Backen

Den Backofen auf 180 °C vorheizen.

Pekannüsse, Datteln, Orangenschale und -saft, Zimt und Salz in einer Schüssel sorgfältig vermengen.

Die Äpfel aushöhlen und entkernen; Boden und Wand sollten etwa 1 Zentimeter dick sein. Am oberen Rand die Schale entfernen. Die Äpfel mit der Nussmischung füllen. Die Butter in Flöckchen darauf verteilen oder zerlassen und die Äpfel damit bestreichen.

Die Äpfel in eine flache Auflaufform setzen und etwa 2,5 Zentimeter hoch Apfelsaft zugießen. Gut mit Alufolie abdecken und im vorgeheizten Ofen 40 bis 60 Minuten backen, bis die Äpfel weich, aber nicht zerkocht sind. Zur Garprobe mit einer Gabel einstechen.

Auf Desserttellern mit Apfelsaft beträufeln. Warm servieren.

HINWEIS: Statt Datteln oder Pekannüsse können Sie Rosinen und Walnüsse oder Mandeln verwenden. Oder Sie lassen die Nüsse einfach weg. Für eine vegane Variante verwenden Sie statt Butter Kokosöl.

Die Äpfel lassen sich sehr gut mit einem Kugelausstecher aushöhlen. Wichtig ist vor allem, dass der Boden intakt bleibt.

AUFBEWAHRUNG: In einem dicht schließenden Behälter bis zu 3 Tage im Kühlschrank.

NÄHRWERTE PRO PORTION: Kalorien: 205; Fett: 5,8 g (0,5 g gesättigte, 3,1 g einfach ungesättigte Fettsäuren); Kohlenhydrate: 41 g; Eiweiß: 2 g; Ballaststoffe: 7 g; Natrium: 150 mg

Schokoladen-Tapioka-Pudding

PORTIONEN: 8

ZUBEREITUNGSZEIT: 5 Minuten (mit Nacht eingeweichten Tapiokaperlen)

GARZEIT: 25 Minuten

---

75 g kleine Tapiokaperlen

500 ml Wasser, zum Einweichen

750 ml Kuh- oder ungesüßte Pflanzenmilch

$^{1}/_{8}$ TL Meersalz

2 Eier

80 ml Ahornsirup

60 g Zartbitterschokolade, fein gehackt

2 TL Vanillearoma

Wohlfühlessen spielt eine wichtige Rolle in diesem Buch. In Stresszeiten ist es nämlich ganz natürlich, das essen zu wollen, was einem guttut und schmeckt: zum Beispiel Pudding. Die Wurzelknollen des Maniok, aus denen Tapioka gewonnen wird, sind kohlenhydratreich und glutenfrei. Deshalb eignet sich das Dessert sehr gut für Menschen, die ihr Gewicht halten wollen, ohne den Verdauungsapparat zu belasten. Etwas hochwertige Schokolade versüßt das Vergnügen. Wenn Sie die Tapiokaperlen nicht einweichen, sollten Sie 10 bis 20 Minuten Garzeit draufschlagen.

Die Tapiokaperlen über Nacht im Wasser einweichen.

Das Wasser abgießen und die Tapiokaperlen abtropfen lassen. Die Milch mit dem Salz in einen großen, schweren Topf füllen und bis knapp unter den Siedepunkt erhitzen. Die Tapioka einrühren. Die Milch unter ständigem Rühren zum Kochen bringen, dann die Hitze auf niedrigste Stufe stellen und unter häufigem Rühren 10 bis 15 Minuten garen, bis die Tapioka gequollen, durchsichtig und weich sind.

Eier und Ahornsirup in einer Schüssel verquirlen, dann nach und nach 250 Milliliter Tapiokamischung einrühren. Diese Mischung nun wieder unter die Milch im Topf rühren und bei niedriger Hitze etwa 5 Minuten rühren, bis der Pudding etwas eingedickt ist. Der Pudding wird beim Abkühlen noch fester. Deshalb sollte er nicht zu lang gekocht werden, sonst bekommt er eine gummiartige Konsistenz.

Den Topf vom Herd nehmen und die Schokolade unterrühren, 1 Minute stehen lassen, dann wieder rühren, bis die Schokolade vollständig geschmolzen ist. Das Vanillearoma unterziehen.

Den Pudding in eine hitzebeständige Schüssel füllen und warm oder kalt servieren. Wenn der Pudding kalt serviert werden soll, ein Stück Wachspapier oder Frischhaltefolie direkt auf die Oberfläche des Puddings legen, damit sich keine Haut bildet. Vor dem Servieren mindestens 2 Stunden in den Kühlschrank stellen.

AUFBEWAHRUNG: In einem dicht schließenden Behälter bis zu 5 Tage im Kühlschrank.

NÄHRWERTE PRO PORTION: Kalorien: 180; Fett: 6,1 g (3,2 g gesättigte, 1,2 g einfach ungesättigte Fettsäuren); Kohlenhydrate: 26 g; Eiweiß: 6 g; Ballaststoffe: 0 g; Natrium: 95 mg

Kürbisflan

In meiner College-Zeit habe ich die Ferien immer gern zu Hause verbracht, nicht zuletzt wegen des Kürbis-Pies meiner Mutter. Kürbis liebe ich auch heute noch, genauso wie mein Mann. Deshalb ist dieses Rezept auch ihm gewidmet. Ich habe nach einer Möglichkeit gesucht, den wunderbaren Kürbisgeschmack zu erhalten, den fettigen Mürbteig jedoch weglassen zu können. Da schien mir ein Flan die perfekte Lösung zu sein.

PORTIONEN: 6

ZUBEREITUNGSZEIT: 10 Minuten

GARZEIT: 60 Minuten

---

230 g püriertes gegartes Kürbisfleisch

1 TL Zimtpulver

½ TL Meersalz

½ gemahlener Ingwer

¼ TL gemahlene Gewürznelken

¼ TL gemahlener Piment

¼ TL frisch geriebene Muskatnuss

2 Eier

2 EL Ahornsirup

1 EL Melasse

1 TL Vanillearoma

250 ml Kuh- oder Kokosmilch

Den Backofen auf 160 °C vorheizen.

Das Kürbispüree in einer Schüssel mit Zimt, Salz, Ingwer, Gewürznelken, Piment und Muskatnuss verrühren. In einer zweiten Schüssel die Eier leicht verquirlen, dann Ahornsirup, Melasse, Vanillearoma und Milch unterrühren. Die Eiermasse unter die Kürbismischung rühren.

Die Masse in 6 Ramequinförmchen (à 125 Milliliter) füllen. Die Förmchen in eine flache, große Auflaufform setzen und so viel heißes Wasser zugießen, dass die Förmchen 2 Zentimeter hoch im Wasser stehen. Im vorgeheizten Ofen 45 bis 50 Minuten garen. Zum Gartest ein Messer in den Flan stechen; es sollte sauber wieder herauskommen. Warm oder kalt bzw. gekühlt servieren.

HINWEISE: Die Auflaufform sollte mindestens 7 Zentimeter hoch sein, damit das heiße Wasser nicht über den Rand schwappt, wenn Sie die Form in den Ofen schieben. Prüfen Sie vorher auch, ob alle Förmchen nebeneinander hineinpassen. Sie können die aufgeführten Gewürze durch 2 Teelöffel Lebkuchen- oder Apfelstrudelgewürz ersetzen.

Melasse sorgt für eine tolle Aromentiefe und ist im Reformhaus oder Bioladen erhältlich. Alternativ können Sie Zuckerrübensirup oder Ahornsirup verwenden.

AUFBEWAHRUNG: In einem dicht schließenden Behälter bis zu 3 Tage im Kühlschrank.

NÄHRWERTE PRO PORTION: Kalorien: 110; Fett: 3,2 g (1,4 g gesättigte, 1 g einfach ungesättigte Fettsäuren); Kohlenhydrate: 18 g; Eiweiß: 4 g; Ballaststoffe: 1 g; Natrium: 240 mg

Kardamom-Kokos-Makronen

ERGIBT: 24 Makronen
ZUBEREITUNGSZEIT: 20 Minuten
GARZEIT: 15 Minuten

200 g Kokosraspel

1 TL gemahlener Kardamom

4 EL Ahornsirup

½ TL Vanillearoma

3 Eiweiß (Klasse L)

1 Prise Meersalz

Für mich stand von vornherein fest, dass ich ein Kardamom-Makronen-Rezept in diesem Buch haben wollte, weil ich schon seit meiner Kindheit süchtig danach bin. Die kleinen Häppchen werden mit Ahornsirup gesüßt, Kardamom sorgt für ein würziges Aroma, fördert die Verdauung und verlangsamt möglicherweise sogar das Tumorwachstum.

Den Backofen auf 180 °C vorheizen und ein Backblech mit Backpapier belegen.

Kokosraspel und Kardamom in einer Schüssel mischen. Ahornsirup und Vanillearoma sorgfältig unterrühren.

In einer zweiten, großen Schüssel das Eiweiß mit dem Salz steif schlagen. Die Kokosmischung unterheben und entweder 20 Minuten im Kühlschrank oder 10 Minuten im Gefrierfach kühlen.

Mit einem Teelöffel 24 kleine Portionen auf das Backblech setzen und im vorgeheizten Ofen 12 bis 15 Minuten backen, bis die Makronen leicht gebräunt sind. Vollständig auf dem Blech erkalten lassen.

VARIANTE: Sie können die Makronen zusätzlich mit Schokolade überziehen. Dafür 120 Gramm Zartbitterschokolade unter Rühren im Wasserbad schmelzen und etwas abkühlen lassen. Die Makronen kopfüber in die flüssige Schokolade tauchen, dann auf einen Bogen Backpapier setzen und die Schokolade fest werden lassen.

AUFBEWAHRUNG: In deinem dicht schließenden Behälter bis zu 7 Tage bei Raumtemperatur.

NÄHRWERTE PRO PORTION: Kalorien: 55; Fett: 3 g (2,7 g gesättigte, 0,1 g einfach ungesättigte Fettsäuren); Kohlenhydrate: 5 g; Eiweiß: 1 g; Ballaststoffe: 1 g; Natrium: 20 mg

Kokosmilchreis

Milchreis ist für viele Menschen das Wohlfühlessen schlechthin. Die Herausforderung für dieses Buch war, eine leckere, gesunde und vor allem cremige Version hinzubekommen, ohne allzu viel Kuhmilch und Sahne zu verwenden. Nach vielem Herumexperimentieren haben meine Dessertfachfrau Wendy und ich entdeckt, dass eine Mischung aus Kokosmilch, die einen hohen Nährwert hat, und Kuhmilch genau den Geschmack und die Konsistenz ergibt, wie wir sie uns vorstellen. Kardamom und Orangenabrieb sorgen für ein tolles Aroma.

PORTIONEN: 6

ZUBEREITUNGSZEIT: 5 Minuten

GARZEIT: 40 Minuten

250 g Rundkornreis

500 ml Wasser

625 ml Kuh- oder Reismilch

180 ml Kokosmilch

2 EL Ahornsirup

¼ TL gemahlener Kardamom

1 Prise Meersalz

½ TL Orangenschale

2 TL Vanillearoma

50 g Rosinen (optional)

Blaubeerkompott (siehe Seite 194), Kompott aus Trockenfrüchten (siehe Seite 195) oder Frisches Fruchtkompott (siehe Seite 196) zum Servieren

Reis und Wasser in einen großen Topf geben und zum Kochen bringen. Die Hitze reduzieren und 10 Minuten sanft köcheln lassen.

Das Wasser abgießen und den Reis abtropfen lassen. Den Topf ausspülen. Milch, Kokosmilch, Ahornsirup, Kardamom und Salz hineingeben und zum Kochen bringen. Den Reis einrühren, die Hitze auf niedrige bis mittlere Stufe reduzieren und unter gelegentlichem Rühren etwa 30 Minuten sanft köcheln lassen, bis der Reis gar ist. In den letzten 10 Minuten häufiger rühren, damit der Reis nicht am Topfboden festsitzt oder gar anbrennt. Der Milchreis dickt beim Abkühlen noch weiter ein.

Den Topf vom Herd nehmen. Orangenschale, Vanillearoma und, falls gewünscht, Rosinen unterziehen. Den Milchreis in eine hitzebeständige Schüssel füllen und warm oder kalt servieren. Soll er kalt serviert werden, ein Stück Wachspapier oder Frischhaltefolie direkt auf die Oberfläche legen, damit sich keine Haut bildet. Vor dem Servieren mindestens 2 Stunden im Kühlschrank ziehen lassen. Mit einem Kompott nach Wahl servieren.

VARIANTE: Für einen veganen Milchreis die Kuhmilch durch 560 Milliliter Mandel- oder Reismilch ersetzen und 250 Milliliter Kokosmilch verwenden. Die Garzeit auf 25 Minuten reduzieren.

Für einen besonderen Lecker- und Knusperfaktor den Milchreis vor dem Servieren mit ein paar gerösteten Kokoschips oder Mandelblättchen bestreuen.

AUFBEWAHRUNG: In deinem dicht schließenden Behälter bis zu 5 Tage im Kühlschrank.

NÄHRWERTE PRO PORTION: Kalorien: 455; Fett: 9,4 g (7,2 g gesättigte, 1,1 g einfach ungesättigte Fettsäuren); Kohlenhydrate: 84 g; Eiweiß: 7 g; Ballaststoffe: 12 g; Natrium: 177 mg

Fruchtkugeln mit Schokolade und Nüssen

ERGIBT: 20 Kugeln

ZUBEREITUNGSZEIT: 15 Minuten

GARZEIT: 2 Stunden im Kühlschrank

---

50 g getrocknete Aprikosen, fein gewürfelt

60 g Zartbitterschokolade (mit 64–72 % Kakaoanteil), fein gehackt

2 EL kochendes Wasser

80 g + 2 EL Mandeln

220 g entsteinte Medjool-Datteln, halbiert

1½ TL fein abgeriebene Orangenschale

⅛ TL Meersalz

40 g Kokosraspel

Schokoladenliebhaber werden sich über diese Kugeln freuen: Das Konfekt ist eine himmlische Mischung aus Schokolade, Trockenfrüchten, Orangenschale und gemahlenen Nüssen, in Kokosraspeln gerollt. Ich könnte Ihnen nun erklären, dass es viele Proteine und sekundäre Pflanzenstoffe enthält. Doch wenn man die Kugeln erst mal im Mund hat, ist das nur noch Nebensache.

Die Aprikosen 5 Minuten in einer Schale mit kaltem Wasser einweichen.

Die Schokolade in einer zweiten Schüssel mit dem kochenden Wasser verrühren und 30 Sekunden stehen lassen. Dann mit einem kleinen Schneebesen rühren, bis die Schokolade vollständig geschmolzen und glänzend ist.

Die Mandeln im Mixer grob mahlen, dann Datteln, Orangenschale, Salz und Schokolade etwa 1 Minute einarbeiten, bis die Masse glatt ist. Die Masse in eine Schüssel füllen. Die Aprikosen abtropfen lassen und unter die Dattelmasse ziehen. Abgedeckt etwa 2 Stunden im Kühlschrank oder 15 Minuten im Gefrierfach fest werden lassen.

Die Kokosraspel auf einem Teller verteilen. Esslöffelgroße Portionen von der Masse abnehmen und zwischen den Handflächen zu Kugeln formen. Dann in den Kokosraspeln wenden. Bis zum Servieren in einem dicht schließenden Behälter aufbewahren.

VARIANTE: Sie können die Mandeln auch durch 60 Gramm Walnüsse oder Pekannüsse ersetzen.

HINWEIS: Der Kakaogehalt bezeichnet den Anteil an reinem Kakaopulver in Schokolade. Je höher der Anteil, desto weniger Zucker enthält die Schokolade und desto dunkler, herber und reicher an Antioxidantien ist sie.

AUFBEWAHRUNG: In deinem dicht schließenden Behälter bis zu 1 Woche im Kühlschrank oder bis zu 2 Monate im Gefrierfach.

NÄHRWERTE PRO PORTION: Kalorien: 145; Fett: 7,5 g (3,6 g gesättigte, 2,1 g einfach ungesättigte Fettsäuren); Kohlenhydrate: 19 g; Eiweiß: 2 g; Ballaststoffe: 3 g; Natrium: 30 mg

Pochierte Birnen in Safransirup

Dieses Gericht nenne ich »Besucheressen«. Es gehört in die Kategorie »Was kann ich zubereiten, wenn ich Gäste habe? Es soll einfach sein, aber trotzdem Eindruck machen«. Pochierte Birnen – das hört sich schick an, ist aber eigentlich nichts anderes, als Birnen in einem gewürzten Sud gar ziehen zu lassen. Durch den Safran erhalten die Birnen eine herrlich goldgelbe Farbe. Wenn Sie zusätzliche Kalorien brauchen, dann servieren Sie die Birnen mit einem großzügigen Klecks Nussmus.

PORTIONEN: 4
ZUBEREITUNGSZEIT: 10 Minuten
GARZEIT: 40 Minuten

1 l Birnennektar

in dünnen Streifen abgelöste Schale von 1 Zitrone

10-cm-Stück frischer Ingwer, in 1 cm großen Stücken

1 EL Ahornsirup

12–15 Safranfäden

2 reife, aber feste Birnen, geschält, halbiert und entkernt

Salz (optional)

Zitronensaft (optional)

Pistazienmus (siehe Seite 191) oder Cashewmus (siehe Seite 190), zum Servieren (optional)

Den Birnennektar mit Zitronenschale, Ingwer, Ahornsirup und Safranfäden in einen großen Topf geben und bei mittlerer bis starker Hitze zum Kochen bringen.

Die Birnenhälften mit der Schnittseite nach unten hineinlegen. Einen Bogen Backpapier direkt auf die Birnen legen und mit einem kleinen hitzebeständigen Teller beschweren. Die Hitze reduzieren und köcheln lassen, bis die Birnen weich sind. Zum Gartest die Birnen mit einem Messer einstechen.

Die Birnen aus dem Topf nehmen. Den Sud bei starker Hitze etwa 10 Minuten sirupartig einkochen. Abschmecken und eventuell mit einer Prise Salz oder einem Spritzer Zitronensaft nachwürzen, um die Aromen auszubalancieren.

Die Birnen mit dem Sirup beträufeln und nach Belieben mit einem Klecks Nussmus garnieren.

HINWEISE: Damit die Birnen attraktiv aussehen, verwenden Sie zum Herauslösen des Kerngehäuses einen Kugelausstecher. Die dicken Fasern vom Kerngehäuse zum Stiel mit einem scharfen Messer in einem schrägen Winkel herausschneiden.

Sie können die Birnen mit Zitronenschale oder Ingwerscheiben aus dem Sud garnieren. Der Sud kann zusätzlich auch mit Vanillestange, Sternanis und/oder Gewürznelken aromatisiert werden.

AUFBEWAHRUNG: In deinem dicht schließenden Behälter bis zu 5 Tage im Kühlschrank.

NÄHRWERTE PRO PORTION: Kalorien: 225; Fett: 0,2 g (0 g gesättigte, 0 g einfach ungesättigte Fettsäuren); Kohlenhydrate: 59 g; Eiweiß: 1 g; Ballaststoffe: 4 g; Natrium: 15 mg

Erdbeeren mit Mango-Kokos-Sabayon

PORTIONEN: 4

ZUBEREITUNGSZEIT: 5 Minuten

GARZEIT: 20 Minuten

---

1 kleine Dose Kokosmilch (400 ml)

225 g Mangofleisch, gewürfelt

1 Prise Salz

½ TL frisch gepresster Limettensaft

750 g Erdbeeren, geputzt und halbiert

4 frische Minzestängel, zum Garnieren (optional)

Dieses Rezept ist ein wenig wie Karaoke: nicht ganz das Original, aber immer noch gut und ohne großen Produktionsaufwand. Einer meiner liebsten Küchenmomente ist die Zubereitung jener Dessertcreme, die die Franzosen *sabayon* und die Italiener *zabaglione* nennen. Sie besteht aus Eigelb, Marsala und Zucker und wird über einem Wasserbad gerührt. Wenn man es richtig macht, entsteht daraus eine herrlich cremig-schaumige Sauce. Rührt man etwas zu lang, kann die Masse gerinnen oder wird zu Rührei. Diese gesündere Version mit Mango und Kokosmilch schmeckt genauso lecker, ist aber viel leichter zuzubereiten. Sie können die Creme pur servieren oder als Sauce über Beeren oder Milchreis geben.

Die Kokosmilch in einen Topf gießen und glatt rühren. Mangowürfel und Salz zufügen und bei aufgesetztem Deckel bei niedriger bis mittlerer Hitze 15 bis 20 Minuten köcheln lassen, bis die Mango weich ist.

Die Mischung mit dem Limettensaft in einen Mixer füllen und glatt und cremig pürieren. Die Erdbeeren damit überziehen und mit Minze garnieren.

PASST ZU: Kokosmilchreis (siehe Seite 213), Sorbets und frischen Früchten, insbesondere Himbeeren.

VARIANTE: Für eine flanartigere Konsistenz die Kokosmilch mit den Mangowürfeln 10 Minuten länger einköcheln lassen und ohne den Limettensaft pürieren. In 4 Dessertförmchen füllen und vor dem Servieren mindestens 2 Stunden im Kühlschrank kühlen.

AUFBEWAHRUNG: In einem dicht schließenden Behälter bis zu 5 Tage im Kühlschrank.

NÄHRWERTE PRO PORTION: Kalorien: 275; Fett: 21,7 g (18,8 g gesättigte, 1 g einfach ungesättigte Fettsäuren); Kohlenhydrate: 22 g; Eiweiß: 3 g; Ballaststoffe: 5 g; Natrium: 90 mg

Ingwerplätzchen mit Pekannüssen

Für alle, die knusprig-süßes Gebäck lieben, gibt es nichts Besseres als diese Plätzchen. Viele meiner Patienten sind verunsichert, ob sie während einer Therapie Süßes essen dürfen. Doch keine Sorge, man muss sich nur etwas einfallen lassen, wie dieses Rezept beweist. Denn es werden nur hochwertige Zutaten (kein Industriezucker oder Weißmehl) und diverse Gewürze mit antikarzinogener Wirkung verarbeitet. Der einzige Nachteil ist, dass der Teig etwas Zeit braucht und vor dem Backen 3 Stunden oder noch besser über Nacht ruhen sollte. (Er kann sogar bis zu fünf Tagen im Voraus zubereitet und dann im Kühlschrank gelagert werden.) Dadurch lässt er sich besser ausstechen und die Aromen können sich besser entwickeln.

ERGIBT: 38 Plätzchen

ZUBEREITUNGSZEIT: 15 Minuten (plus mindestens 3 Stunden, in denen der Teig ruhen muss)

GARZEIT: 9 Minuten pro Blech

---

100 g natives Kokosfett, zerlassen

120 g Vollrohrzucker oder Kokosblütenzucker

2 EL Butter oder natives Kokosfett

80 ml Melasse

1½ TL Zimtpulver

1 EL gemahlener Ingwer

¼ TL gemahlene Gewürznelken

320 g Dinkelvollkornmehl

1 TL Backnatron

⅛ TL Meersalz

1 Ei

100 g gehackte Pekannusskerne

3 EL fein gehackter kandierter Ingwer ohne Zuckerüberzug (siehe Hinweise)

1 EL frisch geriebener Ingwer

Eine Kastenform so mit Frischhaltefolie auskleiden, dass sie an den beiden Längsseiten etwa 10 Zentimeter überragt.

Kokosfett, Zucker, Butter, Melasse, Zimt, Ingwer und Gewürznelken in einen Topf geben und bei mittlerer Hitze rühren, bis die Masse aufwallt. In eine hitzebeständige Schüssel füllen und zimmerwarm abkühlen lassen.

Mehl, Natron und Salz in einer zweiten Schüssel mischen. Das Ei sorgfältig in die abgekühlte Melassemischung rühren. Die Mischung zu den Trockenzutaten gießen und mit einem Teigschaber vollständig einarbeiten. Pekannüsse, kandierten und frischen Ingwer unterziehen.

Den Teig in die vorbereitete Form füllen. Die Frischhaltefolie drüberschlagen und den Teig vorsichtig andrücken, sodass er einen Quader bildet. Dann mindestens 3 Stunden, vorzugsweise über Nacht im Kühlschrank ruhen lassen.

Den Backofen auf 200 °C vorheizen und zwei Backbleche mit Backpapier belegen. Den Teig aus der Form nehmen und längs halbieren. Eine Hälfte wieder in Frischhaltefolie einschlagen und in den Kühlschrank geben. Den anderen Quader quer in sehr feine Scheiben schneiden und auf das vorbereitete Backblech legen; einen Abstand von ungefähr 2,5 Zentimeter zwischen den Plätzchen lassen. Jedes Blech im vorgeheizten Ofen 7 bis 9 Minuten backen, bis die Plätzchen zu bräunen beginnen. (Bei einem Umluftofen können beide Bleche gleichzeitig gebacken werden.) Die Plätzchen 5 Minuten abkühlen lassen, dann auf ein Kuchengitter heben und erkalten lassen.

Fortsetzung auf Seite 222

Ingwerplätzchen mit Pekannüssen, *Fortsetzung*

HINWEISE: Diese Plätzchen lassen sich sehr gut einfrieren, sowohl in rohem wie auch in gebackenem Zustand.

Wenn Sie nur kandierten Ingwer mit Zuckerüberzug finden, spülen Sie den Zucker unter fließend kaltem Wasser ab und tupfen Sie den Ingwer vor dem Hacken trocken.

AUFBEWAHRUNG: In einem dicht schließenden Behälter bis zu 7 Tage im Kühlschrank oder bis zu 2 Monate im Gefrierfach.

NÄHRWERTE PRO PORTION: Kalorien: 110; Fett: 5,6 g (3,1 g gesättigte, 1,4 g einfach ungesättigte Fettsäuren); Kohlenhydrate: 14 g; Eiweiß: 2 g; Ballaststoffe: 1 g; Natrium: 50 mg

Bibliografie

Aggarwal, B. B., and Shishodia, S. (2004). »Suppression of the nuclear factor-kappaB activation pathway by spice-derived phytochemicals: Reasoning for seasoning.« *Annals of the New York Academy of Sciences* 1030:434–441. PMID: 15659827.

Alarcon de la Lastra, C., Barranco, M. D., Motilva, V., and Herrerias, J. M. (2001). »Mediterranean diet and health: Biological importance of olive oil.« *Current Pharmaceutical Design* 7(10):933–950. PMID: 11472248.

American Cancer Society. (2007). »Lycopene.« July 12. www.cancer.gov/publications/dictionaries/cancer-terms?cdrid=44909

Balendiran, G., Dabur, R., and Fraser, D. (2004). »The role of glutathione in cancer.« *Cell Biochemistry and Function* 22(6): 343–352.

Blomhoff, R., Carlsen, M. H., Andersen, L. F., and Jacobs, D. R., Jr. (2006). »Health benefits of nuts: Potential role of antioxidants.« *British Journal of Nutrition* 96(Suppl 2): S52–S60. PMID: 17125534.

Boyles, S. (2003). »Eggs may lower breast cancer risk: Vegetable oils and fiber also may be protective.« March 16. www.webmd.com/breast-cancer/news/20030221/eggs-may-lower-breast-cancer-risk#1

Caldwell, E. (2008). »Turning up the heat on tomatoes boosts absorption of lycopene.« August 21. http://researchnews.osu.edu/archive/lycoproc.htm

Canene-Adams, K., Lindshield, B. L., Wang, S., Jeffery, E. H., Clinton, S. K., and Erdman, J. W., Jr. (2007). »Combinations of tomato and broccoli enhance antitumor activity in Dunning R3327-H prostate adenocarcinomas.« *Cancer Research* 67(2):836–843. PMID: 17213256.

Cao, Y., and Cao, R. (1999). »Angiogenesis inhibited by drinking tea.« *Nature* 398(6726):381.

Chen, C. Y., and Blumberg, J. B. (2008). »Phytochemical composition of nuts.« *Asia Pacific Journal of Clinical Nutrition* 17(Suppl 1):329–332.

Chen, D., Daniel, K. G., Kuhn, D. J., et al. (2004). »Green tea and tea polyphenols in cancer prevention.« *Frontiers in Bioscience* 9:2618–2631. PMID: 15358585.

Cheng, A., Has, C. H., Lin, J. K., et al. (2001). »Phase I clinical trial of curcumin, a chemopreventative agent, in patients with high-risk or pre-malignant lesions.« *Anticancer Research* 21(4B):2895–2900.

Cotterchio, M., Boucher, B., Kreiger, N., et al. (2007). »Dietary phytoestrogen intake—lignans and isoflavones—and breast cancer risk.« *Cancer Causes and Control* (19)3: 259–272.

Crowell, P. (1999). »Prevention and therapy of cancer by dietary monoterpenes.« *Journal of Nutrition* 129:775–778.

Cumashi, A., Ushakova, N. A., Preobrazhenskaya, M. E., et al. (2007). »A comparative study of the anti-inflammatory, anticoagulant, antiangiogenic, and antiadhesive activities of nine different fucoidans from brown seaweeds.« *Glycobiology* 17(5):541–552.

Dietrich, M., Traber, M. G., Jacques, P., Cross, C. E., Hu, Y., and Block, G. (2006). »Does gamma-tocopherol play a role in the primary prevention of heart disease and cancer?« *Journal of the American College of Nutrition* 25(4):292–299.

Edris, A. E., and Farrag, E. S. (2003). »Antifungal activity of peppermint and sweet basil essential oils and their major aroma constituents on some plant pathogenic fungi from the vapor phase.« *Die Nahrung* 47(2):117–121.

Elgayyar, M., Draughon, F. A., Golden, D. A., and Mount, J. R. (2001). »Antimicrobial activity of essential oils from plants against selected pathogenic and saprophytic microorganisms.« *Journal of Food Protection* 64(7):1019–1024. PMID: 11456186.

Erhardt, J. G., Meisner, C., Bode, J. C., and Bode, C. (2003). »Lycopene, beta-carotene, and colorectal adenomas.« *American Journal of Clinical Nutrition* 78(6):1219–1224.

Fowke, J. H., Chung, F. L., Jin, F., et al. (2003). »Urinary isothiocyanate levels, brassica, and human breast cancer.« *Cancer Research* 63(14):3980–3986. PMID: 12873994.

Galeone, C., Pelucchi, C., Levi, F., et al. (2006). »Onion and garlic use and human cancer.« *American Journal of Clinical Nutrition* 84(5):1027–1032.

George, S. L., Polascik, T. J., Albala, M., et al. (2007). »Impact of flaxseed supplementation and dietary fat restriction on prostate cancer proliferation and other biomarkers: Results of a phase II randomized controlled trial (RCT) using a presurgical model.« *Journal of Clinical Oncology, 2007 ASCO Annual Meeting Proceedings Part I,* 25(Suppl 18):1510.

George Mateljan Foundation (2008). »The world's healthiest foods: Kale.« www.whfoods.com/genpage.php?tname=foodspice&dbid=38

»Ginger could halt bowel cancer« (2003). http://news.bbc.co.uk/2/hi/health/3221547.stm

Golden E., Lam P., Kardosh A., Gaffney K. (2009). »Green tea polyphenols block the anticancer effects of bortezomib and other boronic acid-based proteasome inhibitors.« *Journal of the American Society of Hematology.* www.bloodjournal.org/content/early/2009/02/03/blood-2008-07-171389

Honan, W. (2004). »Researchers rewrite first chapter for the history of medicine.« March 2. *New York Times.* www.nytimes.com/2004/03/02/science/02MEDI.html?ex=1393563600&en=c3177ebac2572d43&ei=5007&partner=USERLAND

Hou, D., Kai, K., Li, J., et al. (2003). »Anthocyanidins inhibit activator protein 1 activity and cell transformation: Structure-activity relationship and molecular mechanisms.« September 22. *Carcinogenesis.* http://carcin.oxfordjournals.org/cgi/content/abstract/bgg184v1

Iberg, A. J., Chen, J. C., Zhao, H., Hoffman, S. C., Comstock, G. W., and Helzlsouer, K. J. (2000). »Household exposure to passive cigarette smoking and serum micronutrient concentrations.« *American Journal of Clinical Nutrition* 72(6):1576–82.

Jankun, J., Selman, S. H., Swiercz, R., et al. (1997). »Why drinking green tea could prevent cancer.« *Nature* 387(6633):561.

Murray, CJ, Atkinson, C. et al. (2013), »The State of US Health, 1990–2010« JAMA; 310(6):591–608.

Karadeniz, F., Durst, R. W., and Wrolstad, R. E. (2000). »Polyphenolic composition of raisins.« *Journal of Agricultural and Food Chemistry* 48(11):5343–5350. PMID: 11087484.

Kato, K., Takahashi, S., Cui, L., et al. (2000). »Suppressive effects of dietary genistin and daidzin on rat prostate carcinogenesis.« *Japan Journal of Cancer* 91(8):786–791.

Kawa, J. M., Taylor, C. G., and Przybylski, R. (1996). »Buckwheat concentrate reduces serum glucose in streptozotocin-diabetic rats.« *Journal of Agricultural and Food Chemistry* 51(25):7287–7291. PMID: 14640572.

Kim, Y. (2004). »Will mandatory folic acid fortification prevent or promote cancer?« *American Journal of Clinical Nutrition* 80(5):1123–1128.

Linus Pauling Institute (2007). »Molybdenum.« http://lpi.oregonstate.edu/infocenter/minerals/molybdenum

Linus Pauling Institute (2005). »Ligans: hormone-associated cancers.« http://lpi.oregonstate.edu/infocenter/phytochemicals/lignans

Li, T., Molteni, A., Latkovich, P., Castellani, W., and Baybutt, R. C. (2003). »Vitamin A depletion induced by cigarette smoke is associated with the development of emphysema in rats.« *Journal of Nutrition* 133(8):2629–34. PMID: 12888649.

Lui, R. (2002). »Long-cooked corn higher in antioxidant.« http://psa-rising.com/eatingwell/corn/cooked-phenolics-0802.htm

Marimuthu, S., Adluri, S., and Venugopal, M. (2007). »Ferulic acid: Therapeutic Potential through its antioxidant property.« *Journal of Clinical Biochemical Nutrition* 40(2):92–100. PMCID: PMC2127228.

De, M., De, M. K., Sen, P., and Banerjee, A. (2000). »Antimicrobial properties of star anise.« *Phytotherapy Research* 16(1): 94–95.

Miyazawa, K., Kasuga, I., Minemura, K., et al. (2003). »Apoptosis induction of vitamin K_2 in lung carcinoma cell lines: the possibility of vitamin K_2 therapy for lung cancer.« *International Journal of Oncology* 23(3):627–32. PMID: 12888897.

Mujumdar, A. M., Dhuley, J. N., Deshmukh, V. K., et al. (1990). »Anti-inflammatory activity of piperine.« *Japanese Journal of Medical Science and Biology* 43(3):95–100. PMID: 2283727.

National Cancer Institute. »Glycosaminoglycan.« www.cancer.gov/publications/dictionaries/cancer-terms?cdrid=44206

National Cancer Institute. »Piperine extract.« www.cancer.gov/templates/drugdictionary.aspx?CdrID=440023

National Cancer Institute. »Psoralen.« www.cancer.gov/publications/dictionaries/cancer-terms?CdrID=44900

National Cancer Institute. »Salvia.« www.cancer.gov/templates/drugdictionary.aspx?CdrID=574480

Nevin, K. G., and Rajamohan, T. (2004). »Beneficial effects of virgin coconut oil on lipid parameters and in vitro LDL oxidation.« *Clinical Biochemistry* 37(9):830–835. PMID: 15329324.

Nimptsch, R., Rohrmann, S., and Linseisen, J. (2008). »Dietary intake of vitamin K and risk of prostate cancer in the Heidelberg cohort of the European Prospecetive Investigation into Cancer and Nutrition (EPIC-Heidelberg).« *American Journal of Clinical Nutrition* 87(4):985–992.

Nutrition Data (2008). »Beans, kidney, all types, mature seeds, cooked, boiled, without salt.« http://nutritiondata.self.com/facts/legumes-and-legume-products/4297/2

Nutrition Data (2008). »Lentils, raw.« http://nutritiondata.self.com/facts/legumes-and-legume-products/4337/2

Ogbolu, D. O., Oni, A. A., Daini, O. A., and Oloko, A. P. (2007). »In vitro antimicrobial properties of coconut oil on *Candida* species in Ibadan, Nigeria.« *Journal of Medicinal Food* 10(2):384–387. PMID: 17651080.

Ouellet, V., Marois, J., Weisnagel, S. J., and Jacques, H. (2007). »Dietary cod protein improves insulin sensitivity in insulin-resistant men and women.« *Diabetes Care* (11): 2816–21. PMID: 17682120.

Prakash, P., Krinsky, N. I., and Russell, R. M. (2000). »Retinoids, carotenoids, and human breast cancer cell cultures: A review of differential effects.« *Nutrition Reviews* 58(6):170–176.

Queensland Institute of Medical Research (2008). »Bromelain: New cancer fighting properties uncovered.« August 5. *The Daily Health.* http://thedailyhealth.co.uk/bromelain-cancer-fighting-properties-00075/

Sartippour, M. R., Seeram, N. P., Rao, J. Y., and Moro, A. (2008). »Ellagitannin-rich pomegranate extract inhibits angiogenesis in prostate cancer in vitro and in vivo.« *International Journal of Oncology* 2(2):475–80. PMID: 18202771.

Schmandke, H. (2005) »Betalains in beetroot and prickly pear fruit.« www.ernaehrungs-umschau.de/print-artikel/11-02-2005-betalains-in-beetroot-and-prickly-pear-fruit/

Sengupta, A., Ghosh, S., and Bhattacharjee, S. (2005). »Dietary cardamom inhibits the formation of azoxymethane-induced aberrant crypt foci in mice and reduces COX-2 and iNOS expression in the colon.« *Asian Pacific Journal of Cancer Prevention* 6(2):118–22. PMID: 16101317.

Sereiti, M. R., Abu-Amer, K. M., and Sen, P. (1999). »Pharmacology of rosemary (*Rosmarinus officinalis* Linn.) and its therapeutic potentials.« *Indian Journal of Experimental Biology* 37(2):124–30. PMID: 10641130.

Stoner, G. (2001). »Black raspberries show multiple defenses in thwarting cancer.« http://researchnews.osu.edu/archive/canberry.htm

Wood, R. (1988). *The Whole Foods Encyclopedia.* New York: Prentice-Hall Press.

Yuan, J. M., Stram, D. O., Arakawa, K., Lee, H. P., and Yu, M. C. (2003). »Dietary cryptoxanthin and reduced risk of lung cancer: The Singapore Chinese Health Study.« *Cancer Epidemiology, Biomarkers and Prevention* 12(9):890–898.

Yuan, Y. V., and Walsh, N. A. (2006). »Antioxidant and antiproliferative activities of extracts from a variety of edible seaweeds.« *Food and Chemical Toxicology* 44(7):1144–1150.

Danksagung

Ohne die folgenden Personen wäre dieses Buch nie zustande gekommen. Ich bin überwältigt von ihrer Großzügigkeit, ihrem Engagement und der Zeit, die sie mir zur Verfügung gestellt haben, ebenso wie von ihrem aufrichtigen Wunsch, dass dieses Buch ein Erfolg werden soll.

Mein herzlicher Dank geht an Donald Abrams, MD, für sein wunderbares Vorwort für diese Auflage. Sie sind ein Geschenk für alle Ihre Patienten und ich bin froh über Ihre Unterstützung und die ganzen Schulungen, die wir im Laufe der Jahre zusammen gemacht haben. Danke, Jeanne Wallace, PhD, die mich immer auf dem Laufenden hält über die sich rasch entwickelnde Welt der Krebsernährung, und Fredi Kronenberg, PhD, für seine Einsichten und seine nie endende Ermutigung auf meiner Reise.

Ich danke Jeremy Katz, meinem Agenten und Freund, der mich auf einen Stuhl gesetzt und darauf bestanden hat, dass ich dieses Buch schreiben muss.

Ein Lob und tausend Dank an meinen Koautor Mat Edelson, einen brillanten Schreiber, der dichte Informationen in leicht verdaubare, schöne Formulierungen umgewandelt hat. Ein Dankeschön geht an Julie Burford, meine Suppenschwester, deren Erkenntnisse und Unterstützung mir bei diesem Buch geholfen haben, und auch an ihren Ehemann Stan und ihren Hund Josie für die moralische Unterstützung.

Vielen Dank an das Team der ersten amerikanischen Auflage: Catherine McConkie, eine wunderbare Person und außergewöhnliche Rezepttesterin; Wendy Remer, eine liebe Freundin und 1a-Bäckerin; sowie Christine Kaddaras, meine Assistentin, deren harte Arbeit und positive Haltung wichtige Zutaten für dieses Buch waren.

Hut ab vor den tollen – alten wie neuen – Teams bei Ten Speed Press: Mein besonderer Dank geht an meine Redakteurin der Originalauflage, Melissa Moor, für ihr großes Talent bei der Umsetzung des Manuskripts und ihr hervorragendes redaktionelles Auge; Phil Wood (†), Lorena Jones und Jo Ann Deck, die die Möglichkeiten für das Thema dieses Buchs in meinem ersten Werk *One Bite at a Time* gesehen haben – das ich geschrieben habe, bevor es Google gab! Vielen Dank an den Fotografen Leo Gong und seine Frau Harumi Shimizu sowie die Foodstylistinnen Jen Straus und Alexa Hyman für die tollen Bilder. Bei dieser Auflage möchte ich Senior Vice President und Verleger Aaron Wehner, Redaktionsleiterin Julie Bennett, meiner Redakteurin Kelly Snowden, Redaktionsassistentin Clara Sankey, Lektorin Kristi Hein und Korrektorin Jean Blomquist danken, die dafür gesorgt haben, dass auch die neuen Texte stimmig sind. Dank auch an Art Directorin Kara Plikaitis, Senior-Designmanagerin Chloe Rawlins, Creative Directorin Emma Campion, Fotograf Leo Gong (schon wieder!), Leos Assistentin Agustina Perretta, Requisiten-Stylistin Christine Wolheim, Food-

Stylist Jeffrey Larsen und seine Assistentin Victoria Laramie für die schöne optische Gestaltung des Buches. Ich danke Hannah Rahill, Michele Crim und Ashley Matuzak für ihre Vertriebs- und Marketingerfahrung und Erin Welke für ihre PR und ihr Social-Media-Expertise.

Mein tief empfundener Dank geht an Keith I. Block, MD, und Penny B. Block, PhD, vom Block Center for Integrative Cancer Treatment für ihr Engagement für die modernste integrative Krebsbehandlung und ihr tiefes Verständnis für die große Rolle, die Ernährung bei der erfolgreichen Krebstherapie spielt; Kathie Swift, MS, RD, LDN; Jim Gordon, MD; Debu Tripathy, MD; Gerry Mullin, MD; Joel Evans, MD; Linda Bartoshuk, PhD; Suzanne Dixon, MPH, MS, RD; Teressa Koetters, RN, MS; Annemarie Colbin (†), PhD, und Nancy Novack, PhD, für ihre Zeit und ihre Expertise.

Dank an meine Kollegen vom Commonweal's Cancer Help Program, dass ich in den Genuss eures kollektiven Wissens kommen durfte und die tollen Teilnehmer eures Programms kennenlernen konnte. Dank an Michael Lerner, Lenore Lefer (†), Waz Thomas, Claire Heart, Arlene Allsman, Oren Slozberg, Rachael Remens, MD; Kate Holcombe, Stuart Horance, Jhani Chapman, Irene Gallway, Katrina Smith, Elizabeth Evans, Jenepher Stowell und Mimi Mindel – an euch konnte ich wahre Wunder und Genesung beobachten. Ich danke den Leuten vom Smith Farm Center für Healing and the Arts, dessen Mitbegründerin Shanti Norris und der Leiterin Laura Pole, RN, MSN.

Ein Hoch auf Gina Gallo, Gia Passalaqua und den liebenswerten Jean Charles Boisset; Jo Cooper, meine liebe Freundin und Kollegin, für die Unterstützung meiner Arbeit; Jill Leiner für die Freundschaft; Paul und Vicki Remer; Jen Yasis und meine Mentorin Judy Witts Francini, die mich vor Jahren in die Küche gelotst hat, wo ich hingehöre.

Ich möchte meiner Mutter Barbara Katz und meinem verstorbenen Vater Jay Katz für ihre Liebe und ihre Unterstützung danken und meiner Familie Jeff, Harry und Amelia, Andy, Asako und Branden; meinen Hunde-Musen Bella, Lola und Blossom; meinem Ehemann Gregg Kellogg für seinen Glauben an mich und meine Arbeit, seine unerschütterliche Unterstützung und Geduld. Und schließlich danke ich allen Leser und Studenten für alles, was ich durch sie gelernt habe.

Mat möchte folgenden Personen danken: »Meinen Eltern Clair und Charlie, weil sie mir all die Möglichkeiten bieten konnten, von denen sie immer nur geträumt haben. Mein Dank geht auch an meine Liebe Deb, die die Moral einer Kämpferin, das Einfühlungsvermögen eines Engels und den unendlichen Glauben daran hatte, dass jeder zu Wundern in der Lage ist; sowie an Sweat Pea und Olli – ihr bringt mich immer zum Lachen (wenn Sie ein Hundemensch sind, wissen Sie, was ich meine; wenn nicht, retten Sie einen Welpen aus dem Tierheim und werden Sie einer). Schließlich möchte ich mich noch bei Apollo-13-Flugdirektor Gene Kranz bedanken, der mich auf einem Foto von seinem Schreibtisch im Kontrollzentrum aus immer streng anblickt. *Scheitern ist keine Option* ist sein Motto. Manchmal muss ein Autor mit dräuendem Abgabetermin daran erinnert werden.«

Register